本书受国家自然科学基金青年项目（编号：71303105）、国家社科基金后期资助项目（编号：19FJYB039）资助

IN THE
NEW ERA

DEVELOPMENT
AND THINKING
OF CHINA'S
SERVICE ECONOMY

新时代中国服务经济发展与思考

供给侧改革下内需驱动对中国服务贸易影响研究

孔群喜　李敏　彭丹——著

中国经济出版社
CHINA ECONOMIC PUBLISHING HOUSE
·北京·

图书在版编目（CIP）数据

新时代中国服务经济发展与思考：供给侧改革下内需驱动对中国服务贸易影响研究／孔群喜，李敏，彭丹著．—北京：中国经济出版社，2020. 1（2023. 8 重印）
ISBN 978 - 7 - 5136 - 6042 - 6

Ⅰ. ①新… Ⅱ. ①孔… ②李… ③彭… Ⅲ. ①服务贸易—贸易发展—研究—中国 Ⅳ. ①F752. 68

中国版本图书馆 CIP 数据核字（2020）第 026139 号

责任编辑　闫明明
责任印制　巢新强

出版发行　中国经济出版社
印 刷 者　北京建宏印刷有限公司
经 销 者　各地新华书店
开　　本　710mm×1000mm　1/16
印　　张　22. 25
字　　数　291 千字
版　　次　2020 年 1 月第 1 版
印　　次　2023 年 8 月第 2 次
定　　价　79. 00 元
广告经营许可证　京西工商广字第 8179 号

中国经济出版社 **网址** www. economyph. com **社址** 北京市东城区安定门外大街 58 号 **邮编** 100011
本版图书如存在印装质量问题，请与本社销售中心联系调换（联系电话：010 - 57512564）

前 言

20世纪末以来，世界经济开始逐步由以工业经济为主向以服务经济为主转变，服务业在经济增长中所扮演的角色日趋重要。本书重点观察了内需驱动战略下，中国服务贸易的技术溢出及其对经济增长的贡献。相较于国际投资、货物贸易，服务贸易是一个备受关注的新话题。中国虽然已经成为世界第二大经济体，但服务经济欠发达，与发达国家相比仍有较大的差距，服务贸易长期处于逆差，且呈扩大之势；以互联网为依托的数字贸易虽然消费潜力大、发展空间广阔，但也面临严峻挑战。如何提升我国服务贸易的质量和水平，已经成为中国经济面临的重要课题。本书包括的研究完成于中国经济发展由外需引导向内需拉动转型的重要阶段，虽然分别对服务贸易的本土市场效应、空间溢出效应、与内需规模和经济增长的关系进行了具体研究，但所探讨的理论问题、政策问题和实践问题在突显服务贸易对经济的作用影响上的主题却是一贯的。为帮助读者理解，本书将在前言中分别介绍这些研究的背景及全书安排。

在全球产业结构升级、调整以及中国经济开放程度不断加深的环境下，中国服务贸易尤其是出口服务贸易得到了“飞跃式”的发展。据统计，2015年中国服务贸易的出口与进口增长速度均大幅高于全球水平，服务贸易总额位居全球第二。就国内而言，2015年中国服务贸易占对外贸易总额（货物和服务进出口之和）的比重达15.3%，比2014年提高3个百分点，其中服务贸易出口增长至2881.9亿美元，增长了9.2%，其占总出口（货物贸易和服务贸易出口之和）的比重为11.2%。无疑，服务贸易的迅猛发展为拉动就业、促进服务业转型升级提供了支撑，成为我国对外贸易的新动力。在经济全球化不断发展的今天，产业的全球分工更为细致和复杂，影响国际贸易的因素也更多，这使得国际贸易的发展出现了新的特点。但总的来说，作为微观企业和个人交易行为汇总而得的国际贸易额，本身存在流向和流量上的不均衡应是发展常态。

长期以来，我国服务贸易逆差的主要来源是旅游服务，其次是运输服务、专有权利使用费和特许费以及保险服务。这种结构与我国经济发展阶段和产业结构有密切关系。预计在未来，这种产业结构的不平衡特点可能会有所调整。在旅游服务领域，中国居民人均可支配收入的持续增强和闲暇时间的增加，与各旅游目的地国简化旅游入境手续、扩大吸引外国游客的力度相结合，成为我国出境游持续快速增长的重要原因。预计在未来一段时间，此类出境需求还会保持增长。但也应看到，伴随国内各地旅游设施的完善和国际知名度的提高，来华旅游的人数也会保持增长，旅游服务出口也有发展潜力。在运输服务和保险领域，涉及货物运输险的服务进口可能伴随加工贸易在货物贸易中占比的降低、中国企业国际化进程的推进而逐渐出现贸易平衡的转化。中国保险服务企业在拓展国际网络、为企业提供跟随式服务方面的能力更强，有利于减少货物贸易出口对国外保险服务提供者的依赖。在专利使用和特许权费用方面，中国依然鼓励加大技术合作，鼓励企业积极利用全球的先进技术，提升自身在全球产业链上的位置。但伴随欧美主要国家经济的复苏，加之部分逆全球化思潮的影响，技术引进的难度可能增加。中国在半导体和信息产业上的科技水平上升，对通信类专利使用的依赖性降低；而中国企业“走出去”和技术出口的规模增加，此类服务出口的规模增加，也有助于改善贸易逆差状态。

在此背景下，本书将研究落脚于服务出口，也就是服务贸易出口及企业对外直接投资，在通过人员流动及知识、管理经验的分享，形成知识溢出进而促进本土技术优势的过程，进一步分析了该过程对于逆转贸易逆差的作用。基于这一主旨，本书的结构安排分为四篇，每篇各有四章，具体而言：

第一篇以服务业的本土市场效应为研究重点，探讨了服务贸易出口及对外直接投资两方面的服务出口，验证了本土市场效应的存在性。

第二篇进一步分析了服务贸易的空间溢出效应研究，结合空间计量方法，探讨开放经济下服务出口渠道带来的溢出效应。

第三篇立足于当下由外需拉动转型为内需驱动的时期，研究了国内需求与服务出口间存在的内部关系，为促进中国对外服务贸易的发展、逆转贸易逆差、提升技术优势提供了一系列政策建议。

第四篇着眼于国内市场的种种影响因素，如国内市场需求规模、人力资本存量、制度环境、资源禀赋等，可能对服务出口的贸易出口部分以及对外直接投资方面产生怎样的影响，并进一步检验其影响过程是否存在阶段性的特征。在此基础上，本书对扩大服务出口、深度推进我国企业“走出去”提出了相关政策建议。

在世界经济复苏势头放缓、贸易保护主义抬头的大背景下，中国的商品外贸现在可谓是举步维艰。但服务贸易却并不相同，由于服务贸易提供的往往是一种要素、劳力或资本，因而有可能在缺乏生产比较优势的情况下提供具有优势的、差异化的服务，立足于这一竞争优势，从而有机会实现从世界工厂的“中国制造”向具有高附加值的“中国服务”转型。

目 录

第一篇

服务业的本土市场效应研究

第一章　基于分位数的服务业本土市场效应研究

一、问题的提出

2008年以来，房地产泡沫的破裂带来了世界范围内的金融危机，这给国际贸易带来了新的挑战。一些国家为了保护本国市场，防止贸易逆差的进一步扩大，不断调整进出口贸易政策，出口企业生产的商品一直积压在国内。在这种情况下，出口国不得不制定相应的政策来消耗本国过剩产能进而缓解出口企业的压力。扩大内需政策无疑是一剂良药，可以使得无法出口国外的产品在国内这个巨大的市场上得以消耗，这在国内外理论界也得到了证实（刘志彪，2012；Amiti，1998）。[1][2]

“十三五”规划纲要明确强调，我国要建设一个处于世界领先水平的内需市场。然而，内需政策的制定并不意味着闭关锁国。在经济全球化的今天，一国的发展离不开世界，只有把内需市场与经济全球化趋势结合起来，利用好国内和国外两个市场，才能更好地服务于中国的现代化建设。一方面，国际上有相当多的高级创新要素，通过参与经济全球化进程，中国可以最大限度地吸收；另一方面，中国正处于经济转型时期，急需高级创新要素的驱动从而加速产业的升级。值得注意的是，产业升级使得经济的重心逐渐转移到服务业上，这引起了政府相关部门的高度重视。2008年，国务院办公厅发布了《关于加快发展服务业若干政策的实施意见》，对加快服务业的发展、推进产业升级提出了具体要求。2014年，国务院出台了《关于加快科技服务业发展的若干意见》，要求各级政府部门加大研究开发的投入力度，着重推进科技服务业的发展。由此可见，国家提出的扩大内需战略无疑是明智之举，这为服务业的发展指明了方向，即依靠国内市场、大力挖掘国内需求来促进服务业的发展。

那么，在内需驱动的战略下，一国服务业出口能力能否因为国内需求市场的扩张而得到提升呢？从理论上说，这种可能性是存在的。众所周知，服务业最初是为了满足本国市场需求而产生的，是经济发展迈向高级阶段的产物。例如，在经济发展初期，一国以农业为主，农业是一国的经济命脉；工业化时期，一国经济的发展主要靠农业与工业，且工业占据整个经济的50%以上；进入现代社会，服务业迎来了发展的机遇期，如生产性服务业为工业技术的进步、产业升级和生产效率的提高提供了保障。而且，Markusen（1989）的研究表明[3]，服务业本身具有规模报酬递增的特点，按照“本土市场效应”（Home Market Effect）理论①，国内市场的扩大能够带动一大批生产差异化产品企业的出现，差异化产品的竞争会随着国内市场的扩大越来越激烈，这不仅使得出口产品在种类与创新上具有优势，而且价格也相对他国同类产品容易被消费者接受，最终实现出口的增加。基于此，在出口国实施内需驱动战略的背景下，对服务业出口是否具有“本土市场效应”以及服务业出口受到哪些因素影响的研究，既有很大的实际意义，又能为一国政策的设计提供理论参考。

接下来的第二部分是对一国内需与服务业出口的相关研究进行简要回顾；第三部分从一国内需的角度提出有待计量检验的两个理论假说；第四部分对数据和变量进行说明；第五部分通过计量模型，实证检验一国服务业出口是否具有本土市场效应；第六部分是对假说2的实证检验；最后一部分是结论及政策含义。

① “本土市场效应”一词最早在1980年由美国经济学家克鲁格曼（Krugman）提出，他认为在规模经济和报酬递增的假设下，出口国内需市场的扩大可以增加出口量。

二、文献综述

关于服务贸易的研究由来已久。其中，Deardorff（1985）第一次把服务部门引入国际贸易理论的分析框架，研究了比较优势理论是否可以应用到服务贸易的研究领域。[4]在此之后，一部分学者研究了服务贸易对一国经济的贡献大小，如Luder Schuknecht和Rosa Perez－Esteve（1999）选取国际贸易中的电子商务行业作为代表，运用投入—产出法对其进行深入探索。[5]结果表明，在OECD国家中，以电子商务行业为代表的服务业对各成员国的经济贡献较大，其中，英国的电子商务行业以及相关服务行业的服务业增加值占其自身GDP的比重达到25%。而且，Francois（2001）将服务进口额表示成服务输入国的人均GDP与人口的函数，对服务贸易领域进行研究，发现服务进口额与本国经济规模之间存在正相关关系，这也说明了服务贸易对一国经济具有正向促进作用。[6]另外一部分学者探讨了服务贸易与一国技术水平之间的关系。如Keller（2002）[7]在研究OECD国家的生产性服务贸易时指出，成员国之间的贸易使得彼此国家的技术水平提高，就连经济水平排名第一的美国，其一半以上的技术效率提升也得益于服务贸易，这一点也得到了Eaton和Kortum（1996）[8]的认同。可见，服务贸易有利于提高一国的经济与技术水平，那么一国的经济规模（以国内需求来代表）能否促进服务贸易的发展，也即服务贸易是否存在本土市场效应（Home Market Effect）呢？

大部分国外学者通过构建模型对本土市场效应进行了研究，得到的结论也不尽相同。如Davis和Weinstein（1996）基于超常需求模型将本土市场效应与比较优势进行了区分，第一次通过实证方法检验了本土市场效应。[9]Hanson和Xiang（2004）采用倍差引力模型分别对高、低运输成本的两组国家进行实证检验，发现本土市场效应较容易发生在高运输成本的国家，低运输成本的国家本土市场效应不明显。[10]虽然以上研究都集中在制造业领域，但是其研究逻辑对于服务业同样适用。

Duranton和 Puga（2001）运用本土市场效应的思路，研究发现市场规模较小的国家倾向于出口基本消费服务，而市场规模较大的国家更多地出口高端消费服务。[11] Kimura 和 Lee（2006）运用引力模型研究了 1999—2000 年 10 个 OECD 国家服务贸易的影响因素，实证结果显示，样本中所选取的 10 个 OECD 国家的服务业都具有本土市场效应。[12] 然而，Chen 和 Zeng（2014）研究了大国的出口贸易后发现，如果贸易成本不同，那么大国就可能不具有本土市场效应，甚至会出现出口减少的情况。[13] 可见，贸易成本、国内市场规模都是影响服务业的出口重要因素，决定着一国服务业的本土市场效应是否明显。

近年来，国内学者对服务业的本土市场效应也进行了一些探索，但没有得出一致的结论。如毛艳华、李敬子（2015）运用 2000—2013 年中国和 41 个国家（地区）的双边服务贸易面板数据，实证研究了中国服务业的本土市场效应，结果发现，在分类型的服务业中，资本密集型服务业的本土市场效应最小，生产性服务业的本土市场效应最大，技术和知识密集型服务业的本土市场效应介于二者之间。[14] 与此相反的是，陈启斐、王晶晶、岳中刚（2014）认为，一国国内需求的扩大对其服务业出口的影响小于对其服务业进口的影响，故一国的服务业出口不存在本土市场效应。[15] 而且，张帆、潘佐红（2006）研究了中国 19 个产业生产、需求等数据，发现至少有 10 个产业的本土市场效应不明显。[16] 此外，Ceglowski（2006）[17] 指出，有关本土市场效应的研究多集中在制造业领域，涉及服务贸易的相对不多，所以，对服务业本土市场效应的研究难免会存在一些争议。

综上所述，有关服务业本土市场效应的研究是一个比较热的话题，上述文献为本书的研究提供了一些有益的参考，但是相关主题的探讨仍然存在进一步深挖的可能。通过对国内外相关文献的研究，本书发现，国内外学者大多采用面板数据模型对服务业的本土市场效应进行分析。虽然这种方法可以从总体上研究自变量对因变量的影响，但是存在一定的局限性，原因在于该方法忽略了在条件分布不同位置时自变量影响的差异，使得估计结果出现不准确的情况。因此，本章尝试在以下两个方面进行创新：第一，利用包括需求在内的三维理论模型，从理论上探讨需求拉动服务贸易增长的机制；第二，使用最近发展起来的分位数回归方法，对包括中国在内的24个国家的双边服务贸易情况进行研究，以期发现本土市场效应的存在条件。

三、理论模型和基本假说

（一）理论模型

通过对国内外相关文献研究总结，可以将影响服务业出口的因素归总为需求、技术和贸易成本这三大主要方面。本章将三个方面的影响置于同一维度内进行分析，通过建立三维影响因素模型，以期在较为完整的服务业出口影响因素框架体系内对包括中国在内的24个贸易伙伴国之间的服务贸易增长机制进行研究。服务业出口影响因素理论模型框架如图1－1所示，各维度具体含义如下：

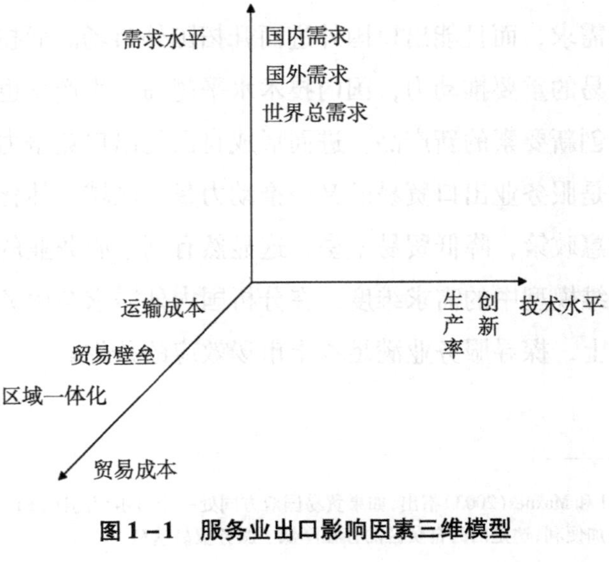

图1－1　服务业出口影响因素三维模型

需求维度，这也是本书重点的研究维度。此维度主要从需求层面描述了影响服务业出口的因素，该维度包括了影响服务业出口总量的各个要素，如国内需求（可用国内 GDP 代替）、国外需求（可用国外 GDP 代替）、世界总需求（可用世界 GDP 总量代替）等多个变量。

技术维度。此维度主要是从技术层面描述了影响服务业出口的因素，该维度主要包括创新要素和生产率要素。前文提到，国家之间的贸易使得彼此的技术水平提高，这一方面是因为贸易带来了专业化分工，贸易出口国更有效率地生产出口商品，另一方面是因为贸易引进了高级创新要素，贸易进口国通过消化、吸收进口商品中的高级创新要素继而将其应用到本国出口商品中。可见，技术水平有助于贸易的进行。

贸易成本维度。此维度主要是从贸易成本层面描述了影响服务业出口的因素，该维度主要包括区域一体化、贸易壁垒和运输成本。[①] 例如，前面谈到，贸易成本是服务贸易的一个重要影响因素，本土市场效应较易发生在高运输成本的国家。

三个维度之间存在着一定的关联，对于服务业出口贸易，国内需求会对一国的服务业出口贸易总量产生最直接的影响。例如，国内需求是服务业发展的根本动力，当服务业在国内发展到一定程度后，其不仅能够满足国内需求，而且能出口国外进而开拓国外市场。而技术因素是服务业出口贸易的重要推动力，国内技术水平越高，生产率也就越高，不断出现含有创新要素的新产品，进而形成自己的出口竞争力。同样，贸易成本因素是服务业出口贸易的又一推动力量，区域一体化使得成员国共享贸易优惠政策，降低贸易壁垒，这显然有利于服务业的出口。本章重点研究三维模型中的需求维度，在分析国内外需求与服务业出口之间关系的基础上，探寻服务业满足本土市场效应的条件。

---

① Grunfeld 和 Moxnes(2003)指出，如果贸易国双方同处一个自由贸易区(FTA)，那么服务贸易的开展会变得更加便利，这是因为自贸区的存在降低了服务贸易壁垒。

（二）基本假说

根据以上理论模型，本书总结出了影响服务业出口贸易的三大关键因素：需求综合因素、技术综合因素与成本综合因素。然而，本书旨在研究服务业的本土市场效应，故重点分析需求因素与服务业出口之间的关系，为了便于研究，提出如下基本假说：

假说 1：从整体上看，服务业不具有本土市场效应。本土市场效应首先要求国内存在较大的需求，服务业只有在满足国内市场需求之后，才能利用规模经济性带来的好处进一步出口到国外以满足国外需求。在研究本土市场效应时，国外学者青睐于选取大国作为研究对象，认为在大国更容易产生本土市场效应。① 然而，Matthieu Crozet 和 Federico Trionfetti（2007）认为，与中等规模国家相比，本土市场效应对大国和小国更重要。[18] 当今世界，小国居多，其内需市场的形成和规模的扩大必定要经历一个坎坷的过程，产生本土市场效应也需要一个过程。这就产生了如下结果：数量上不占优势的大国具有明显的本土市场效应，大多数小国却产生不了明显的本土市场效应。因此，本章假设在其他因素不变的情况下，从整体上来看，服务业不具有本土市场效应。

假说 2：在服务业出口量较小阶段，扩大内需可以在较大程度上促进服务业出口，具有本土市场效应。如果把各个国家的服务业出口数据按照从小到大排序，在服务业出口各个区间内部考察国内需求对服务业出口的影响，那么会不会出现不同于假说 1 的观点和结论呢？Grossman（1993）认为，在服务业出口初期，出口量相对较小，国内需求的增加会大幅度增加服务业的出口。[19] 因此，本章假定在服务业出口量较小的阶段，服务业具有明显的本土市场效应。

假说 3：在服务业出口量较大阶段，扩大内需对服务业出口的拉动

① Helpman E, Krugman P. Market Structure and Foreign Trade: Increasing Returns, Imperfect Competition and the International Economy[J]. *Journal of International Economics*, 1986, 2:183 – 187.

作用减弱，不具有本土市场效应。由假说2可以推出，在服务业出口中后期，出口量相对较大，国内外市场近于饱和，进一步扩大内需对该服务业出口的刺激作用不大。因此，本章假定在服务业出口量较大的阶段，服务业不具有本土市场效应。

四、变量及数据说明

（一）数据

我们采用的7176个样本数据主要来自经合组织数据库（OECD Statistics），其中有效样本5960个，样本年份为2000—2012年。该数据库包含国家的双边服务贸易数据、国民生产总值等。

所选取的24个国家中，中国是发展中国家，其余23个OECD国家是发达国家。[①] 在5960个有效样本中，中国对发达国家的样本数为279个，发达国家之间及发达国家对中国的样本数为5681个。有效样本数占总样本数的比重为83.1%。样本国家主要分布在欧洲，共18个，占总样本国家的78.3%。按国土面积分，样本国家中大国比较少，只有3个，分别是澳大利亚、加拿大和美国；其他20个国家均属于小国家。从国民生产总值规模来看，2000—2012年平均在万亿美元以下的国家有12个，介于万亿美元和十万亿美元之间的国家有11个，十万亿美元以上的国家有1个。24个国家中仅有澳大利亚位于南半球，是南半球经济最发达的国家；其他23个国家均位于全球经济比较发达的北半球，其中2个位于北美洲，1个位于南美洲，3个位于亚洲，剩下的17个国家位于欧洲。因此，样本国家之间极易发生双边贸易。

---

① 本书所选取的23个OECD国家分别是：澳大利亚、奥地利、比利时、加拿大、捷克、丹麦、芬兰、法国、德国、希腊、匈牙利、爱尔兰、意大利、日本、韩国、荷兰、挪威、波兰、葡萄牙、西班牙、瑞典、英国和美国。

（二）变量

1. 被解释变量

本章采取双边服务贸易出口（*EX*）作为被解释变量，数据来源于OECD数据库。该数据库中含有23个OECD国家与中国的双边服务贸易数据。所以，主要选取23个OECD国家与中国服务业出口值以及这些国家的双边出口数据。

2. 解释变量

①需求规模。我们运用一国国内生产总值（*GDP*）来衡量一国的市场需求规模。数据来自世界银行统计数据库（The World Bank Statistics）。此外，还包括全球整体GDP。②距离变量（*DIS*）。[①] 在国际贸易活动中，不可避免地会发生运输成本，一般而言，距离越近，双边出口额越大。该变量用国家首都之间的距离来衡量。③法律结构和产权保护（Legal Structure and Security of Property Right，*SPR*）。该数据由审判独立性、公正的法院、产权保护、军事干预法制和政治进程、独立的司法体系、依法执行的合同数和对财产转让的规模显著数目等6个方面组成，用来描述一国司法体系的完备程度。该数据来源于加拿大弗雷泽研究所全球经济自由化指数数据库（Economic Freedom of the World，EFW Index）。

3. 控制变量

为了增加结果的稳健性，不忽略可能影响样本国出口的其他因素，在此引入两类控制变量。一类是区域特征控制变量，另一类是语言特征控制变量。

首先是区域的特征变量：①共同边界[②]。国家之间相邻与否可能会对一国的出口产生影响，在这里我们运用国家间的边界值（*BOR*）来衡

① 数据来源可参见 www. timeanddate. com 网站。

② 该变量是一个哑变量。如果两国有共同边界，那么该变量的值为1，否则为0。

量。②贸易组织[①]。第二次世界大战之后，为了快速发展经济，西方各国纷纷加入区域性贸易组织。具有代表性的贸易组织有欧盟（*EC*）、北美自由贸易区（*NAFTA*）、亚太经济区（*APEC*）。在贸易组织内部，贸易国可以获得政策优惠，贸易壁垒得以降低，从而便于组织内部国家之间贸易的进行。

其次是语言特征变量：官方语言（*LAN*）[②]。在国际贸易中，可以想象，如果两个国家的官方语言不同，在进行贸易时没有使用统一的语言，那么贸易就难以实现。因此，贸易国之间采用相同的语言可以方便贸易的进行。所有变量的统计性见表 1-1。

表 1-1 各变量的统计性描述

变量	样本数	平均值	标准差	最小值	最大值
EX	5975	2728.302	5757.019	-3188.994	64642.910
GDP	7176	1620699	2806.011	47110.420	16200000
WGDP	7176	51800000	14100000	33100000	74000000
DIS	7176	4757.058	4568.736	174	18058
BOR	7176	0.109	0.311	0	1
LAN	7176	0.065	0.247	0	1
OECD	7176	0.917	0.276	0	1
NAFTA	7176	0.004	0.060	0	1
APEC	7176	0.051	0.220	0	1
SPR	7176	7.495	1.087	4.9	9.6
ln *EX*	5960	6.578	1.786	-1.731	11.077
ln *GDP*	7176	13.424	1.274	10.760	16.598
ln *WGDP*	7176	17.723	0.283	17.314	18.120
ln *DIS*	7176	7.921	1.121	5.159	9.801

注：*EX*、*GDP*、*WGDP* 的单位均为万美元；*DIS* 的单位为千米；*BOR*、*LAN*、*OECD*、*NAFTA*、*APEC*、*SPR* 均为哑变量；ln*EX*、ln*GDP*、ln*WGDP*、ln*DIS* 分别为 *EX*、*GDP*、*WGDP*、*DIS* 的自然对数值。

① 该变量是一个哑变量。如果两个国家同处于一个贸易区则记为1，否则记为0。

② 该指标是一个哑变量。如果两国拥有相同的官方语言，则记为1，否则记为0。

五、模型设定与实证检验

（一）模型设定

1966 年，Linnemann 尝试用人口因素解释贸易流量。具体表示如下：

$$X_{ij} = A \times Y_i^{\alpha1} Y_j^{\alpha2} P_i^{\alpha3} P_j^{\alpha4} D_{ij}^{\alpha5} P_{ij}^{\alpha6} \quad (1-1)$$

其中，X_{ij} 表示两国贸易总额，Y_i 表示 i 国的 GDP，Y_j 表示 j 国的 GDP，P_i 表示 i 国人口，P_j 表示 j 国人口，D_{ij} 表示两国地理距离，P_{ij} 表示两国之间的优惠贸易关系。

Feenstra[①] 也通过对引力方程进行拓展的方式来验证本土市场效应：

$$\ln X_{ij} = \beta_0 + \beta_1 \ln Y_i + \beta_2 \ln Y_j - \beta_3 \ln D_{ij} + \beta_4 CONT_{ij} + \beta_5 LAN_{ij} + \beta_6 FTA_{ij} + \beta_7 TEM_{ij} + \varepsilon_{ij} \quad (1-2)$$

其中，X_{ij} 表示 i 国出口到 j 国商品的出口总额，Y_i 和 Y_j 分别表示两国的 GDP，D_{ij} 表示两国间的距离，$CONT_{ij}$ 表示两国间的地理邻近程度，LAN_{ij} 表示两国间的语言障碍，FTA_{ij} 表示两国间的优惠贸易安排，TEM_{ij} 表示两国间的 j 国距离 i 国的偏僻程度。ε_{ij} 表示随机扰动项，β_0、β_1、β_2、β_3、β_4、β_5、β_6 和 β_7 等表示外生变量参数。当 $\beta_1 > \beta_2$ 时，则本土市场效应存在，反之则不存在。

根据上一部分的数据和变量，再结合式（1-1）和式（1-2）的处理方法，我们建立如下实证模型：

$$\ln EX_{ij} = \beta_0 + \beta_1 \ln GDP_i + \beta_2 \ln GDP_j + \beta_3 \ln WGDP + \beta_4 \ln DIS_{ij} + \beta_5 SPR_{it} + \beta_6 BOR_{ij} + \beta_7 LAN_{ij} + \beta_8 OECD + \beta_9 NAFTA + \beta_{10} APEC + \varepsilon_{ij} \quad (1-3)$$

其中，ε_{ij} 表示随机扰动项；i 为服务出口国；j 表示服务进口国。β_0、

---

① R. Feenstra, A. Rose, J. Markusen. Using the Gravity Equation to Differentiate among Alternative Theories of Trade[J]. *Canadian Journal of Economics*, 2001, 34(2): 430-447.

β_1、β_2、β_3、β_4、β_5、β_6、β_7、β_8、β_9 和 β_{10} 表示外生变量参数。当 $\beta_1 > \beta_2$ 时，则本土市场效应存在；反之则不存在。

（二）回归结果

由模型 1 到模型 5，通过不断地加入变量，可以观察到 R^2 值越来越大，这说明随着变量的加入，模型估计的精度在提高。模型 6 是稳健性检验结果，与模型 5 大体上是一致的，说明模型 5 是稳健的。所以，使用模型 5 作为估计结果。6 个方程都通过 Wald 检验，可见，整体计量效果较好。

根据表 1－2 以及前文对变量的说明，我们可以得出以下结论：

（1）整体来看，一国服务贸易的出口不存在本土市场效应。因为实证结果显示，$0.788 < 0.958$，即 $\beta_1 < \beta_2$。具体来说，本国市场需求规模增加 1%，能够带动本国服务业出口增加约 0.788%；贸易伙伴国的市场需求规模增加 1%，能够带动本国服务业出口增加 0.958%，然而，$0.788 < 0.958$，这说明一国服务贸易的出口在整体上不存在本土市场效应，这验证了假说 1 的正确性。

（2）一国服务业出口与其国内市场需求规模正相关。表 1－2 显示，市场需求规模增加 1%，能够带动本国服务业出口增加约 0.788%。这充分说明，一国的扩大内需战略可以促进出口。

（3）服务贸易出口呈现出区域化特征，即在两个国家距离较近或者边界相邻的情况下，彼此之间的贸易开展起来会更便利。贸易伙伴国之间的距离每缩短 1%，出口国的服务贸易出口额就会上升 0.842%。当两国拥有共同边界时，本国的服务业出口会增加 0.095%。由此可知，服务贸易出口与两国距离之间存在负相关的关系。

（4）良好的法律制度体系能够显著促进一国服务贸易的出口。制度指数每增加 1%，一国服务贸易的出口额就会增加 0.13 个百分点。原因可能在于，出口贸易条约的有效执行依赖于良好的司法制度体系，一国法律制度体系的完善能够保障贸易双方的合法权益，从而方便贸易的进行。

(5) 加入经济一体化组织会对一国服务贸易的出口产生显著影响，但影响的大小和方向是不同的。具体来看，*OECD* 与 *APEC* 的系数显著为正，即两国同为 OECD 或 APEC 的成员国会使本国的服务业出口额分别提高 0.761% 和 0.488%。而两国贸易伙伴国同时加入 NAFTA 则会使本国的服务业出口额降低 2.594%。

总体上讲，计量结果的结论比较稳健：虽然从模型 1 到模型 5，解释变量的选择逐渐增多，但是本书主要关注的是服务出口国 *GDP* 变化与服务进口国 *GDP* 变化对出口国的出口额影响大小的比较，即一国的服务业出口是否具有本土市场效应；服务出口国 *GDP* 与服务进口国 *GDP* 各自对于服务出口国的出口额影响十分显著——$\ln GDP_i$、$\ln GDP_j$ 在 1% 的水平上显著，模型的拟合效果较好（Adj-R^2 = 0.7663，见表 1-2 中模型 5 的回归结果），进而比较 $\ln GDP_i$ 和 $\ln GDP_j$ 的系数大小，发现 0.788 <0.958，即 $\beta_1 < \beta_2$。因此，我们的计量模型验证了假说 1，即一国的服务业出口在整体上不存在本土市场效应。

表 1-2　实证回归结果（1）

解释变量	广义最小二乘法					三阶段最小二乘法
	模型 1	模型 2	模型 3	模型 4	模型 5	模型 6
$\ln GDP_i$	0.811 *** (0.0249)	0.780 *** (0.0248)	0.775 *** (0.0250)	0.773 *** (0.0248)	0.788 *** (0.0246)	0.856 *** (0.0105)
$\ln GDP_j$	0.959 *** (0.0242)	0.971 *** (0.0239)	0.966 *** (0.0242)	0.960 *** (0.0240)	0.958 *** (0.0235)	0.880 *** (0.0096)
$\ln WGDP$	0.033 (0.0388)	-0.058 (0.0394)	-0.068 * (0.0401)	-0.074 * (0.0399)	-0.058 (0.0399)	-0.094 (0.0439)
$\ln DIS_{ij}$	-0.898 *** (0.0362)	-0.890 *** (0.0355)	-0.862 *** (0.0422)	-0.879 *** (0.0416)	-0.842 *** (0.0421)	-0.813 *** (0.0146)
SPR_{it}		0.139 *** (0.0136)	0.139 *** (0.0136)	0.136 *** (0.0136)	0.130 *** (0.0136)	0.120 *** (0.0115)

续表

解释变量	广义最小二乘法					三阶段最小二乘法
	模型 1	模型 2	模型 3	模型 4	模型 5	模型 6
BOR_{ij}			0.167 (0.1383)	0.009 (0.1400)	0.095 ** (0.1375)	0.115 *** (0.0383)
LAN_{ij}				0.699 *** (0.1509)	0.690 *** (0.1483)	0.684 *** (0.0407)
OECD					0.761 *** (0.1344)	0.785 *** (0.0529)
APEC					0.488 *** (0.1723)	0.456 *** (0.0451)
NAFTA					-2.594 *** (0.6000)	-2.437 *** (0.2665)
CONS	-9.628 *** (0.4911)	-12.10 *** (0.5415)	-12.38 *** (0.5888)	-12.27 *** (0.5845)	-13.11 *** (0.6001)	-13.77 *** (0.7959)
Wald 检验	11746.14 [0.000]	12063.87 [0.000]	12067.17 [0.000]	12146.15 [0.000]	12336.09 [0.000]	[0.000]
P 值	0.00	0.00	0.00	0.00	0.00	0.00
观测值	5960	5960	5960	5960	5960	5960
调整后的 R^2	0.7285	0.7369	0.7376	0.7469	0.7663	
贸易伙伴组	509	509	509	509	509	509

注：与最小二乘法相比，三阶段最小二乘法能够增加估计效率。所以本章采用三阶段最小二乘法对计量结果进行稳健性检验，结果参见模型 6；***、**、*分别表示 1%、5%、10% 的显著性水平；圆括号内显示的是稳健的标准差；Wald 检验的原假设是变量为外生的（H_0：/athrho = 0），方括号中显示的是 Wald 检验的 P 值。采用的软件为 Stata13.0。

六、进一步的实证检验

为了对回归结果进行比较分析，我们首先对面板数据进行最小二乘法（OLS）估计，然后在 10%、20%、30%、50%、70%、90% 六个分位点上进行分位数估计，广义最小二乘法估计与分位数回归估计的结果见表1－3。

表1－3　实证回归结果（2）①

解释变量	模型1 OLS	模型2 QR_ 10	模型3 QR_ 20	模型4 QR_ 30	模型5 QR_ 50	模型6 QR_ 70	模型7 QR_ 90
$\ln GDP_i$	0.856***	0.995***	0.942***	0.899***	0.836***	0.772***	0.693***
	(0.0103)	(0.0162)	(0.0138)	(0.0134)	(0.0131)	(0.0133)	(0.0142)
$\ln GDP_j$	0.880***	0.958***	0.937***	0.924***	0.870***	0.848***	0.812***
	(0.0100)	(0.0158)	(0.0135)	(0.0130)	(0.0127)	(0.0130)	(0.0138)
$\ln WGDP$	0.0938*	−0.0995	−0.0378	−0.0294	−0.0270	0.0872	0.214***
	(0.0444)	(0.0700)	(0.0598)	(0.0578)	(0.0564)	(0.0576)	(0.0614)
$\ln DIS$	−0.813***	−1.023***	−0.961***	−0.865***	−0.776***	−0.695***	−0.614***
	(0.0141)	(0.0223)	(0.0190)	(0.0184)	(0.0179)	(0.0183)	(0.0195)
SPR	0.120***	0.0790***	0.102***	0.111***	0.131***	0.115***	0.144***
	(0.0107)	(0.0169)	(0.0144)	(0.0140)	(0.0136)	(0.0139)	(0.0148)
BOR	0.115**	−0.242***	−0.124*	0.0107	0.119*	0.160**	0.235***
	(0.0439)	(0.0694)	(0.0592)	(0.0573)	(0.0559)	(0.0571)	(0.0608)
LAN	0.684***	0.809***	0.646***	0.586***	0.681***	0.645***	0.603***
	(0.0470)	(0.0742)	(0.0633)	(0.0613)	(0.0598)	(0.0610)	(0.0650)
OECD	0.785***	1.086***	0.932***	0.752***	0.623***	0.630***	0.650***
	(0.0427)	(0.0675)	(0.0576)	(0.0557)	(0.0544)	(0.0555)	(0.0591)
NAFTA	−2.437***	−3.450***	−3.380***	−3.308***	−1.268***	−1.275***	−1.407***
	(0.188)	(0.296)	(0.253)	(0.244)	(0.238)	(0.243)	(0.259)
APEC	0.456***	0.626***	0.653***	0.511***	0.420***	0.366***	0.314***
	(0.0557)	(0.0879)	(0.0750)	(0.0726)	(0.0708)	(0.0723)	(0.0770)
_ *CONS*	−13.77***	−12.57***	−12.86***	−12.66***	−11.42***	−12.38***	−13.41***
	(0.777)	(1.226)	(1.046)	(1.013)	(0.988)	(1.009)	(1.074)
N	5960	5960	5960	5960	5960	5960	5960

注：括号内为标准差，*、**、***分别表示在10%、5%和1%的水平上显著。

① 其中，分位数回归最早于1978年由柯恩克（Koenker）和巴塞特（Bassett）提出，是一种基于被解释变量 y 的条件分布来拟合解释变量 x 的线性函数的回归方法。

（一）国内需求与服务业出口的关系

广义最小二乘估计和各分位点上的分位数估计结果都显示，ln*GDP* 的参数估计值均为正，且在1%的显著性水平上显著，这表明一国的国内需求（$\ln GDP_i$）对其出口（ln*EX*）产生了显著影响。其中，广义最小二乘估计 $\ln GDP_i$ 的系数为0.856，即一国国内需求增加1%可带动其服务业出口增长0.856%，这表明一国的出口对国内需求缺乏弹性。从分位数回归估计结果来看，一国的服务业出口对国内需求的弹性大小与分位点的选择相关。在10%分位点处，一国的服务业出口对国内需求是富有弹性的，而在20%、30%、50%、70%和90%分位点处，一国的服务业出口对国内需求的弹性则是缺乏弹性的。图1-2中左图给出了从0到100%各个分位点 $\ln GDP_i$ 的系数估计值的折线图。从图中折线可以看出，在服务业出口的整个分布区间，$\ln GDP_i$ 的系数估计值呈现出递减趋势，整体而言，50%分位点及50%分位点以前的 $\ln GDP_i$ 的系数估计值大于0.8，50%分位点之后 $\ln GDP_i$ 的系数估计值小于0.8。结合系数的95%置信区间，从平均意义上说，低分位点处一国的服务业出口高于高分位点处一国服务业的出口，这说明国内需求变化对服务业出口量低的国家的服务业进一步出口的影响要高于服务业出口量高的国家。

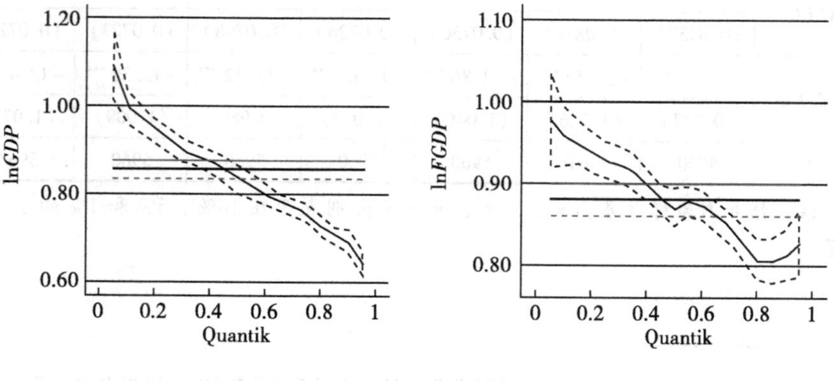

图1-2　各分位点的国内需求（左）与国外需求（右）系计估计值

（二）国外需求与服务业出口的关系

广义最小二乘估计结果中 $\ln GDP_j$ 的系数估计值在 0.01 的显著性水平上显著，面板分位数的回归结果显示，各分位点处 $\ln GDP_j$ 的系数估计值也在 0.01 的显著性水平上显著。其中，广义最小二乘估计 $\ln GDP_j$ 的系数为 0.880，即一国国内需求增加 1% 可带动其服务业出口增长 0.88%，这表明一国的出口对国外需求缺乏弹性。面板分位数的回归结果表明，随着分位数的增加，一国服务业的出口对国外需求的弹性逐渐减小。例如，在 10% 分位点处，一国服务业出口的国外需求弹性为 0.958；在 30% 分位点处，该弹性降为 0.924；在 50% 分位点处，该弹性进一步降为 0.870，这种趋势从图 1－2 中也可以看出。图 1－2 中右图给出了从 0 到 100% 分位点 $\ln GDP_j$ 的系数估计值，可以看到，在服务业出口的整个分布区间，$\ln GDP_j$ 的系数估计值呈现递减的趋势。而且，50% 分位点左右 $\ln GDP_j$ 的系数估计值的置信相对较窄，这说明相对于服务业出口分布区间的两端，中间部分的估计精度较高，也即国外需求变化对服务业出口量中等的国家的服务业进一步出口的影响要高于服务业出口量较低和较高的国家。

（三）分位点与一国服务业出口的本土市场效应

对比国内需求和国外需求对服务业出口的影响关系，可以发现，一国的服务业出口是否具有本土市场效应与分位点的选取有关。首先，广义最小二乘法估计结果显示一国服务业出口不具有本土市场效应，因为 $\ln GDP_i$ 的系数估计值（0.856）小于 $\ln GDP_j$ 的系数估计值（0.880），即一国服务业出口的国内需求弹性小于国外需求弹性，这也证明了假说1是正确的。

其次，面板分位数的估计结果显示，在不同的分位点处，国内需求与国外需求对服务业出口的影响大小是不同的。表 1－3 显示，在 10% 与 20% 分位点处，服务业出口的国内需求弹性大于国外需求弹性，即

$\ln GDP_i$ 的系数估计结果（分别为0.995、0.942）大于 $\ln GDP_j$ 的系数估计结果（分别为0.958、0.937）；在30%、50%、70%和90%分位点处，服务业出口的国内需求弹性小于国外需求弹性，即 $\ln GDP_i$ 的系数估计结果（分别为0.899、0.836、0.772、0.693）小于 $\ln GDP_j$ 的估计结果（分别为0.924、0.870、0.848、0.812）。这说明，在服务业出口区间的左端，即在那些服务业出口量比较小的国家或者在一国服务业出口量比较小的时期，服务业出口具有本土市场效应；在服务业出口区间中间部分的右端，即在那些服务业出口量较大的国家或者在一国服务业出口量较大的时期，服务业出口不具有本土市场效应，这证明前文假说2和假说3是正确的。

综上所述，服务业出口的国内需求弹性大于国外需求弹性时，服务业出口具有本土市场效应，反之，服务业出口的国内需求弹性小于国外需求弹性时，服务业出口不具有本土市场效应。因此，在考察国内需求对服务业出口的影响时，要将服务业出口划分成不同区间来加以衡量（本书正是运用分位数对服务业出口进行分位的），否则会得出错误的结论。

七、结论及政策建议

本书基于三维模型的需求维度，试图从相对宏观的角度对服务业出口贸易的影响机制进行研究。鉴于此，本书选取了包括中国在内的24个国家作为研究对象，利用2000—2012年的双边服务贸易数据进行分位数回归分析。通过上述计量模型的处理，得出如下结论：

第一，整体来看，一国服务贸易的出口不存在本土市场效应。表1-2中的实证结果显示，服务业出口的国内需求弹性为0.788，服务业进口的国外弹性为0.958，显然0.788<0.958，即 $\beta_1 < \beta_2$。也就是说，国内市场需求与国外市场需求都能够促进服务业的出口，但是国外市场需求对服务业出口的带动作用更大。这表明，服务业的出口在整体

上不存在本土市场效应。

第二，在服务业出口初期，即在服务业出口量较小的时期，服务业具有本土市场效应。表1-3中的模型2显示，在服务业出口量的10%分位点处，服务业出口的国内需求弹性为0.995，而服务业出口的国外需求弹性为0.958，显然，0.995>0.958，即$\beta_1 > \beta_2$；表1-3中的模型3显示，在服务业出口量的10%分位点处，服务业出口的国内需求弹性为0.942，而服务业出口的国外需求弹性为0.937，显然，0.942>0.937，即$\beta_1 > \beta_2$。也就是说，国内市场需求与国外市场需求都能够拉动服务业的出口，但是国内市场需求对服务业出口的带动作用更大。这表明，在服务业出口量较小的时期，服务业具有本土市场效应。

第三，在服务业出口中后期，即在服务业出口量较大的时期，服务业不具有本土市场效应。表1-3中的模型4显示，在服务业出口量的30%分位点处，服务业出口的国内需求弹性为0.899，而服务业出口的国外需求弹性为0.924，显然，0.899<0.924，即$\beta_1 < \beta_2$；表1-3中的模型5显示，在服务业出口量的50%分位点处，服务业出口的国内需求弹性为0.836，而服务业出口的国外需求弹性为0.870，显然，0.836<0.870，即$\beta_1 < \beta_2$；同理，服务业出口量的70%分位点和90%分位点处，服务业出口的国内需求弹性（分别为0.772、0.693）也都小于服务业出口的国外需求弹性（分别为0.848、0.812），即$\beta_1 < \beta_2$。这表明，在服务业出口量较大的时期，服务业不具有本土市场效应。

根据上述实证研究结论可以发现，服务业是否具有本土市场效应要分情况来讨论。虽然从整体上看，服务业不具有本土市场效应，但是在服务业出口量较小的阶段，服务业具有本土市场效应。对此，本书针对性地提出了相应的政策建议：①继续以经济建设为中心，相关部门应想方设法提高国内居民的可支配收入水平，进而提高消费者的消费能力；②实施扩大内需的战略，引导消费者从传统的消费行业转到服务行业尤其是高端服务行业上来；③在服务业出口初期，各级政府部门应当鼓励消费者进行服务消费进而带动服务业的出口贸易，如对服务消费者进行补贴，减免服务消费税，给予服务生产者税收减免等。

参考文献

[1]刘志彪. 基于内需的经济全球化：中国分享第二波全球化红利的战略选择[J]. 中国经济转型与发展研究,2012(2):51-59.

[2]AMITI M. Inter-industry trade in manufactures: does country size matter[J]. Journal of International Economics,1998,2:231-255.

[3]MARKUSEN J R. Trade in producer services and in other specialized intermediate inputs[J]. American Economic Review, 1989, 79: 85-95.

[4]DEARDORFF A V. Comparative advantage and international trade and investment in service[R]. Research Seminar in International Economics,The University of Michigan,1985.

[5]LUDER S,ROSA PEREZ-ESTEVE, MANUSCRIPT D. A Quantitative assessment of electronic commerce[EB/OL]. 1999-09-06. http: //www. wto. org.

[6]FRANCOIS J. The next wto round: north-south stakes in new market access negotiations[M]. Adelaide: Centre for International Economic Studies,2001.

[7]KELLER W. Trade and the transmission of technology[J]. Journal of Economic Growth,2002,1:5-24.

[8]EATON J,KORTUM S. Trade in ideas patenting and productivity in the OECD[J]. Journal of International Economics,1996,4: 251-278.

[9]DAVIS D,WEINSTEIN D. Does economic geography matter for international specialisation? [C]. NNER Working Paper No. 5706,1996.

[10]HANSON G H,XIANG C. The home market effect and bilateral trade patterns [J]. American Economic Review,2004,4:1108-1129.

[11] DURANTON G,PUGAD. Nursery cities: urban diversity, process innovation, and the life cycle of products[J]. American Economic Review, 2001,5:1454-1477.

[12]KIMURA F,LEE H. The gravity equation in international trade in services [J]. Reviews of World Economics, 2006, 1: 92 - 121.

[13]CHEN C M,ZENG D Z. The home market effect: beyond the constant elasticity of substitution[C]. Tohoku University Working Paper,2014.

[14]毛艳华,李敬子. 中国服务业出口的本土市场效应研究[J]. 经济研究, 2015(8): 98 - 113.

[15]陈启斐,王晶晶,岳中刚. 扩大内需战略能否扭转我国服务贸易逆差——来自我国和23 个 OECD 国家的面板数据分析[J]. 国际贸易问题, 2014(2):86 - 95.

[16]张帆,潘佐红. 本土市场效应及其对中国省间生产和贸易的影响[J]. 经济学(季刊), 2006(2): 307 - 328.

[17]CEGLOWSKI J. Does gravity matter in a service economy? [J]. Review of World Economics,2006,2:307 - 329.

[18]CROZET M,TRIONFETTI F. Trade costs and the home market effect[C]. CEPII Research Center Working Papers 2007 - 05, 2007.

[19]GROSSMAN G,KRUEGER A. Enviromental impacts of the North American free trade agreement[M]. The U. S. Mexico Free Trade Agreement, Cambridge, MA, The MIT Press, 1993.

第二章　基于门槛效应的服务业本土市场效应研究

一、问题的提出

20 世纪末以来，世界经济开始逐步由以工业经济为主向以服务经济为主转变，服务业在经济增长中所扮演的角色日趋重要。以柯林·克拉克（Colin Clark）[1]为代表的当代经济学家认为，随着经济发展和居民生活水平的提高，消费者对生活服务质量的要求也会水涨船高，产业发展的重心也会由此逐步向服务业倾斜。因此，国内外学者普遍将第三产业的发展也作为衡量当今社会经济发达程度的重要指标。

当今的中国正处于这种产业结构升级转型的关键时期，因此服务业的发展方向与合理建设更引起了相关部门的高度重视。2008 年，国务院办公厅发布了《关于加快发展服务业若干政策的实施意见》，对加快服务业的发展，推进产业升级提出了具体要求。2012 年 11 月上旬召开的十八大会议中，中国提出了“加快传统产业转型升级，推动服务业特别是现代服务业发展壮大”的目标，并着重强调了构建社会—经济—环境协调发展的新型社会发展模式。2014 年 10 月 28 日，国务院再次出台了《关于加快科技服务业发展的若干意见》，要求各级政府部门进一步加大研究开发和服务的投入力度，着重推进科技服务业的发展。魏浩（2009）[2]认为，在内需、出口和投资这“三驾马车”中，出口对经济增长的贡献率最大。杨运杰（2007）[3]指出，内需与出口关系从表面上看属于需求结构问题，实质上却是国内经济运行和对外经济运行的关系，这主要是由总需求在经济运行中的地位和出口的衍生功能两个层次的关系所致。

那么，在内需驱动的战略下，一国服务业出口能力能否因为国内需求市场的扩张而得到提升呢？从理论上说，这种可能性是存在的。但是，内需扩大到何种程度时，其对一国和出口促进作用最大？本书试图分析一国内需对服务业出口的影响，进而找到这个临界点，从而为我国发展服务业提供政策建议，最大限度地促进我国服务业的出口。

二、文献综述

国际贸易理论认为，一国出口自身具有比较优势的产品，与他国进行贸易是为了从专业化和规模经济中获取利润。被命名为新经济地理（New Economic Geography）的最新规模收益递增模型，使研究者能够通过检验本土市场需求对一国的生产和贸易的影响来区分比较优势和规模收益。本土的超常需求引起大规模生产和高效率，使该国在满足本土需求之外还能顺带出口。新经济地理理论的这一核心概念被克鲁格曼（Krugman，1980）[4]称为“本土市场效应”（Home Market Effects）。

（一）扩大内需与提高服务业出口竞争力相关研究

Krugman 提出的本土市场效应理论认为，一国国内的超常需求可以引起大规模生产和高效率，使该国在满足本土需求之外还能顺带出口。此后，国内外学者从不同的角度围绕着本土市场效应展开研究。

Weder（1995）[5]使用美国与英国 26 种产品在 1970—1987 年的贸易资料，发现相对需求与净出口之间存在正相关关系，支持本土市场假说。Feenstra 等（1998）[6]使用自由进入、不完全竞争和无差异产品市场模型检验了 1970 年、1975 年、1980 年、1985 年和 1990 年大样本国家的双边贸易资料，发现了本土市场效应。Feenstra，Markusen 和 Rose（2001）[7]使用引力模型估算了各国出口的收入弹性。他们的结论支持本土市场效应关于差异性产品的出口的收入弹性比单一性产品大的假设。之后，一些学者运用引力模型实证分析了本土市场效应的影响因素。Hanson 和 Xiang（2002）[8]选取特惠贸易区内的两个国家，利用倍差引力模型对本土市场效应进行了测算，发现本土市场效应取决于运输成本。即对于运输成本高的产业，其市场规模决定出口量，运输成本较高的产业，其市场规模加上邻国市场规模决定出口的多少。Hanson 和 Xiang（2004）使用引力模型区分了内生性偏差和差异性偏差。他们关于本土市场效应的假设是，大国出口较多的运输成本高、规模经济强的产品。他们用两国对第三国的出口来检验这一假设并在高运输成本行业找到了证据。此外，Takatsuka 和 Zeng（2010）[9]分析了资本的流动性对本土市场效应的影响。

尽管关于本土市场效应的文献集中于制造业贸易的影响因素研究方面，但是“一国内需市场的扩大可以带动出口”的逻辑却被应用到一国服务业的研究上。Holmes 和 Stevens（2005）[10]根据“本土市场效应”理论，研究发现，一国的城市会自发地根据级别大小进行分工，大城市以发展高端消费服务和商务服务为主，中小城市则承接大城市转移过来的低端制造业和发展基本消费服务业等。由此可知，一个国家越强大，其服务业在国内的市场份额就越高；相反，国家越弱小，国内就越需要发展第二产业和基本消费服务业。这样，大国和小国在形成各自的分工之后，就会产生贸易。大国往小国出口高端服务，小国往大国出口基本服务以及低端工业品。

国内学者对于如何扩大内需进行了大量研究。陈宗胜（1997）[11]提出，国内市场需求规模的扩大预示着企业可以提高产品和服务的供给，这是实施市场经济体制带来的结果，也标志着经济进入新的、更高的发展阶段。张屹山等（2011）[12]认为，扩大内需是想要达到一种平衡：对内，要保持良性的经济内循环，投资拉动消费，消费促进投资，投资与消费互为前提和动力；对外，要内需与外需、消费与出口相互推动、共同增长，达到制衡和稳定的状态。刘志彪（2012）[13]发现，中国想要分享第二波经济全球化的红利，可以采取以下两种方法：第一，在扩大国内市场需求规模条件下实施深度全球化战略，积极参与全球的经济、政治等各方面；第二，发展基于内需的全球化经济，通过扩大内需来带动产品、服务贸易的出口。

认清内需与出口互动关系的实质是正确处理内需与出口关系的前提。王秀芳（2007）[14]研究了经济运行中内需与出口的关系，认为内需与出口关系的协调，必须建立在国内经济运行与对外经济运行的关系、内部均衡与外部均衡的关系以及进出口关系等三个层次上。王子先（2008）[15]在《正确认识和处理当前内需与外需的关系》一文中认为，在经济全球化时代，内需与出口相互依存、相互补充，国内市场和需求，可以为出口提供重要的支撑和动力。一方面，国内市场需求及生产可以为出口提供重要的物质基础支持，例如，国内市场的规模经济效应为出口提供坚实的产业基础；另一方面，出口对内需也有巨大的拉动作用，表现在：出口能够拉动国内即期消费，也能够推动国内消费结构升级。同样，在分析服务业出口与国内需求的关系时，也要本着以上辩证关系进行。陈启斐、王晶晶、岳中刚（2014）[16]利用中国与 23 个 OECD 国家 2000—2010 年的双边贸易数据，实证研究了扩大内需战略对服务业出口与进口的影响，结果表明，一国的市场规模对服务业出口的促进作用小于服务业的进口。宣烨等（2015）[17]利用中国 1997—2012 年度面板数据，实证检验了中国内需与服务业国际竞争力之间的关系，发现内需驱动战略在长期可以提升中国的服务业国际竞争力。

（二）内需驱动与服务业出口竞争力影响因素相关研究

Hoekman（1997）[18]的研究发现，世界服务贸易的迅猛发展充分说明了服务业不仅具有本地化特征，还具有在信息技术支持下的强烈的全球化倾向。人们现在普遍关心的问题是：随着各国对商品的购买力下降，全球服务贸易会不会代替商品贸易成为新的贸易增长动力。回答这个问题首先需要我们了解服务贸易尤其是出口服务贸易的增长受哪些因素的影响。为了探究服务贸易增长背后的因素，学者们从两个角度进行了深入研究。

对于服务业影响因素的考量，国内外学者均采用多种方法、多个角度进行了大量研究。如国外学者从需求、供给和创新多个角度对服务业影响因素进行了分析。Clark（1940）[19]从需求角度对三次产业进行研究，认为随着人均收入的提高，产业结构会逐步开始向服务业转变。Kongsamut（2001）[20]通过研究发现，随着人均收入的上升服务业比重也不断增加，人均收入与服务业比重呈线性关系。富克斯（1987）[21]由美国服务业产出增长缓慢中发现服务业增长的主要动力来自供给方面。美国社会学家贝尔（1974）[22]在其“工业社会”理论中提到了服务型社会知识、技术的重要性和科技人才在社会发展中的重要作用。Michael Peneder[23]（2008）同样从技术创新的角度对服务业影响因素进行分析，认为自主创新能够提高劳动生产率并进一步扩大服务业产品需求量，推动服务业发展。

同样，国内学者也采用了诸多方法对不同研究对象的服务业影响因素进行了探究。如江小涓和李辉（2008）[24]从国家层面的角度，考察了人均 GDP、人口规模和城市化水平对服务业的影响作用，结果表明人口规模和人均 GDP 对服务业增加值的影响最明显。李娟（2010）[25]也从国家层面研究了中国当代信息化、市场化和城镇化对现代服务业的影响作用机制。此外，部分学者还从地区层面对服务业影响因素进行了研究，邱瑾等（2012）[26]以浙江省各市县服务业为研究对象，采用贝叶斯法对服务业的影响因素进行了空间计量分析，研究表明服务业从业人员占比、地区人口密度、工业总产值和财政支出占比对服务业有着显著的促进作用。毕然等（2014）[27]就 2006—2011 年的省级面板数据服务业影响构建指标对服务业的影响因素进行实证研究，研究表明，人均 GDP 对服务业影响最为明显。用比较优势理论来解释当前中国国际贸易现象行不通，Krugman 的本土市场效应理论为我们找到了研究的突破口。100 多年前，西方国家发现了中国巨大的市场，为利用这一市场需求不惜使用武力强行打开中国市场的大门。现如今，任何一个国家都无法拒绝中国这个巨大而开放的市场。一旦规模报酬递增产生作用，国内市场的巨大需求必然推动中国的对外贸易，中国也将持续保持世界贸易大国的地位。中国巨大的市场规模对促进世界经济的增长和世界贸易的发展起到无法替代的作用。

与已有文献相比，本书期望在以下方面做出贡献：首先，以扩大的引力模型为基础，运用中国和 23 个 OECD 国家 2000—2012 年的双边服务贸易面板数据，对扩大一国内需与服务业出口的“本土市场效应”进行实证检验，试图发现影响“本土市场效应”的相关因素；其次，对引力模型的回归结果进行思考，运用门槛模型深入分析一国内需与服务业出口的“本土市场效应”，找到最大限度促进一国服务业出口的内需门槛点，从而为制定相关政策提供参考。

三、以国内需求为依托的服务业出口：理论假说

国内需求的增加可以带动一国经济的增长，也能带来国内市场的扩大。同时，有研究表明，与中等规模国家相比，本土市场效应对大国和小国更为重要（Matthieu Crozet，Federico Trionfetti，2007）；[28]也有研究证实，在非贸易品的市场规模和多样性上，小国比不过大国（Helpman 和 Krugman，1986）。[29]因此，努力使自己变成“大国”是很有必要的。因此，对大多数国家而言，若要扩大内需市场，很有必要利用规模经济并且进行差异化生产来壮大自己的 GDP。当今世界上，小国居多，其内需市场的形成和规模的扩大必定要经历一个坎坷的过程。江小国（2013）[30]的研究表明，中国服务外包内需市场的形成是一个很漫长的过程，因为存在较多的阻力因素，如服务外包的意识淡薄、外包流程缺乏标准化以及内需市场发展的环境不健全等。

因此，一国要实现经济增长，就必须要有足够大的国内需求并满足之，而影响国内市场规模扩大的种种因素的存在，使得潜在的国内需求难以被挖掘出来。于是，我们提出假说 1：

假说 1：从整体上看，一国的服务业出口不具有本土市场效应。

如果服务业出口在总体上不具有本土市场效应，那么，出现这个结果的原因是什么呢？会不会存在一个内需的临界值，使得在临界值前后，内需对服务业出口的影响效果不一，进而得出：在总体上，一国服务业出口不具有本土市场效应。这一临界值又叫门槛值，Hansen（2000）[31]提出的门槛回归分析模型，将门槛值作为一个未知变量纳入研究模型，构建了技术溢出系数的分段函数，同时还能对门槛值及门槛效应进行一系列的估计和检验，可以弥补研究的不足。

由此，我们提出假说 2：

假说 2：一国的国内需求在达到一定数值之前，其对服务业的出口影响不明显；当一国内需达到该数值之后，随着内需的继续增加，其对服务业出口具有显著影响。

四、变量及数据说明

本章的数据来源于 2000—2012 年经合组织数据库（OECD Statistics），有效样本为 5960 个，共有 24 个国家，其中中国是发展中国家，其余 23 个 OECD 国家是发达国家。本章采用双边服务贸易出口（*EX*）作为被解释变量，解释变量为市场需求规模和距离变量（*DIS*），控制变量分为区域的特征变量和语言特征变量，包括国家间的边界值（*BOR*）、贸易组织（*EC*，*NAFTA*，*APEC*）和官方语言（*LAN*）。由于数据处理与变量说明与第一章相同，这里不再展开详细说明。

五、理论模型与实证检验

（一）国际贸易研究中的引力模型

国际贸易研究中的引力模型主要有 Linnemann（1966）用人口因素解释贸易流量、Feenstra（2001）通过对引力方程进行拓展的方式来验证本土市场效应，而本章使用的模型如下：

$$\ln EX_{ij} = \beta_0 + \beta_1 \ln GPD_i + \beta_2 \ln GDP_i + \beta_3 \ln WGDP + \beta_4 \ln DIS_{ij} + \beta_5 SPR_{it} + \beta_6 BOR_{ij} + \beta_7 LAN_{ij} + \beta_8 OECD + \beta_9 NAFTA + \beta_{10} APEC + \varepsilon_{ij} \tag{2-1}$$

其中，表示随机扰动项；i 为服务出口国；j 表示服务进口国。β_1、β_2、β_3、β_4、β_5、β_6、β_7、β_8、β_9、β_{10}和表示外生变量参数。当 $\beta_1 > \beta_2$ 时，则本土市场效应存在；否则，则不存在。本章运用广义最小二乘法对计量方程进行回归分析，采取逐步回归法来判别服务贸易本土市场效应是否存在。

模型回归结果及其表格均与第一章相同，这里不再列出。

（二）拟合方程序列自相关处理

考虑使用可行广义最小二乘法（FGLS），对模型进行转换、重新估计。为此，考虑在解释变量中加入出口国 GDP 的滞后值 $\ln GDP_i(-1)$，然后进行 OLS 回归，结果如下：

$$\ln EX_{ij} = -11.546 + 0.367 \ln GDP_i + 0.447 \ln GDP_i(-1) + 0.941 \ln GDP_j - 0.027 \ln WGDP - 0.840 \ln DIS_{ij} + 0.113 SPR_{it} + 0.088 BOR_{ij} + 0.634 LAN_{ij} + 0.737 OECD - 2.465 NAFTA + 0.445 APEC \tag{2-2}$$

结果显示，回归方程（2-2）的 R^2 为 0.771，整体的解释能力较强。此外，出口国 *GDP* 的滞后项 $\ln GDP_i(-1)$ 对应的 P 值为 0.000，说

明 $\ln GDP_i(-1)$ 在1%的水平上显著地不等于0，且符号为正（0.447）；当期出口国 *GDP* 仍然显著地为正（0.367）。这意味着，出口国 *GDP* 对其出口的影响分为当期和滞后期两个方面，而且当期 *GDP* 对出口的促进作用小于滞后期。变换后模型的 *DW* 统计值为2.031，因此，加入出口国 *GDP* 的滞后项 $\ln GDP_i(-1)$ 之后，扰动项不再存在自相关，即模型中的自相关问题已经消除。

（三）拟合方程异方差处理

对于方程中遇到的异方差问题，本书采取固定效应模型对原方程进行相关处理。利用 Stata13.0 软件对固定效应模型进行组内估计，回归结果如下：

$$\begin{aligned}\ln EX_{ij} = & -17.320 + 0.311\ln GDP_i + 0.433\ln GDP_i(-1) + 1.048\ln GDP_j - \\ & 0.062\ln WGDP - 0.732\ln DIS_{ij} + 0.106SPR_{it} + 0.073BOR_{ij} + \\ & 0.714LAN_{ij} + 0.676OECD - 2.526NAFTA + 0.461APEC \quad (2-3)\end{aligned}$$

结果显示，回归方程（2-3）的 R^2 为0.753，整体的解释能力较强；在显著性水平为0的情况下，F检验值为314.020，方程整体上是显著的。此外，再采用怀特检验对方程进行异方差检验，因为 $TR^2 = 16.139$，$\chi^2_\alpha(11) = 24.725$，所以 $TR^2 \leq \chi^2_\alpha(11)$，这表明方程的异方差问题得到解决。采用DW检验法对自相关进行检验时可发现自相关问题也已经消除。因此，方程（2-3）可以作为最终的回归结果。

方程（2-3）同样能够得出上述结论，即一国服务贸易的出口不存在本土市场效应。因为，出口国GDP分成了两个部分——当期GDP与滞后期GDP，当期GDP的系数为0.311，滞后期GDP的系数为0.433，这两个部分的系数之和①为0.744，依旧小于进口国GDP的系数1.048。所以，整体来看，一国服务贸易的出口不存在本土市场效应。

---

① 出口国GDP对自身出口的影响可分为两个阶段——在当期，GDP可以促进出口；在下一期，当期GDP仍然发挥着促进作用。所以，本书认为当期GDP的系数与滞后期GDP的系数可以加总。

一般来说，一国内部市场规模较小的时候，其产品仅仅用来满足本国市场，当国内市场规模扩大到一定程度之后，由于规模经济性，其产品在满足本国内部市场需求之后还能顺带出口。[32]那么，国内市场规模扩大到什么程度，即国内市场需求达到哪一点之后，才能出现规模经济性带来的大规模出口呢？这个问题将在下文进行研究，在研究之前有一点需要说明，即上文初步研究得出的结论与把国内 GDP 分为当期和滞后期两个阶段之后得出的结论一致，而且下文的目的是找到国内需求的最优点，所以，下文把国内需求作为一个整体来进行研究。

六、基于假说 2 的实证检验

接下来，本书选取了国内市场规模这个因素进行了门槛效应研究。本部分重点分析国内市场规模会对一国出口产生怎样的影响，从而为我国有针对性改善出口境况提供可能的视角。

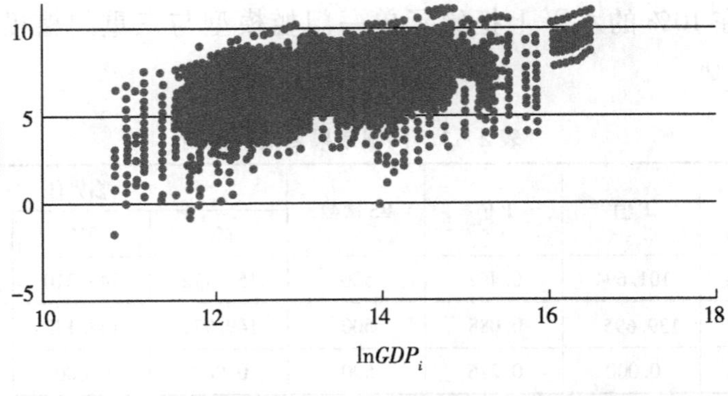

图 2－1　出口量（ln*EX*）与出口国 GDP（lnGDP_i）之间的散点图

（一）模型

由图 2－1 可以看出，出口国 GDP 与出口量之间存在某种关系，即随着 GDP 的增加，出口呈现出先减少后增加的趋势。那么，出现这种情形的原因是什么呢？基于假说2，本书借鉴 Hansen（2000）的方法，通过构建检验出口的门槛效应的计量模型，考察一国内需对该国出口的门槛效应。所以，接下来的模型中将选取一国国内生产总值的对数值作为门槛变量，同时引入交乘项 $\ln WGDP * \ln GDP_i$，模型形式设定如下①：

$$\ln EX_{ij} = \beta_0 + \beta_1 \ln GDP_i I(\ln GDP_i \leqslant \gamma) + \beta_2 \ln GDP_i I(\ln GDP_i > \gamma) + \beta_3 \ln GDP_j + \beta_4 \ln WGDP + \beta_5 \ln WGDP * \ln GDP_i + \mu_{ij} + \varepsilon_{ij} \quad (2-4)$$

$\ln GDP_i$ 为门槛变量，γ 为特定的门槛值，$I(\ln GDP_i \leqslant \gamma)$ 和 $I(\ln GDP_i > \gamma)$ 为示性函数，$\ln GDP_j$ 和 $\ln WGDP$ 为控制变量。门限模型的基本思路是，先对式（2－4）采用组内去均值的方法消除个体效应 μ_{ij} 的影响，接着对任一给定的 γ，可通过最小二乘法估计式（2－4）得到相应参数的估计值与残差平方和，之后运用格栅搜索法来选择与最小残差平方和对应的门槛值。本书估计的门槛值为 13.486 和 15.138。

（二）确定双重门槛模型

回归结果发现，一国内需在10%的显著性水平上接受了双重门槛模型，在10%的水平上拒绝了单一门槛模型与三重门槛模型，详见表2－1。②

表2－1　门限效果自抽样检验

模型	F值	P值	BS次数	临界值		
				1%	5%	10%
单一门槛	101.694	0.462	500	157.772	145.310	136.608
双重门槛	139.695*	0.088	500	149.971	142.132	139.067
三重门槛	0.000	0.226	500	0.000	0.000	0.000

注：*代表 $p<0.1$，**代表 $p<0.05$，***代表 $p<0.01$。BS次数越少，估计的门槛值越不准确，所以BS次数的选择应当尽可能大。研究表明，按照样本数的2%～8%进行BS比较适宜，故本书进行了500次BS，该次数约占有效样本数的7%，具有一定的合理性。

① 为方便起见，省略制度变量 *SPR* 以及 *BOR*、*LAN*、*OECD*、*APEC*、*NAFTA* 等哑变量；因为世界 *GDP* 与出口国 *GDP* 同方向变化，故引入交乘项。

② 本书依次估算了单一门槛模型、双重门槛模型和三重门槛模型，并构造了F统计量和基于Bootstrap方法的P值，最终选定双重门槛模型进行接下来的实证检验。

表 2 -2　门槛估计值和置信区间

门槛模型		门槛估计值	95%置信区间
单一门槛模型（g_1）		11.961	[11.740，11.961]
双重门槛模型	Ito1（g_1）	15.138	[15.138，16.146]
	Ito2（g_2）	13.486	[13.486，13.486]
三重门槛模型（g_3）		13.744	[13.744，13.744]

注：g_1、g_2、g_3代表估计出来的门槛值。

表 2 -2 显示了门槛估计值和置信区间。从表中可以看出，一国内需（ln*GDP*）存在两个门槛值，分别是 15.138 和 13.486。在 95%的置信水平下，门槛值 13.486 的置信区间为［13.486，13.486］；门槛值 15.138 的置信区间是［15.138，16.146］，可以发现，置信区间较小，表明估计的门槛值 13.486 和 15.138 基本准确。

为了更清晰地向读者展示门槛值的获取过程，本书绘制出了图 2 -2、图 2 -3、图 2 -4。图 2 -2 表示在单一门槛模型的情况下，计算机搜索出的门槛值 11.961（接近于 12）。图 2 -3 表示存在双重门槛值时，计算机搜索出的第二个门槛值；同样地，图 2 -4 说明，在双重门槛模型下，固定住第二个门槛值之后，计算机重新搜索出来的第一个门槛值。之后，将更新后的第一个门槛值固定住，重新搜索第二个门槛值，如此反复进行上述步骤，便可得出比较精确的门槛值。

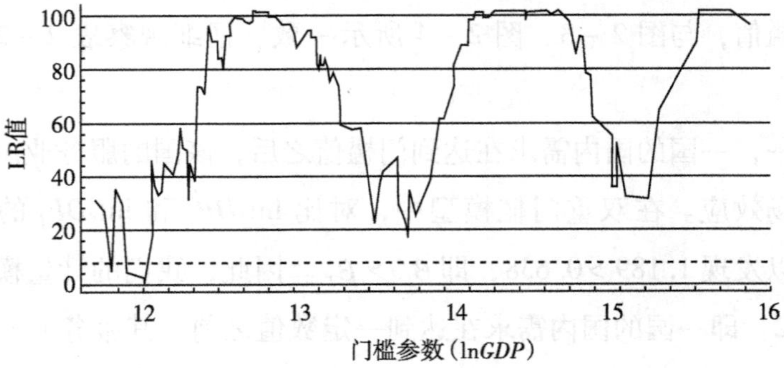

图 2 -2　单一门槛模型中搜索的门槛值

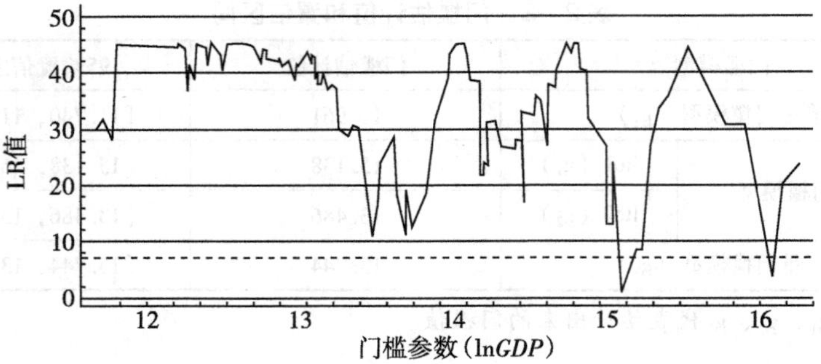

图 2-3 双重门槛模型中搜索的第二个门槛值

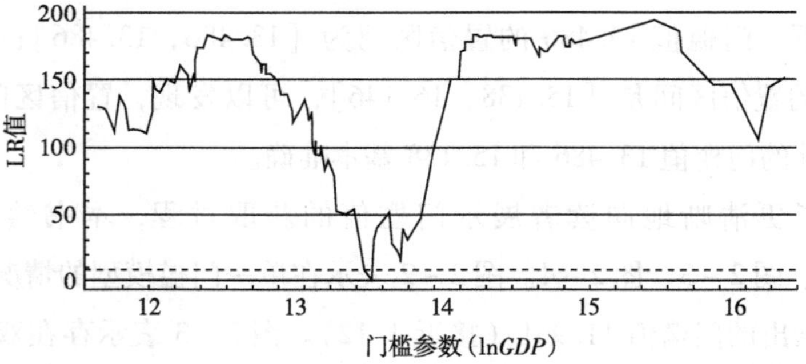

图 2-4 双重门槛模型中固定第二个门槛值搜索的第一个门槛值

(三) 回归结果

从表 2-2 可以看出，双重门槛模型的拟合效果最好，故本书存在两个门槛值，与图 2-3、图 2-4 所示一致。仔细观察表 2-2，可以发现：

第一，一国的国内需求在达到门槛值之后，该国的服务业出口具有本土市场效应。在双重门槛模型中，对比 $\ln GDP_i$ 和 $\ln GDP_j$ 的系数大小，可以发现 1.189 > 0.638，即 $\beta_1 > \beta_2$。因此，我们的计量模型验证了假说 2，即一国的国内需求在达到一定数值之前，其服务业不具有本土市场效应；当一国内需达到该数值之后，服务业显现出本土市场效应。

第二，在双重门槛模型的第一个区间内，国内需求增加 1%，服务业出口增加0.5%。表2-2显示，服务业出口的国内需求弹性在第一个区间内为0.5，属于缺乏弹性，这表明服务业出口与国内需求正相关，即国内需求的增加能够带动服务业出口的增加，此时，服务业具有本土市场效应。

第三，在双重门槛模型的第二个区间内，国内需求增加1%，服务业出口增加0.445%。表2-2显示，服务业出口的国内需求弹性在第一个区间内为0.445，与第一个区间内的需求弹性相比，第二个区间的弹性降低了。

第四，在双重门槛模型的第三个区间内，国内需求增加1%，服务业出口增加0.380%。表2-3显示，服务业出口的国内需求弹性在第一个区间内为0.380，与前两个区间内的需求弹性相比，第三个区间的弹性进一步降低。此时，服务业出口本土市场效应不明显。

表2-3 门限模型系数估计结果

变量	单一门槛	双重门槛	三重门槛
$\ln GDP_i$	0.618*** (38.39)	1.189*** (32.95)	1.189*** (32.99)
$\ln GDP_j$	0.631*** (46.15)	0.638*** (47.15)	0.640*** (47.25)
$\ln WGDP$	0.592 (0.00)	0 (.)	-0.00595 (-0.00)
$\ln WGDP\_1$	-0.00910 (-0.00)	0.500 (1.09)	0.00748 (0.00)
$\ln WGDP\_2$	0.0297 (0.00)	0.445 (0.97)	-0.0480 (-0.00)
$\ln WGDP\_3$		0.380 (0.83)	0 (.)
$\ln WGDP\_4$			-0.112 (-0.00)
CONSTANT	-21.17** (-2.58)	-26.32*** (-3.24)	-17.48 (-1.45)

续表

变量	单一门槛	双重门槛	三重门槛
R^2_ w	0.471	0.483	0.483
R^2_ b	0.546	0.657	0.550
R^2_ o	0.501	0.514	0.514
N	5432	5432	5432

注：括号中为 *t* 统计量，* 代表 p<0.1，** 代表 p<0.05，*** 代表 p<0.01。表中 ln*WGDP* _ 1 表示不存在门槛值时，不对 ln*GDP* 进行区间划分；ln*WGDP* _ 2 表示存在单一门槛时，把 ln*GDP* 划分为两个区间；ln*WGDP* _ 3 、ln*WGDP* _ 4 可依此类推。

进一步观察表 2-2 可以发现，双重门槛模型的稳健性强于单一门槛模型和三重门槛模型。因为在这三个模型之中，单一门槛模型与三重门槛模型的 R^2 较小，双重门槛模型的 R^2 最大（如 R^2_ b，即组间 R^2，0.657>0.546 且 0.657>0.550）。因此，本章选取双重门槛模型进行内需的门槛值估计是比较合理的。

七、结论及政策含义

本书在拓展的引力模型的基础上，利用中国与 23 个 OECD 国家 2000—2012 年的双边贸易面板数据，检验了服务业出口是否存在本土市场效应；更进一步，运用门槛模型搜索出促进出口的内需门槛值（文中有两个门槛值，分别是 $\ln GDP_i=13.486$，$\ln GDP_i=15.138$）。具体结论和启示如下：

第一，从总体上看，一国的服务业出口不具有本土市场效应。实证结果显示，本国市场需求规模增加 1%，能够带动本国服务业出口增加约 0.788%；贸易伙伴国的市场需求规模增加 1%，能够带动本国服务业出口 0.958%，然而，0.788%<0.958%，这说明一国服务贸易的出口在整体上不存在本土市场效应。

第二，一国的服务业出口具有典型的门槛效应，即国内需求达到门槛值之前，服务业不具有本土市场效应，相反，国内需求达到门槛值之后，服务业出口具有本土市场效应。表 2-3 显示，在双重门槛模型中，本国市场需求规模增加 1%，能够带动本国服务业出口增加约 1.189%；贸易伙伴国的市场需求规模增加 1%，能够带动本国服务业出口增加 0.638%，然而，1.189% > 0.638%，说明一国服务贸易的出口存在本土市场效应。一国的国内需求在达到门槛值之前，其对出口的影响不明显，国内需求一旦达到门槛值，扩大内需对出口就具有显著影响。

根据上述实证研究结论可以发现，服务业是否具有本土市场效应要分情况来讨论。虽然从整体上看，服务业不具有本土市场效应，但是当内需达到门槛值之后，服务业就具有本土市场效应。对此，本书针对性地提出了相应的政策建议:①继续以经济建设为中心，相关部门应想方设法提高国内居民的可支配收入水平，进而提高消费者的消费能力；②国内需求较小的时候，实施扩大内需战略，促使内需达到门槛值。总之，各级政府要从当地服务业发展实际出发，在服务业发展还不成熟的时候，大力扶持服务业，努力形成规模经济；此外，还应积极实施内需驱动战略，大力发展经济，使本国的内部需求达到最佳点。

参考文献

[1][19] CLARK C. Conditions of economic progress[M]. London：Macmillan，1940.

[2] 魏浩，毛日昇. 中国经济发展的主导因素及其效应的动态分析[J]. 数量经济技术经济研究，2009(8)：92 - 98.

[3] 杨运杰. 中国经济发展中内需与外需关系研究[J]. 经济研究参考，2007(34)：34 - 41.

[4][32] KRUGMAN P R. Scale economics，product differentiation，and the pattern of trade[J]. American Economic Review，1980(5)：950 - 959.

[5] WEDER R. Linking Absolute and Comparative Advantage to Intra - industry Trade Theory[J]. Review of International Economics，1995(3)：342 - 354.

[6] FEENSTRA R C，JAMES A，MARKUSEN A，ROSE K. Understanding the

home market effect and the gravity equation: the role of differentiated goods[C]. National Bureau of Economic Research Working Paper No. 6804, 1998.

[7] FEENSTRA R C, MARKUSEN J R. Using the gravity equation to differentiate among alternative theories of trade[J]. Canadian Journal of Economics, 2001(2): 430 - 447.

[8] HANSON G H, CHONG X. The home market effect and bilateral trade patterns[J]. American Economic Review, 2004(4): 1108 - 1129.

[9] TAKATSUKA T, ZENG D Z. Mobile capital and the home market effect[J]. Canada Journal Economics, 2010(4): 1062 - 1082.

[10] HOLMES T, STEVENS J. Does home market size matter for the pattern of trade? [J]. Journal of International Economics, 2005, 2: 489 - 505.

[11] 陈宗胜,钟茂初,周云波. 中国二元经济结构与农村经济增长和发展[M]. 北京:经济科学出版社, 1997.

[12] 张屹山,赵杨,翟岩. 扩大内需的意义与途径的再认识[J]. 社会科学战线·中国经济, 2011(9): 76 - 83.

[13] 刘志彪. 基于内需的经济全球化:中国分享第二波全球化红利的战略选择[J]. 中国经济转型与发展研究, 2012(2): 51 - 59.

[14] 王秀芳. 中国内需与外需关系协调分析[M]. 北京:中国财政经济出版社, 2007.

[15] 王子先. 正确认识和处理当前内需与外需的关系[J]. 中国金融, 2008(3): 66 - 75.

[16] 陈启斐,王晶晶,岳中刚. 扩大内需战略能否扭转我国服务贸易逆差——来自我国和23个OECD国家的面板数据分析[J]. 国际贸易问题, 2014(2): 86 - 95.

[17] 宣烨,徐圆,宣思源. 内需驱动与服务业国际竞争力提升——基于"母市场效应的研究"[J]. 财贸经济, 2015(3): 136 - 149.

[18] HOEKMAN B M. Protection and trade in services: World Bank policy research working paper[R]. Washington: World Bank, 1997: 36.

[20] KONGSAMUT P, REBEL S, XIE D. Beyond balanced growth[J]. Review of

Economic Studies,2001(4):869－882.

[21] 富克斯. 服务经济学[M]. 北京:商务印书馆,1987.

[22] 丹尼尔·贝尔. 后工业社会的来临对社会预测的一项探索[M]. 北京:新华出版社,1997.

[23] PENEDER M. The problem of private under－investment in innovation: a policy mind map[J]. Technovation,2008(8):518－530.

[24] 江小涓,李辉. 服务全球化的发展趋势和理论分析[J]. 经济研究,2008(2): 23－31.

[25] 李娟. 我国现代服务业发展影响因素分析[J]. 商业研究,2010 (2): 112－115.

[26] 邱瑾,戚振江. 基于MESS模型的服务业影响因素及空间溢出效应分析——以浙江省69个市县为例[J]. 财经研究,2012(1):38－48.

[27] 毕然,王英. 中国服务业增长影响因素——基于省级面板数据的实证分析[J]. 经济问题探索,2014(4):52－57.

[28] MATTHIEU C, FEDERICO T. Trade costs and the home market effect [R]. CEPII Research Center Working Papers 2007－05,2007.

[29] HELPMAN E, KRUGMAN P. Market structure and foreign trade: increasing returns, imperfect competition and the international economy[J]. Journal of International Economics,1986(2):183－187.

[30] 江小国. 我国服务外包内需市场发展趋势与对策[J]. 经济纵横, 2013 (3): 73－77.

[31] HANSEN B E. Sample splitting and threshold estimation[J]. Econometrica, 2000(3):575－603.

第三章　国内市场规模扩大对服务进口的影响

一、问题的提出

随着世界服务贸易的飞速发展，世界经济“服务化”程度日趋提高，服务贸易已成为各国对外贸易的重要内容，为世界及各国经济增长做出了实质性贡献（殷凤、陈宪，2009）。[1] WTO 统计数据显示，2000—2014 年，世界服务贸易总额以年均 8.17% 的增长速度迅猛发展。到 2014 年，世界服务贸易总额已增长到 96020 亿美元。就中国而言，改革开放后，虽然服务贸易起步较晚但发展迅速，服务贸易规模迅速扩大。服务贸易进出口总额从 1982 年的 44 亿美元增加到 2014 年的 6043 亿美元，年均增长率高达 16.09%。但是，在我国服务贸易蓬勃发展的背后却隐藏着巨大的发展危机：一是 1995 年起，我国服务进口占服务贸易总额的比重一直大于 50%，这说明我国服务贸易长期处于逆差状态，且逆差呈逐年扩大的趋势。另外，金融危机后，外需萎缩、出口动力不足导致我国服务贸易逆差进一步恶化。二是服务贸易进口结构不合理，主要表现在传统服务贸易进口占比过半，新兴服务贸易进口偏低。2015 年，以旅游、运输、建筑服务为代表的传统服务贸易占服务贸易总额高达 69.6%，而以金融、保险、通信、计算机和信息服务为代表的高附加值服务贸易仅占 10.1%。因此，如何扭转服务贸易逆差，加快服务贸易进口结构升级转型已经成为亟待解决的问题。在此背景下，我国提出了扩大内需战略，强调进一步释放国内消费潜力，建立基于内需的循环经济体系（陈启斐、王晶晶、岳中刚，2014），[2]为解决上述问题提供了一条新的路径。

事实上，扩大内需战略对我国促进产业转型升级，保持经济稳定增长具有重要意义：第一，扩大内需可以直接增加进口服务贸易，促进经济增长。金融危机后，外需增长空间与以往相比缩小，出口乏力，仅靠“出口导向”的服务贸易增长模式已不足以改善经济增长的潜在条件。国内需求扩大能够最直接地吸引我国服务贸易进口，进而发挥进口服务贸易带来的技术与知识外溢效应促进经济增长的潜力（陈健、赵迪、郑丹青，2015）。[3]第二，扩大内需可以实现服务业产业结构升级。国内市场需求规模扩大不仅能够促使企业聚集，形成专业化生产，提高生产效率，还使得国外高级生产要素及高素质劳动力流向国内，实现资源要素的优化配置，从而实现产业结构的优化升级。第三，扩大内需能够提高国民生活水平。国民消费需求的扩大不仅带来了消费品需求数量的增多，而且要求消费品质量的提高，从而促使高质量产品大量涌入国内市场，国民生活质量得到提高。

那么，扩大内需战略能否扭转我国服务贸易逆差，促进服务贸易进口结构优化升级？其背后的作用路径是什么？从国际贸易理论出发，本章主要关注两个方面：需求规模和制度因素。首先，新贸易理论十分强调“需求规模”这一因素对服务贸易的重要性。例如，Kimura 和 Lee（2004）[4]构建引力模型对服务贸易和商品贸易的可能影响因素以及各因素的影响程度进行了测度，实证结果显示，以 GDP 表示的双方需求规模对服务贸易的作用要大于货物贸易。Keith Walsh（2006）[5]采用服务贸易总额以及各部门细分的服务贸易数据进行实证分析，结果表明进口国和出口国的需求规模、共同语言等因素都会对服务贸易的规模产生显著影响。Head 和 Mayer（2004）[6]以日本在欧洲的企业为样本进行检验，结果表明，即使在零关税的条件下，企业也依旧会选择在需求规模较大的市场附近进行投资与生产。可见，“需求规模”会影响一国服务贸易，甚至可能影响一国服务贸易进口的规模与结构。其次，随着区域经济一体化的发展以及国际竞争的加剧，知识产权保护、法律等制度因素对贸易的影响也日趋重要。例如，Koukhartchouk 和 Maurel（2003）[7] 分析了促进转型国家和欧盟国家间贸易增长的潜在因素，在引力模型中引入了制度因素，研究结果表明，贸易和制度质量之间是一种相互促进的关系。Dollar 和 Kraay（2003）[8] 也认为一国拥有良好的制度，该国的贸易规模将更大，经济增长速度也将更快。而且，Linders（2005）[9] 提出制度因素对贸易模式有决定性影响。Cheptea（2007）[10] 则得出了影响跨境贸易的重要因素包括贸易政策和制度，并且贸易额增加能够反向推动制度改革的结论。因此，继续忽视制度因素对服务贸易的影响是无法容忍的。

综合现有研究可以发现：第一，目前关于服务贸易与需求规模之间的研究主要集中在服务贸易总量研究以及服务贸易出口的本土市场效应研究（张帆、潘佐红，2006，陈启斐，2013）[11][12] 这两方面，关于服务贸易进口的研究相对较少。第二，国内学者关于制度因素对服务贸易影响的研究更是寥寥无几，仅有胡超和张捷（2011）[13]、谢宝剑（2013）[14] 等个别学者研究得出了良好的制度环境能够改善经济增长的潜在动力，提高服务经济在 GDP 中的比重，并有效促进服务贸易的发展的结论。鉴于此，本章尝试从以下几个方面对现有研究进行补充和完善：①本章利用中国和 23 个 OECD 国家的双边贸易数据，将需求规模和制度因素作为主要解释变量，重点分析市场需求变化以及制度对我国服务贸易进口的影响路径，从而更好地衔接我国正在实施的扩大内需战略，也为服务贸易发展营造一个良好的制度环境；②本章引入门槛模型以期得到制度变量的阈值，进而分析在制度因素的阈值前后，服务贸易进口随着制度变量的变化情况，使结论更具准确性与可靠性。

二、理论模型和变量的描述性统计

（一）引力模型简介

贸易引力模型的解释能力很强，使用起来比较简单并且易于理解，所需要的数据也简单易得并且可以进行国际比较，因此是一种实用性很强的分析工具。贸易引力模型在国际贸易中的应用非常成功，应用领域也非常广泛，如用于研究双边贸易流量、预测贸易潜力、分析贸易效果和确定贸易模式等。贸易引力模型可以解释一些传统贸易理论所无法解释的贸易现象，开辟了国际贸易研究的新领域。

贸易引力模型所描述的是两国的双边贸易流量和一系列变量的相关关系，其中最重要的就是两国的经济总量和地理距离。经济总量随着两国间贸易流量的增加而增加，代表供求能力；距离随着两国间贸易流量的增加而减少，代表两国之间的贸易阻力。引力模型最基本的形式可以表示为

$$X_{ij} = \text{const} \times \frac{Y_i Y_j}{D_{ij}} \tag{3-1}$$

其中 const 代表常数项，X_{ij} 表示两个国家之间的某个贸易流量，Y_iY_j 则表示 i 国 j 国 的经济变量，D_{ij} 表示 i 国 j 国之间的地理距离。

贸易引力模型研究的发展轨迹比较独特，它的诞生并不是直接从各种贸易理论中衍生而来的，而是从对现实贸易关系的直观判断为依据建立起来的，因此，贸易引力模型的研究轨迹是实证研究在先，理论研究在后。许多学者应用贸易引力模型对国际贸易的相关问题作了实证分析，主要有 Bergstrand（1985）[15] 与 Anderson 和 Wincoop（2003）[16] 等。他们的实证研究大都对回归方程取了对数，构造线性回归模型。虽然他们选择的解释变量有所差别，但他们的回归结果表明这些解释变量对被解释变量有很强的解释力。早期用引力模型研究贸易量时只是给出了一种直觉上的理由，并没有太多考虑其理论基础问题，因此在以后的研究

中，大部分学者开始越来越重视贸易引力模型的理论基础研究。比如，以 Bergstrand （1989）[17]、Deardorff （1995）[18]、Evenett 和 Keller (2002)[19]为代表的学者基于国际贸易理论推导出了引力模型。

由于用引力模型做实证所需的数据一般都具有可行度强，易于获取等特点，所以引力模型也渐渐成为国际贸易流量的主要实证研究工具，应用范围也越来越广泛。

（二）本章模型、样本和数据

1. 本章模型

用引力模型研究国际贸易问题时，大部分学者都会对引力模型取对数，这是因为取完对数后可以减少数据中的异常值，避免异方差现象，同时有利于不同计量单位经济指标的比较分析。根据本章的研究目的，通过扩展引力模型方程得到新的实证方程如下：

$$\ln IM_{ijt} = \beta_0 + \beta_1 \ln GDP_{it} + \beta_2 \ln WGDP_t \beta_3 \ln DIS_{ij} + \beta_4 OECD + \beta_5 OEPC + \beta_6 NAFTA + \beta_7 SPR_{it} + \beta_8 LAN_{ij} + \beta_9 BOR_{ij} + \varepsilon_{ijt} \quad (3-2)$$

上式中因变量$\ln IM_{ijt}$为 t 期经济体 i 对 j 的进口额的对数，β_0 为常数项，β_1，β_2，…，β_9 各自解释变量对被解释变量的影响程度，ε_{ijt} 为随机扰动项，解释变量的含义及其对因变量可能带来的影响详见表 3－1。

表 3－1　扩展引力模型中解释变量的含义及理论解释

解释变量	含义	理论解释
GDP_{it}	t 时期 i 国的国内生产总值	一个国家的经济发展好坏，影响着这个国家对进口产品的需求
$WGDP_t$	t 时期全世界的国内生产总值	在全球化的大背景下，全球经济的运行情况越来越具有影响力
DIS_{ij}	国家 i 与国家 j 的物理距离①	距离衰减律在国际贸易中也有重要体现
$OECD$	经济合作与发展组织，表示国家 i、j 同时是否为该组织成员国，是则取 1，否则取 0	自由贸易协定的签署会影响成员国之间的双边贸易

续表

解释变量	含义	理论解释
APEC	亚洲经合组织，其他同上	自由贸易协定的签署会影响成员国之间的双边贸易
NAFTA	北美自由贸易区，其他同上	自由贸易协定的签署会影响成员国之间的双边贸易
SPR_{it}	代表法律结构和产权，从1到10对该国的司法打分②	好的司法环境将有利于外贸的开展
LAN_{ij}	虚拟变量，表示国家 *i*、*j* 之间是否有共同的官方语言，是则取1，否则取0	语言不同意味着更高的贸易成本
BOR_{ij}	虚拟变量，表示国家 *i*、*j* 之间是否接壤，是则取1，否则取0	国土不相邻同样意味着更高的贸易成本

注：*GDP*、*WGDP* 的单位是万美元；*DIS* 的单位是千米；*OECD*、*APEC*、*NAFTA*、*LAN*、*BOR* 均为哑变量。

①距离是指贸易国家首都之间的距离，数据来源可参见 www.timeanddate.com 网站。

②该数据来源于加拿大弗雷泽研究所全球经济自由化指数数据库（Economic Freedom of the World，EFW Index）。

各个变量的统计特征如表3-2所示：

表3-2 统计性描述

变量	观测值	平均值	标准差	最小值	最大值
ln *IM*	312	10.37	1.04	6.71	12.25
ln *GDP*	312	13.42	1.28	10.76	16.60
ln *WGDP*	312	17.72	0.28	17.31	18.12
ln *DIS*	312	8.35	0.44	8.02	9.63
SPR	312	7.49	1.09	4.90	9.60
OECD	312	0.96	0.20	0	1
APEC	312	0.25	0.43	0	1
NAFTA	312	0.08	0.28	0	1
LAN	312	0.21	0.41	0	1
BOR	312	0.96	0.20	0	1

注：表中结果从Stata14.0统计结果整理得出。

从表3－2中我们可以看出，在中国和23个OECD国家2000—2012年的各类变量中，在均值方面，以世界生产总值的对数最高，其次是出口国的国内生产总值的对数。各类虚拟变量的均值最小；在标准差方面，进口额的对数、出口国的国内生产总值的对数、制度指标较大，而各类虚拟变量的标准差较小，说明不同国家的经济发展水平以及制度环境差异较大，观察后面的最大值、最小值比较也印证了这一点。

2. 样本与数据来源

本章选取中国和OECD中23个代表性国家作为样本。这些国家包含了当今世界大多数经济大国，并且与中国的贸易来往密切，因此选择这些国家和中国作为样本，比较具有代表力和说服力。

本章数据的时间跨度为2000—2012年，其中双边贸易数据取自国际经合组织数据库（OECD Statistics），各国GDP和世界GDP取自世界银行统计数据库（The World Bank Statistics）。这在一定程度上消除了由于统计口径不一致可能带来的问题。两国之间是否接壤的虚拟变量主要通过查看世界地图得到。是否使用相同语言根据相关百科资料获取，是否缔结区域经济一体化安排根据世界贸易组织的RTA数据库进行判断。

三、基准实证结果

（一）普通面板回归

选取中国与OECD 23国的双边贸易数据，样本的时间区间为2000—2012年，采用面板数据对本章的计量方程进行回归。对于面板数据的计量分析，有固定效应和随机效应两种，本章根据豪斯曼检验结果，采用了固定效应模型进行分析。表3－3中模型1～5采用了逐步回归法，分别给出了固定效应计量模型下的回归结果。

表 3－3　普通面板模型

变量	模型 1	模型 2	模型 3	模型 4	模型 5
ln *GDP*	0.722 *** (0.0247)	0.712 *** (0.0221)	0.714 *** (0.0238)	0.691 *** (0.0270)	0.680 *** (0.0274)
ln *WGDP*	0.582 *** (0.1099)	0.6888 *** (0.0992)	0.685 *** (0. 0998)	0.712 *** (0.1005)	0.709 *** (0.0983)
ln *DIS*	－0.675 *** (0.0739)	－0.622 *** (0.0666)	－0.617 *** (0.0682)	－0.515 *** (0.0877)	－1.333 *** (0.3022)
SPR		0.198 *** (0.0235)	0.199 *** (0.0237)	0.211 *** (0.0245)	0.183 *** (0.0269)
LAN			－0.024 (0.0719)	－0.025 (0.0764)	0.116 (0.0974)
BOR				－0.369 (0.2012)	0.142 (0.2796)
OECD					0.480 *** (0.1502)
APEC					0.966 *** (0.2910)
NAFTA					－0.460 *** (0.1547)
C	－3.962 (2.0513)	－7.641 *** (1.8919)	－7.663 *** (1.8926)	－9.128 *** (2.042)	－2.354 *** (3.2567)
Wald 检验	1038.58 [0.00]	1361.30 [0.00]	1361.83 [0.00]	1380.64 [0.00]	1478.82 [0.00]
观测值	301	301	301	301	301
Adj－R^2	0.7348	0.7835	0.7836	0.7860	0.7948

注：采用广义最小二乘法逐步加入变量进行回归，表中圆括号内部表示标准差，方括号内部表示 p 值；＊、＊＊和＊＊＊分别表示 10%、5%和 1%的显著性水平。

（1）随着变量的加入，模型的拟合优度 R^2 逐步提高，说明本章选取的变量都是影响服务贸易进口的主要因素。5 个模型均通过 Wald 检验，说明模型整体估计效果良好，综合比较本章将以模型 5 作为最终结果进行分析。一国的国内市场需求规模因素对服务贸易进口的作用高度显著，当国内市场需求规模提高 1% 时，可以拉动服务贸易出口增加约 0.68% 。这说明，目前我国的扩大内需战略能引发服务贸易的进口。在新一轮的全球化中，我国应该利用好自身广阔的市场优势和巨大的需求潜力，以内需吸引更多的企业进入，据此改善我国服务贸易进口结构，优化服务贸易的模式。

（2）世界市场需求规模对于一国服务贸易进口也存在显著的正向激励作用。世界市场需求规模每提高 1% ，可以刺激服务贸易进口额增加 0.709% 。2015 年全年我国实现服务进口总额 4248.1 亿美元，同比增长约 18.6%，① 随着世界市场需求规模的提高，在新形势下，我国应该引入高端现代服务业，利用国外先进的经验和管理手段解决我国服务业发展滞后的问题。

（3）距离和服务贸易进口额之间存在显著的负相关关系。现有的研究表明，随着距离的增加，国与国之间的服务贸易往来将会受到阻碍（肖文，2012；张君，2015）。[20][21]

（4）一国的制度因素是促进该国服务贸易进口的重要因素，制度指数每提高 1% ，会带来服务贸易进口量增加 0.183% 。可见，一国法律和产权制度的不断完善，将有助于进口贸易的发展（Coe 等，2009）。[22]

这也与谢宝剑（2013）[23]的观点一致，他认为伴随着制度需求的不断提升，制度环境不断变化，这就造就了粤港服务贸易的自由化，最终将有利于服务贸易的发展。本章基于中国和 OECD 23 国双边服务贸易数据库中 2000—2012 年的面板数据，采用扩展的引力模型分析了国家制度因素对一国服务贸易进口的影响，据此来分析各国服务贸易发展策略以及制度规则情况，在本章实证第二部分更利用门槛回归模型对制度因素进行进一步探讨。

① 数据来源于 http://www.jiemian.com/article/534862.html.

（5）表 3 - 3 结果显示共同语言和共同边界情况对于服务贸易进口的促进作用并不明显；是否为 OECD、APEC 和 NAFTA 成员国则对于一国服务贸易进口额有着显著影响，但影响的大小和方向不同。加入 OECD 和 APEC 能显著促进一国服务贸易进口，而加入 NAFTA 则显著阻碍一国服务贸易进口，这可能是因为北美自由贸易协定主要服务于美、加、墨三方，加入该组织后将会使组织以外其他国家的服务贸易很难进入本国市场。

（二）稳健性检验

由于模型 5 的系数回归结果中存在不显著的变量，且符号与前几个模型不同（模型 4 与模型 5 回归得出的 *LAN* 和 *BOR* 符号不同且都没有通过 10% 显著性水平的检验），于是本章接下来对模型中控制变量的相关性进行了进一步检验，检验结果见表 3 - 4。通过表 3 - 4 我们可以发现，*NAFTA* 与 *LAN* 的相关系数达到了 0.5878，*NAFTA* 与 *APEC* 的系数也高达 0.5222，这意味着 *NAFTA* 可能存在着内生性问题。

表 3 - 4　控制变量之间的相关关系

变量	*BOR*	*LAN*	*OECD*	*APEC*	*NAFTA*
BOR	1.000				
LAN	-0.4065	1.000			
OECD	-0.0435	0.1070	1.000		
APEC	-0.3612	0.4146	-0.3612	1.000	
NAFTA	0.0629	0.5878	0.0629	0.5222	1.000

注：上述变量的相关关系由 Stata14.0 软件计算得出。

考虑到计量模型中可能存在的内生性、异方差等问题会对文章回归结果产生影响，为了保证本章核心结论的稳健性，我们采用 Fisman 和 Svensson（2007）[24]所创造的工具变量方法，该方法主要用来解决模型中可能存在的内生性问题，详细情况见表 3 - 5。

表 3 - 5 展示了采用 *OECD*、*APEC* 作为 *NAFTA* 的工具变量的分析结果（除了三阶段最小二乘法检验之外，其他四个检验均用到了工具

变量)，对比表3-3用广义最小二乘法估计的模型5的回归结果，几个主要解释变量的系数符号和显著性水平都没有变化，这就表明了我们的回归结果具有稳健性。

表3-5 稳健性检验(1)

变量	3SLS 模型1	GMM① 模型2	IGMM② 模型3	LIML③ 模型4	2SLS④ 模型5
ln *GDP*	0.694 *** (0.0308)	0.724 *** (0.0302)	0.722 *** (0.0301)	0.729 *** (0.0307)	0.728 *** (0.0306)
ln *WGDP*	0.814 *** (0.1035)	0.778 *** (0.1272)	0.780 *** (0.1272)	0.771 *** (0.1276)	0.772 *** (0.1273)
ln *DIS*	-1.269 *** (0.3441)	-0.830 *** (0.1281)	-0.845 *** (0.1273)	-0.789 *** (0.1334)	-0.782 *** (0.1321)
SPR	0.1681 *** (0.0301)	0.164 *** (0.0333)	0.165 *** (0.0333)	0.152 *** (0.0339)	0.1531 *** (0.0336)
LAN	0.089 (0.1099)	-0.318 ** (0.1582)	-0.303 ** (0.1577)	-0.348 ** (0.1613)	-0.340 ** (0.1588)
BOR	0.084 (0.3200)	-0.521 (0.3294)	-0.530 (0.3282)	-0.506 (0.3372)	-0.488 (0.3328)
OECD	0.517 *** (0.1703)				
APEC	0.926 *** (0.3299)				
NAFTA	-0.427 ** (0.1754)	0.751 ** (0.3018)	0.746 ** (0.3016)	0.814 *** (0.3085)	0.795 *** (0.3032)
C	-4.816 (3.6690)	-6.922 ** (3.1632)	-6.813 ** (3.1602)	-7.121 ** (3.1904)	-7.216 ** (3.1738)
Wald 检验	1268.15 [0.00]	1715.71 [0.00]	1732.35 [0.00]	1605.24 [0.00]	1616.04 [0.00]
观测值	301	301	301	301	301

续表

变量	3SLS 模型1	GMM① 模型2	IGMM② 模型3	LIML③ 模型4	2SLS④ 模型5
Adj - R^2	0.7948	0.7828	0.7827	0.7804	0.7813

注：表中圆括号内部表示标准差，方括号内部表示p值；*、**和***分别表示10%、5%和1%的显著性水平。

①用GMM估计方法进行面板回归，该方法能够解决可能存在的随机误差项的异方差和序列相关问题。

②迭代GMM（IGMM）估计法通过特定的迭代次数能够使GMM模型估计系数更为准确。

③有限信息极大似然法（LIML）估计的结果，存在弱工具变量的情况下，LIML的小样本性质可能优于2SLS。

④二阶段最小二乘法（2SLS），第一阶段的任务是产生一个工具变量，第二阶段的任务是通过一种特殊形式的工具变量法得出结构参数的一致估计量。

观察表3-5我们可以发现，虽说几个主要解释变量的系数符号和显著性水平都没有变化，也都通过了Wald检验，但三阶段最小二乘法的常数项不再显著，且后四种方法中共同边界仍然不显著，于是我们对原模型进行进一步的稳健性检验，详细情况见表3-6。

表3-6仍然采用广义最小二乘法对原模型进行分析，*LlnGDP* 和 *LlnWGDP* 分别表示 ln*GDP* 与 ln*WGDP* 的滞后1期变量。对比模型1与模型3（包含国内需求市场规模变量但不包含世界需求市场规模变量的样本组），我们可以发现国内需求市场规模滞后1期的回归系数与原模型相差较大（0.099 < 0.737），模型3显示一国国内需求市场规模滞后1期每增长1%，该国的服务贸易进口额将提升0.099%，该结果通过了5%下的显著性水平检验。我们显然可以察觉这与国内需求市场规模作为服务贸易进口的核心解释变量的事实不符。

表3-6　稳健性检验（2）

变量	模型1	模型2	模型3	模型4
ln *GDP*	0.737*** (0.0281)	0.680*** (0.0274)		

续表

变量	模型 1	模型 2	模型 3	模型 4
ln *WGDP*		0.709 *** (0.0983)		
ln *GDP*			0.099 ** (0.0538)	−0.001 (0.050)
ln *WGDP*				1.489 *** (0.1748)
ln *DIS*	−1.444 *** (0.3249)	−1.333 *** (0.3022)	−1.3989 ** (0.6076)	−1.303 ** (0.5520)
SPR	0.155 *** (0.0287)	0.183 *** (0.0269)	0.239 *** (0.0534)	0.279 *** (0.0488)
LAN	0.014 (0.1035)	0.116 (0.0974)	1.319 *** (0.1726)	1.277 *** (0.1564)
BOR	−0.080 (0.2982)	0.142 (0.2796)	2.227 *** (0.5387)	2.182 *** (0.4924)
OECD	0.525 *** (0.1615)	0.480 *** (0.1502)	—	—
APEC	0.940 *** (0.3129)	0.966 *** (0.2910)	1.989 *** (0.5959)	2.141 *** (0.5414)
NAFTA	−0.399 ** (0.1660)	−0.460 *** (0.1547)	−1.126 *** (0.3043)	−1.176 *** (0.2766)
C	10.793 *** (2.9128)	−2.354 (3.2567)	16.230 *** (5.6575)	−9.959 * (6.0143)
Wald 检验	1229.79 [0.00]	1478.82 [0.00]	155.47 [0.00]	260.18 [0.00]
观测值	301	301	288	288
Adj − R^2	0.7866	0.7948	0.3880	0.4179

注：表中圆括号内数值表示标准差，方括号内数值表示 P 值；*、**和***分别表示 10%、5%和 1%的显著性水平。

同时我们观察到，这两个模型中的共同边界和共同语言变量的符号和显著性都发生了改变，这些均说明国内市场规模对服务业进口的促进作用并不稳健。

此外，对比模型 2 和模型 4（既包含国内需求市场规模变量，又包含世界需求市场规模变量的样本组）可以发现，国内需求市场规模滞后 1 期的回归系数和世界需求市场规模滞后 1 期的回归系数与原模型的回归系数相差仍很大，更伴有符号和显著性的改变（0. 680 > -0. 001、0. 709 <1. 489）。同样地，共同边界（*BOR*）、共同语言（*LAN*）以及是否是 APEC、NAFTA 成员等解释变量的大小和部分显著性水平均发生了变化，说明原模型并不稳健，一个可能的解释是原模型的设定存在问题。鉴于此，下面我们将对原模型进行门槛回归分析。

四、门槛回归结果

（一）面板门槛模型的设定

以上部分探讨了影响一国服务进口贸易的因素，其中，良好的制度环境以及贸易合同的执行能力有助于促进服务业的进口。比较优势理论认为，相对于劳动和资本要素而言，合约的实施能力更加重要。也就是说，制度环境越完善，贸易的进行越顺利，这一点和 Nunn（2007）[25] 的研究是相似的。那么，一国的服务业进口是否具有门槛特征呢？例如，制度环境是否存在一个阈值，能使得国内市场规模对服务业进口的促进作用最大？

为了回答上述问题，我们借鉴 Hansen（2000）的研究方法，构建门槛效应模型①，具体设定如下：

$$\ln IM_{ij} = \beta_0 + \beta_1 \ln GDP_i I(q_i \leqslant \gamma) + \beta_2 \ln GDP_i I(q_i > \gamma) + \sum_{n=1}^{5} \alpha_n X_{ij} + \mu_{ij} + \varepsilon_{ij} \tag{3-3}$$

① 门槛模型的估计步骤：首先，运用组内去均值的方法去除式（3 - 3）中个体效应 μ_{ij} 的影响；其次，对任一给定的门槛值 γ，采取 POLS 方法和格栅搜索法分别得到式（3 - 3）中相应参数的估计值与相关变量的门槛值。

其中，q_i 为门槛变量，此处选取制度作为门槛变量；γ 为未知门槛值，β_1 和 β_2 分别表示门槛变量在 $q_i \leqslant \gamma$ 和 $q_i > \gamma$ 时的系数；X_{ij} 为其他解释变量及控制变量[①]，α_n 是其他变量的对应系数；μ_{ij} 和 ε_{ij} 分别为个体效应和随机扰动项。

（二）面板门槛模型的回归结果

1. 确定双重门槛模型

表 3－7 给出了门槛效果自抽样检验结果，从中可以看出，制度在 10% 的显著性水平上拒绝了单一门槛模，但是在 10% 和 1% 的显著性水平上分别接受了双重门槛模型和三重门槛模型。表 3－8 给出了门槛估计值以及相应估计值对应的置信区间，具体来看，双重门槛模型得出制度的两个阈值分别为 7.713 和 7.927，它们在 95% 的置信水平上的置信区间[②]分别是［7.713，7.713］和［7.927，7.938］；而三重门槛模型给出的制度阈值是 8.613，该阈值的置信区间为［8.000，9.200］。相比之下，双重门槛模型中的两个阈值的置信区间跨度较小，这说明双重门槛模型估计精度比三重门槛模型要高。

表 3－7　门槛效果自抽样检验

模型	F 值	P 值	BS 次数	临界值		
				1%	5%	10%
单一门槛	14.462	0.600	300	23.653	23.653	23.308
双重门槛	28.347 **	0.086	300	30.444	29.613	28.523
三重门槛	－28.633 **	0.043	300	－27.939	－32.265	－39.399

注：＊＊＊表示 1% 的显著性水平；本章对单一门槛模型、双重门槛模型和三重门槛模型都进行了 300 次的 BS（BS 次数是估计门槛模型时所使用的一种保证估计结果准确性的方法）。

---

① 其他解释变量是世界生产总值（ln*WGDP*）和距离（ln*DIS*），控制变量是制度（*SPR*）、相同语言（*LAN*）、共同边界（*BOR*）以及经济合作与发展组织（*OECD*）、亚太经济区（*APEC*）、北美自由贸易区（*NAFTA*）等共同贸易区因素。

② 置信区间跨度越小，说明阈值的估计精度越高。

表 3 -8　门槛估计值和置信区间

模型		门槛估计值	95%置信区间
单一门槛模型（g_1）		7.938	[6.453, 8.613]
双重门槛模型	Ito1（g_1）	7.713	[7.713, 7.713]
	Ito2（g_2）	7.927	[7.927, 7.938]
三重门槛模型（g_3）		8.613	[8.000, 9.200]

注：$g_\#$代表第#个门槛值，#=1，2，3。

此外，图 3 -1 显示了门槛模型对制度阈值的估计过程。图 3 -1（a）和图 3 -1（b）分别对应制度的两个阈值——7.713 和 7.927；图 3 -1（c）对应制度的第三个阈值 8.613，但是该图形中的整个残差平方和变化曲线都处于临界值虚线之下，显然不合理。所以，综合考虑表 3 -7、表 3 -8 和图 3 -1，本章最终选取双重门槛模型来分析制度对服务业出口的门槛特征。

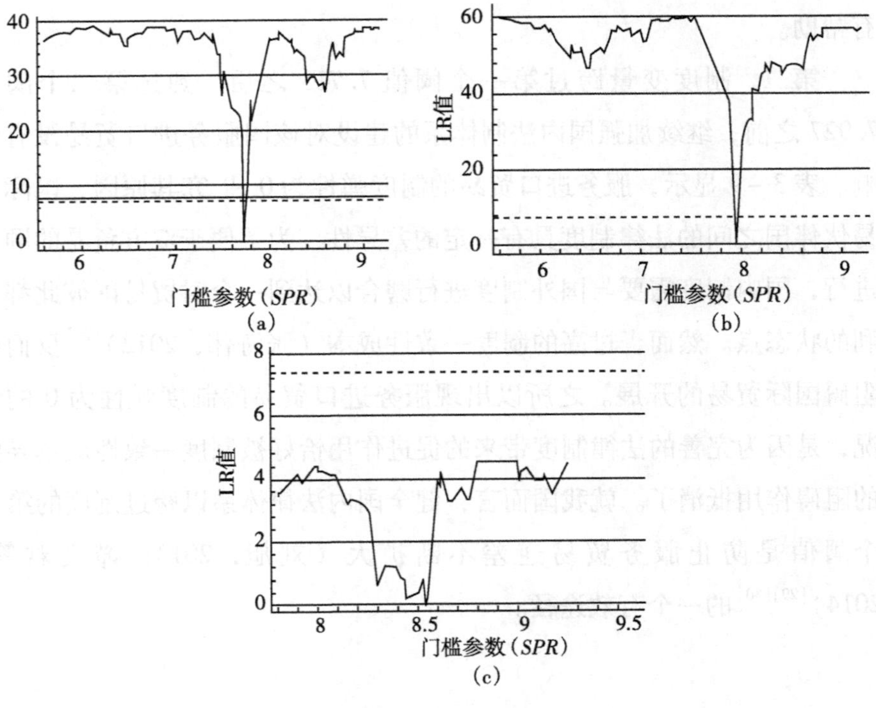

图 3 -1　制度（*SPR*）的门槛估计值

2. 双重门槛模型回归结果

表3-9分别给出了以制度（*SPR*）为门槛变量的单一、双重和三重模型回归结果，相比而言，双重门槛的调整 R^2 最大——其估计精度最高。和前面的分析结果一样，我们认为制度变量存在两个阈值，即7.713和7.927。仔细观察表3-9能够得出：

第一，制度变量在达到第一个阈值7.713之前，一国法律制度的完善能够显著增加其服务进口贸易。数据显示，法治指数每提高1%，服务进口量相应地上升0.053%。这表明一国制度体系的完善，有利于国内企业对服务品的进口，一方面进口服务品数量的增加可以降低国内生产制造业的投入成本，另一方面进口服务品质量的上升能够有效提高其与制造业的互动效率（高觉民等，2011；张琴等，2015）[26][27]，这不仅提高了国内行业的生产绩效，而且对其在国际市场上的竞争力提升大有帮助。

第二，制度变量跨过第一个阈值7.713之后，到达第二个阈值7.927之前，继续加强国内法制体系的建设对该国服务进口贸易没有影响。表3-9显示，服务进口贸易的制度弹性为0。① 究其原因，国际贸易伙伴国之间的法律制度具有一定的差异性，为了便于双方贸易的顺利进行，国内制度需要与国外制度进行磨合以达到一个对贸易国彼此都有利的状态点。然而，过高的制度一致性成本（张海伟，2012）[28]反而会阻碍国际贸易的开展。之所以出现服务进口贸易的制度弹性为0的情况，是因为完善的法律制度带来的促进作用恰好被制度一致性成本导致的阻碍作用抵消了。就我国而言，健全国内法律体系以跨过制度的第一个阈值是防止服务贸易逆差不断扩大（刘旭，2013；谭文君等，2014）[29][30]的一个有效途径。

---

① 即法治指数上升一个百分点，进口贸易量没有变化。

表 3-9　门槛模型系数估计结果

变量	单一门槛	双重门槛	三重门槛
ln*GDP*	0.696 *** (20.98)	0.750 *** (24.11)	0.682 *** (18.35)
ln*WGDP*	2.136 *** (3.45)	1.921 *** (3.23)	0.634 (1.05)
ln*DIS*	-1.462 *** (-4.25)	-1.421 *** (-4.25)	-1.053 *** (-3.11)
SPR	0.288 *** (6.61)	0.187 *** (3.89)	0.233 *** (4.17)
OECD	0.375 ** (2.20)	0.428 *** (2.61)	0.385 *** (2.27)
APEC	1.023 *** (3.13)	0.977 *** (3.10)	0.763 ** (2.38)
NAFTA	-0.338 ** (-1.94)	-0.306 ** (-1.84)	-0.459 *** (-2.73)
LAN	0.085 (0.79)	0.062 (0.59)	0.122 (1.14)
BOR	-0.160 (-0.49)	-0.154 (-0.49)	0.373 (1.19)
ln*GDP*_1	0.687 *** (22.78)	0.053 *** (-5.25)	0.668 *** (22.24)
ln*GDP*_2	0.662 *** (21.27)	0 (.)	0 (.)
ln*GDP*_3		-0.060 *** (-6.13)	0.675 *** (21.45)
ln*GDP*_4			0.653 *** (19.41)
C	-26.980 ** (-2.35)	-23.060 (-2.09)	-3.671 (-0.33)
Adj-R^2	0.798	0.815	0.804
样本数	301	301	301

注：* * 表示5%的显著性水平，* * * 表示1%的显著性水平。

第三，一国的内部制度跨过第二个阈值 7.927 之后，服务进口贸易的制度弹性绝对值为 0.060，即法治指数从大于 7.927 并向其靠近的过程中，法治指数每下降 1 个百分点，服务进口贸易量则上升 0.060 个百分点。这进一步验证了制度一致性进程中存在较大的成本，一国在制定进口贸易战略的时候，需要考虑贸易双方的制度差异并将其控制在合理范围之内，这与陈丽丽、龚静（2014）[31] 的研究结论是相符的。鉴于此，我国在推进对外经济发展方式转变过程中，需要统筹好“走出去”和“引进来”这两个战略举措，将国内法律体系调整到一个均衡状态，防止服务贸易逆差的进一步扩大，最终实现服务贸易的平稳发展。

五、结论与启示

本章从内需和制度的角度出发，利用中国与 OECD 23 个国家 2000—2012 年的面板数据，运用普通面板和门槛效应两种模型定量测算了内需和制度因素对国家间服务贸易进口的影响，实证结论如下：

首先，普通面板模型广义最小二乘回归结果显示，国内市场需求规模和制度因素均对服务贸易进口量具有显著的促进作用，二者的弹性系数分别为 0.680 和 0.183，这一结果说明内需规模提高 1%，服务贸易增加约 0.68%，制度因素每提高 1 个单位，会带来服务贸易进口量增加 0.183 个单位。其次，门槛效应模型回归结果显示制度因素变量存在两个阈值，即 7.713 和 7.927。具体来看，当制度变量达到第一个阈值 7.713 之前，加强一国法制体系的建设能够显著增加其服务进口贸易量，而当制度因素处在两个阈值之间时，法律制度的进一步完善对服务贸易进口并没有显著影响，当制度变量超越第二个阈值之后，服务进口的制度弹性系数显著为负，即此时的制度因素对服务贸易进口具有阻碍作用。

由本章研究结论可以得到以下两点启示：

（1）充分发挥中国人口大国的优势，扩大服务消费，挖掘国内对服务需求的巨大潜力，拉动内需。为此，政府有必要出台相关政策消除制约国内服务需求增长的各种因素，改革收入分配，完善社会保障等配套机制。另外，除了关注国内服务需求“量”的影响，政府还应注重内需“质”的提升，有针对性地培育国内服务市场，着重发挥新型产业对服务贸易进口的拉动作用，并通过扩大内需促进服务行业的出口，以此推动现代服务贸易的发展，优化中国服务贸易结构进而防止服务贸易逆差的进一步扩大。

（2）良好的市场化制度环境建设是促进服务贸易进口不可或缺的重要方面，因此政策制定者应该充分利用国际会议和国家领导人会晤等形式在经济、政治以及法律等领域上增强交流合作，深化国家间的经贸交流与沟通，形成互利共赢的良性循环，为今后的服务贸易发展创造一个良好的制度环境。另外，对于我国服务型进口企业而言，在寻找国外交易对象时，需要关注贸易国的制度质量以及贸易双方的制度环境差异，结合自身对制度差距的适应能力合理地做出服务贸易进口的区位选择。

参考文献

[1]殷凤，陈宪. 国际服务贸易影响因素与我国服务贸易国际竞争力研究[J]. 国际贸易问题，2009(2)：61－69.

[2]陈启斐，王晶晶，岳中刚. 扩大内需战略能否扭转我国服务贸易逆差——来自我国和23个OECD国家的面板数据分析[J]. 国际贸易问题，2014(2)：86－95.

[3]陈健，赵迪，郑丹青. 中国服务贸易进口下的知识外溢效应研究——外溢结构分解下的探析[J]. 国际贸易问题，2015(6)：82－91.

[4]KIMURA F，LEE H H. The gravity equation in international trade in services[R]. Paper presented at the European Trade Study Group Conference，No. 39，2004.

[5]WALSH K. Trade in services：does gravity hold? a gravity model approach to estimating barriers to services trade [R]. IIIS Discussion Paper，No. 183，2006.

[6]HEAD，MAYER. Using the gravity equation to differentiate among alternative

theories of trade[J]. Canadian Journal of Economics, 2004(2):430 – 447.

[7] BABETSKAIA – KUKHARCHUK O, MAUREL M. Accession to the WTO and EU enlargement: what potential for trade increase? [R]. CEPR Discussion Papers, No. 3944, 2003.

[8] DOLLAR D, KRAAY A. Institutions, trade, and growth[J]. Journal of Monetary Economics, 2003(5):133 – 162.

[9] LINDERS G J, DEGROOTH L F, RIETVELD P. Institutional determinants of bilateral trade: an analysis according to product type[R]. Tinbergen Institute Discussion Paper, No. 31, 2005.

[10] CHEPTEA A. Trade liberalization and institutional reforms[J]. Economics of Transition Volume, 2007, 15(2):211 – 255.

[11] 张帆, 潘佐红. 本土市场效应及其对中国省间生产和贸易的影响[J]. 经济(季刊), 2006(1):307 – 328.

[12] 陈启斐. 扩大内需与出口贸易: 基于中国省级数据的分析[J]. 中国经济问题, 2013(4):3 – 11.

[13] 胡超, 张捷. 制度环境与服务贸易比较优势的形成: 基于跨国截面数据的实证研究[J]. 南方经济, 2011(2):46 – 60.

[14] [23] 谢宝剑. 基于强制性制度变迁视角下的粤港服务贸易自由化发展研究[J]. 亚太经济, 2013(4):136 – 140.

[15] BERGSTRAND J. The gravity equation in international trade: some microeconomic foundations and empirical evidence[J]. Review of Economics and Statistics, 1985(67):474 – 481.

[16] ANDERSON J E, WINCOOP E. Gravity with gravitas: a soulution to the border puzzle[J]. American Economic Review, 2003(93):170 – 192.

[17] BERGSTRAND J. The generalized gravity equation, monopolistic competition, and the factor – proportions theory in international trade[J]. Review of Economics and Statistics, 1989(71):143 – 153.

[18] DEARDORFF A. Determinants of bilateral trade: does gravity work in a neoclassical world, national bureau of economic research [Z]. Working Paper No.

5377,1995.

[19] EVENETT S,KELLER W. On theories explaining the success of the gravity equation[J]. Journal of Political Economy,2002(110):281 -312.

[20]肖文. 基于引力模型的服务贸易决定因素分析[J]. 企业经济, 2012(4):5 -9.

[21]张君. 中国服务贸易影响因素分析[D]. 昆明:云南财经大学,2015.

[22]COE E,KEREKES M. Multinationals without advantages[J]. Scandinavian Journal of Economic, 2009(2):107 -125.

[24]FISMAN J,SVENSSON H. Instrumental variable in dynamic panels: estimation and inference[J]. Journal of Econometrics, 2007(10):349 -362.

[25]NUNN. Relationship - specificity, incomplete contracts, and the pattern of trade[J]. The Ouarterly Journal of Economics,2007 (2):569 -600.

[26]高觉民,李晓慧. 生产性服务业与制造业的互动机理:理论与实证[J]. 中国工业经济, 2011(6):151 -160.

[27]张琴,赵丙奇,郑旭. 科技服务业集聚与制造业升级:机理与实证检验[J]. 管理世界, 2015(11):178 -179.

[28]张海伟. 制度和制度变迁对国际贸易的影响研究[D]. 大连:东北财经大学, 2012.

[29]刘旭. 服务贸易逆差扩大问题探析[J]. 宏观经济管理, 2013(3):55 -56.

[30]谭文君,文照明,杨志远. 新兴生产性服务要素需求上升:我国服务贸易逆差扩大的新特征[J]. 国际贸易, 2014(4):62 -66.

[31]陈丽丽,龚静. 区域服务贸易协定、制度因素与服务贸易促进体系研究——基于49国之间双边服务贸易流量面板数据的实证分析[J]. 国际贸易问题, 2014(11):132 -143.

第四章　经济增长与服务业发展水平的异质性分析

一、问题的提出

面对全球经济复苏动力不足，国内工业经济增长放缓的复杂国内外环境，以中间品贸易为代表的服务业保持了良好的发展态势，为我国经济增长作出了极大的贡献。统计数据显示，我国服务业对 GDP 的贡献率从2000 年的 36.3% 增长至2015 年的 50.5%，其中，2015 年服务业对 GDP 的贡献率首次超过 50%。这表明，现代经济发展的一个标志性特征是服务业增加值占国内生产总值的比重不断上升（Eichengreen 和 Gupta，2013)。2000—2015 年，我国服务业对 GDP 增长的拉动从 3.1% 攀升至 3.5%，其中，2014 年服务业对 GDP 增长的拉动首次超过工业。可以看出，服务业在我国经济活动中将逐渐占据主导地位。目前，我国正处于从工业主导向服务业主导转型的关键时刻，党和政府明确提出，“十三五”时期要加快经济转型升级，形成以服务业主导的产业结构。显然，服务业已经成为新一轮工业革命趋势下推动一国经济增长的关键性产业。

伴随着新一轮工业革命，信息技术的快速发展大大增强了服务业的可贸易性（陈启斐、刘志彪，2015)，服务业不再是一种“独立式发展”的产业，服务业发展的区域联系密切，服务贸易往来愈加频繁。尤其是随着交通运输的全球化、网络式发展带来的市场规模扩大及贸易成本降低，极大地促进了国内贸易、国际贸易的发展。而依据新贸易理论和新经济地理理论，贸易成本是影响产业空间经济活动的重要因素。一般来说，贸易成本会提高地区之间产品和生产要素自由流动的门槛，阻碍专业化分工的形成，进而无法获得由规模经济性和要素空间溢出效应带来的巨大收益（刘建、许统生等，2013）。因此，本书选择从贸易成本的角度切入，研究我国31个省、市的服务业及整体经济之间的空间影响效应。

那么，贸易成本对各地区服务业及整体经济有何影响？贸易成本是否对各地区服务业发展产生了异质性影响？我国各地区服务业经济增长以及整体经济增长之间是否产生空间上的溢出效应？在新常态背景下，对这些问题的探索和研究，不仅有助于厘清服务业发展的动态轨迹和提升路径，解释经济服务化时代世界经济增长的新动力，还有助于进一步促进我国服务业发展，带动国内贸易深化，实现经济可持续增长，为政府制定区域政策提供参考依据。

本章结构安排如下：第二部分为相关文献综述；第三部分构建理论模型，并对变量的计算指标选取及数据来源作简要说明，第四部分对模型的回归结果进行分析；第五部分为结论与政策建议。

二、文献综述

（一）运输成本对经济的影响研究

自空间经济学者提出“冰山运输成本”以来，国内外学者对如何降低服务业的贸易成本展开了研究。一部分学者提出，生产性服务业和制造业之间具有紧密的联系——生产性服务业的产出正是制造业的投入（Macpterson，2008；Ramasamy和Yeung，2010），两者之间的地理距离需要在合理的范围之内，否则制造业无法有效利用作为中间投入品的生产性服务。这种观点认为，制造业和服务业通过相互吸引而集聚在一起，最终极大地降低了服务对象的运输成本。对于这种观点，Kolko

（2007）运用美国的行业样本数据从经验上间接地给出了证据，即随着运输成本的上升，服务业和制造业集聚在一起的趋势更强。Markusen 和 Strand（2007）也得出了生产性服务业的运输成本是决定两种产业集聚与否的关键因素。也就是说，运输成本的存在促使服务业集聚发展，这促进了服务行业的分工与合作，有利于服务业健康快速地发展。

国内学者关于运输成本影响服务业发展的研究正在兴起。胡鞍钢、刘生龙（2009）基于空间经济计量模型证明了交通运输的正外部性，举例来说，交通运输的发展增强了劳动力的空间流动性，部分劳动力自发地从低工资水平区域流向高工资水平区域，从而缩小了贫富差距，这显然提升了社会的福利水平。从另一个角度来看，运输成本的下降能够促进劳动力的流动，而劳动力的大规模流动使得市场在地理空间上进行扩展，这时，生产的规模经济性便会产生。更重要的是，夏杰长等（2010）提出中国势必会迎来服务经济时代[①]，服务业将会占据中国经济的“半壁江山”，可以想象，运输成本外部性的有效发挥将会对服务业的发展起到巨大作用。

另外，宣烨（2013）认为中国中西部地区服务业的发展情况较东部地区处于劣势，交通基础设施的落后带来了高额的运输成本，西部地区服务业竞争力提升的一个方法是通过改善交通条件来降低运输成本。与之相反的是，胡宗彪（2014）在异质性企业的内生技术选择视角下对中国的不同生产率服务业出口企业进行了研究，总结出运输成本的下降并不会提升服务业的生产率。究其原因是国内服务部门的开放度仍然比较低，由政府规制等壁垒带来的服务贸易成本依旧居高不下，运输成本的下降幅度未达到发挥效应的最低水平。不仅如此，运输成本还会因地方保护主义的存在而被抬高（白重恩等，2004；胡向婷和张璐，2005），服务业的发展将会再次受阻。

---

① 夏杰长等（2010）认为，中国在“十二五”时期末（2015 年）最有可能进入服务经济时代。

（二）服务业的空间溢出效应研究

由 Tobler（1970）的地理学第一定律①可知，在一定的地理区域如洲、国家、省等空间单元内收集到的数据一般具有空间相关性（邱瑾、戚振江，2012）。鉴于此，从空间视角来分析经济现象越来越引起国内外诸多学者的关注。

近年来，相关学者基于新经济地理学的理论框架对服务业展开了研究，但相对集中在服务业的空间集聚和区位选择等宏观层面。例如，Eswaran 和 Kotwal（2002）认为生产性服务业的集聚在改善区域投资环境、增强企业之间的信息共享以及加快地区科技创新等方面起着“催化剂”作用，也就是说，服务业的空间集聚将会大大提升区域内部的经济活力。值得注意的是，服务业的集聚加快了高新技术的到来进而激发地区经济增长潜力，而经济的增长又会更多地依赖高新技术，这又会引起服务业的集聚（Wood，2006；Aslesen 和 Isaksen，2007）。众所周知，不同于农业品和工业品，服务业具有生产和消费在时空上的同一性。据此，服务业集聚需要考虑诸如经济、信息、人文和空间等区位因素（李文秀、谭力文，2008；方远平等，2008；陈建军等，2009），且不同的区位因素侧重会带来差异化的服务业集聚。

整体而言，国内外学者对服务业空间集聚的研究为深入考察服务业的空间溢出效应提供了理论和实证支撑。例如，王琢卓（2013）运用中国 2003—2011 年的城市面板数据测度了生产性服务业集聚对经济增长的作用范围，结果表明，生产性服务业的有效溢出范围是 200 千米，这与余泳泽等（2016）的结论是一致的。此外，席强敏和李国平（2015）认为在生产性服务业不断集聚的这一背景之下，京津冀地区可以通过合理分工来协调地区之间的发展，从而实现生产性服务业空间外溢效应。

① 地理学第一定律：万物都是关联的，但近的比远的关联大。

总的来看，“运输成本的降低有利于经济的发展”这一观点得到了大多数学者的认同；而且，随着服务业在国民经济中比值的不断上升，运输成本在服务业发展中越来越受到重视。与以往的研究相比，本书试图在以下两个方面进行创新：第一，从理论上探讨运输成本影响经济增长的机制，在此基础之上，寻求降低运输成本进而促进经济增长的最佳路径；第二，运用空间计量学的方法分别测算中国整体 GDP 和服务业 GDP 的空间效应，以丰富前人的研究。

三、实证模型与数据

（一）莫兰指数

1970 年美国地理学家 W. R. Tobler 提出了“地理学第一定律”，他认为“距离近的事物之间的联系要大于距离远的事物”。这里的联系是指空间上的事物的空间相关性，常常使用莫兰指数来度量。一般来说，莫兰指数分为全局莫兰指数（Global Moran's I）和局部莫兰指数（Anselin Local Moran's I）。为了更好地说明 GDP 和服务业生产总值的空间效应，本书选取全局莫兰指数来进行研究。莫兰指数是一个有理数，经过方差归一化之后，它的值会被归一化到 -1.0 ~ 1.0。其中 Moran's $I>0$ 时表示空间正相关性，所谓正相关，顾名思义就是随着自变量的增长，应变量也随之增长，那么空间上面的正相关，就是指随着空间分布位置（距离）的聚集，相关性就越发显著。其值越大，空间相关性越明显。Moran's $I<0$ 时则表示空间负相关性，其值越小，空间差异越大，即相关性随着自变量的增长而减少，即随着空间分布位置的离散，相关性反而变得显著。Moran's $I=0$，表示空间分布呈随机性。全局 Moran's I 指数的具体表达式为：

$$I=\left(\frac{n}{S_0}\right)\frac{\sum_{i=1}^{n}\sum_{j=1}^{n}w_{i,j}\ (x_i-\bar{x})\ (x_j-\bar{x})}{\sum_{i=1}^{n}\ (x_i-\bar{x})^2}\qquad(4-1)$$

这里的 x_i 表示区域 i 的观测值，同理 x_j 则表示区域 j 的观测值。$\bar{x}$ 表示各区域经济变量的平均数。$w_{i,j}$是空间权重矩阵 W 中的元素，S_0 是所有空间权重矩阵之和。

关于莫兰指数，可以使用标准化统计量 Z 来检验空间自相关是否能通过显著性检验，Z 的计算公式为：

$$Z = \frac{I - E(I)}{\sqrt{\mathrm{Var}(I)}} \tag{4-2}$$

当 Z 值为正并且显著时，对应 $I \in (0, 1]$，表明存在正的空间自相关；当 Z 值为负且显著时对应 $I \in [-1, 0)$，表明存在负的空间自相关；当 Z 值为零时对应 $I = 0$，表明不存在空间自相关，即观测值呈独立随机。

（二）权重矩阵

1. 简单权重矩阵

这是一种简单而又常用的空间权重矩阵，它的主要根据就是看两个区域在空间上是否相邻，如果相邻就取值为 1，否则取值为 0。用这种方法来构建空间权重矩阵是有一定合理性的，主要是因为通常两地在空间上相邻的话，交流起来也会更加方便，进行货物贸易也可以大大地节约运输成本。

$$w_{ij} = \begin{cases} 1，A_i \text{ 和 } A_j \text{ 共享边界} \\ 0，\text{其他} \end{cases} \tag{4-3}$$

2. 地理距离权重矩阵

这种权重矩阵是以两个省的省会距离的倒数来衡量的，从而为这两个相邻省份之间的“相邻”程度进行赋值。如果两个省的省会距离越短，则说明这两个地区的“相邻”程度越高，那么这两个地区相互流动和渗透的可能性显然会越高，因而用地理距离权重矩阵也有一定的合理性。

（三）空间回归模型

空间回归模型主要解决线性回归中空间依赖关系的相关问题。根据模型设定时对“空间”的体现方法的不同，空间计量模型主要分为空间滞后模型（SAR 模型）和空间误差模型（SEM 模型）。空间滞后模型反映了因变量的影响因素会通过空间传导机制作用于其他地区；而空间误差模型则强调区域外溢并不是主动的，而是随机冲出的结果。

空间滞后通常被假定是空间自回归过程，因此空间滞后模型（SAR 模型）又称为空间自回归模型，其表达式如下：

$$y = \rho W y + \beta X + \varepsilon \tag{4-4}$$

其中，y 是因变量，X 是解释变量，W 是空间权重矩阵，β 是参数向量，ρ 是空间滞后项 wy 的参数，其衡量观测值之间的空间相互作用程度，ε 是白噪声干扰项。

空间误差模型（SEM 模型）的空间 AR（1）的形式如下：

$$\begin{cases} y = \beta X + \varepsilon \\ \varepsilon = \lambda W \varepsilon + u \end{cases} \tag{4-5}$$

式（4－5）中，W 是空间权重矩阵，ε 是回归残差向量，λ 是自回归参数，衡量了样本观察值之间的空间依赖作用，即相邻地区的观察值 y 与本地区观察值 y 之间的影响程度以及方向，当地区之间的相互作用因所处的相对位置不同而产生差异时，则采用这种模型。

（四）数据说明

本章研究的样本范围是中国 31 个省市（不包含港澳台），选取了 2007—2013 年的相关数据进行分析。本章数据主要来源于中国统计年鉴、交通统计年鉴、中国财政年鉴，部分数据来自分省统计年鉴。

1. 被解释变量

分省市服务业生产总值（*SERVICE*）。表示某一省市某一年的服务业生产总值。本章选取了中国大陆 31 个省市的 2007—2013 年的服务业生产总值。

分省市国民生产总值（*GDP*）。表示某一省市某一年的国民生产总值。本章选取了中国大陆 31 个省、市 2007—2013 年的国民生产总值。

2. 解释变量

贸易成本（*COST*）。贸易保护主义或多或少一直都在各地存在，但各省的保护程度还是有所差别的，由于贸易成本无法直接获取，本章采用谭洪波（2013）所采用的方法，选取当地政府的企业所得税占当地财政收入的比重，然后再乘以当地的 GDP 占全国 GDP 的比值来作为各个地方政府保护程度即贸易成本的代理变量。

劳动投入（*LABOR*）。在理论上，劳动投入应综合考虑多种因素，如劳动人数、劳动时间、劳动质量（效率）等，但实际研究中由于一些数据不便收集，因此我们查阅相关资料后决定采用王恕立（2015）的方法，将服务业分行业的"年末从业人员数"作为劳动投入指标的代理变量。为了得到 2007—2013 年服务业分行业的全社会年末从业人数，本章采用如下公式进行估算：服务业分行业的全社会就业人数 = 服务业全社会总就业人数 ×（服务业分行业的城镇单位就业人数/服务业城镇单位总就业人数）。

资本投入（*CAPTIAL*）。我们用国际上通用的永续盘存法（Perpetual Inventory System）[①] 来进行估算，公式为

$$K_{i,t} = (1 - \delta_{i,t})K_{i,t-1} + I_{i,t} \tag{4-6}$$

其中 $K_{i,t}$ 表示 i 地区在 t 年的服务业资本存量，$I_{i,t}$ 表示 i 地区在 t 年的服务业不变价固定资本投资额。$\delta_{i,t}$ 表示资本折旧率。$K_{i,t-1}$ 运用 Harberger（1978）提出的稳态方法来推导：

$$K_{i,t-1} = I_{i,t}/(g_{i,t} + \delta_{i,t}) \tag{4-7}$$

① 永续盘存法 Perpetual Inventory（Stock）System，亦称"账面盘存法"。它是对于资产的增加和减少，根据各种有关凭证，在账簿中逐日逐笔进行登记，并随时结算出各种资产账面结存数额的一种方法。

本章分别使用2007—2013年各省市的服务业实际增加值和服务业分行业实际增加值的几何平均增长率来表示。本章依然参照遵循王恕立（2015）的做法，将中国服务业的资本折旧率统一设为4%。

数据描述如表4－1所示：

表4－1　描述性统计

变量	观测值	平均值	标准差	最小值	最大值
ln *SERVICE*	217	8.247281	1.037504	5.24	10.3
ln *GDP*	217	9.171567	1.037168	5.84	11.04
CAPITAL	217	10.26756	1.012947	7.24	12.2
LABOR	217	5.036912	1.352198	0.49	7.36
COST	217	5.128018	4.668957	0.14	21.73

注：表中结果由Stata14.0软件计算整理得出。

四、实证结果及分析

（一）贸易成本分布情况简介

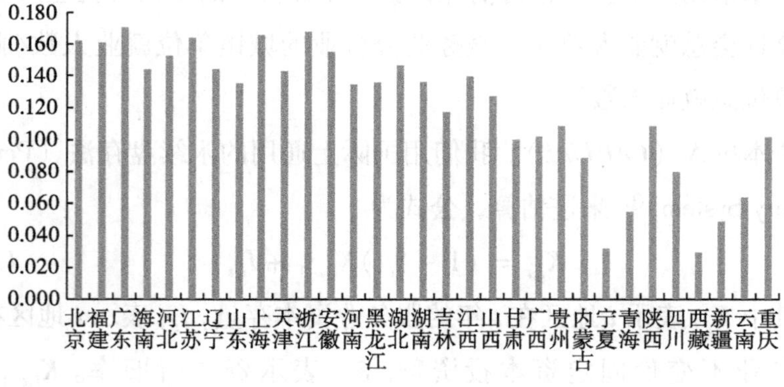

图4－1　2007—2013年各省市年均贸易成本

借鉴胡向婷和张璐（2005）以及孙晓华等（2013）的做法，本节采用地方政府企业所得税占当地财政收入的比重作为各省市贸易成本的替代变量，进而得到2007—2013年我国各省市年均贸易成本。结果如图4－1所示。其中，各省市数据按照东部、中部、西部排列。从

图 4－1中可以看出，我国贸易成本具有较强的地域特征，其中东部沿海地区平均的省际贸易成本最高，主要包括福建、广东、浙江等；其次是诸如江西、湖南、湖北等靠近东南沿海的中部地区，或是少数南部地区；而西部地区最低。东部、中部和西部地区这种省际贸易成本现状与我国改革开放的格局密切相关。企业对外贸易出口比重越高，其所承担的贸易成本可能也越高。此外，地区内部贸易的快速增长若是替代了部分省外调入和调出，将使得这些省市省外调入的增长低于全国其他地方作为一个整体的内部贸易增长，以及省际调出的增长低于其内部贸易的增长，从而导致贸易成本上升。

（二）空间相关性的检验结果

我国 31 省区市之间到底存不存在空间相关性呢？表 4－2 给出了在统计性描述部分所说的简单权重矩阵和地理距离权重矩阵条件下，我国 2007—2013 年各省市 GDP 的莫兰统计值情况。

从表 4－2 中可以看出，我国 31 个省区市的 GDP 存在着显著的正的空间自相关。无论是简单权重矩阵，抑或是地理距离权重矩阵，莫兰统计值都通过了 5% 的显著性水平检验。我们还可以从表 4－2 中看出我国各省市 GDP 之间的空间相关性比较稳定，上下浮动并不大。由于我国各省市 GDP 之间存在着显著的正的空间相关性，这表明在考虑各省间 GDP 的情况时应该考虑这种空间关系。

表 4－2　2007—2013 年中国 31 个省区市 GDP 的 Moran's I 统计指标

年份	简单权重矩阵			地理距离权重矩阵		
	Moran's I	Z	P－value	Moran's I	Z	P－value
2007	0. 203	2. 317	0. 021	0. 039	2. 131	0. 033
2008	0. 195	2. 241	0. 025	0. 037	2. 075	0. 038
2009	0. 201	2. 291	0. 022	0. 038	2. 117	0. 034
2010	0. 204	2. 313	0. 021	0. 040	2. 174	0. 030
2011	0. 204	2. 308	0. 021	0. 040	2. 177	0. 029
2012	0. 202	2. 289	0. 022	0. 039	2. 143	0. 032

续表

年份	简单权重矩阵			地理距离权重矩阵		
	Moran's *I*	*Z*	*P* - value	Moran's *I*	*Z*	*P* - value
2013	0. 203	2. 298	0. 022	0. 039	2. 130	0. 033

注：表中根据 Stata14. 0 中的相关命令运行结果整理所得。

同样，表 4 - 3 给出了在简单权重矩阵和地理距离权重矩阵条件下，2007—2013 年我国各省市的服务业生产总值的莫兰统计值情况。

从表 4 - 3 中可以看出，我国 31 个省区市的服务业生产总值存在着较为显著的空间自相关，但简单权重矩阵下的空间自相关性相比于地理距离权重矩阵条件下的空间相关性要大得多，两种情况下莫兰值大多通过了 5% 的显著性水平检验。从表 4 - 3 中我们还能够看出我国各省市服务业生产总值之间的空间相关性比较稳定。①

对比表 4 - 2 不难发现，简单权重矩阵条件下各省市 GDP 之间的空间相关性要比各省市服务业生产总值之间的空间相关性强，而在地理距离权重矩阵条件下各省市 GDP 之间的空间相关性则不如服务业生产总值之间的空间相关性。

表 4 - 3　2007—2013 年中国 31 个省区市服务业生产总值的 Moran's *I* 统计指标

年份	简单权重矩阵			地理距离权重矩阵		
	Moran's *I*	*Z*	*P* - value	Moran's *I*	*Z*	*P* - value
2007	0. 168	1. 990	0. 047	0. 042	2. 249	0. 024
2008	0. 176	2. 058	0. 040	0. 043	2. 275	0. 023
2009	0. 165	1. 952	0. 051	0. 042	2. 252	0. 024
2010	0. 179	2. 089	0. 037	0. 044	2. 292	0. 022
2011	0. 185	2. 142	0. 032	0. 043	2. 269	0. 023
2012	0. 184	2. 127	0. 033	0. 041	2. 222	0. 026
2013	0. 180	2. 092	0. 036	0. 040	2. 178	0. 029

注：根据 Stata 14. 0 中的相关命令运行结果整理所得。

① 简单权重矩阵下我国各省市服务业生产总值的 Moran's I 值稳定在 0. 165 ~0. 185，地理距离权重矩阵条件下我国各省市服务业生产总值的 Moran's I 值稳定在 0. 040 ~0. 044。

（三）贸易成本外溢效应研究

因为本章所用到的模型出现了空间滞后因变量以及空间滞后误差项，所以不再满足高斯马尔科夫定理，不能再用简单的 OLS 进行回归。我们分别在简单权重和地理距离权重条件下，运用 SEM 和 SAR 模型进行分析，估计结果见表 4－4。

表 4－4　被解释变量：对数中国 GDP 空间溢出效应的估计结果（1）

解释变量	简单权重		地理距离权重	
	SAR	SEM	SAR	SEM
	（1）	（2）	（3）	（4）
LAMBDA	0.107*** （0.000）		0.223*** （0.000）	
RHO		0.103*** （0.000）		0.125*** （0.000）
COST	0.159*** （0.001）	0.124*** （0.000）	0.119*** （0.000）	0.133*** （0.000）
LABOR	0.191*** （0.000）	0.138*** （0.000）	0.185*** （0.000）	0.153*** （0.000）
CAPITAL	0.653*** （0.000）	0.674*** （0.000）	0.619*** （0.000）	0.620*** （0.000）
CONSTANT	1.054*** （0.000）	0.009** （0.048）	1.482*** （0.000）	1.150*** （0.000）
ln_phi	2.021*** （0.000）		2.596** （0.015）	
lgt_theta		－1.952* （0.056）		－2.032** （0.041）
sigma2_e	0.002*** （0.000）	0.002*** （0.000）	0.002 （0.000）	0.002*** （0.000）
R^2	0.986	0.936	0.986	0.979
Log－L	302.024	399.565	310.658	287.35
观测值	217	217	217	217

注：综合运用 Stata14.0 和 Matlob13.0 两种软件，采用 SEM 模型（空间误差模型）和 SAR 模型（空间滞后模型）两种空间效应模型进行对比分析；*、**和***分别表示 10%、5% 和 1% 的显著性水平；圆括号内显示的是稳健的 P 值。

表4－4的解释变量中第7～9行数据为与空间计量相关的统计检验，根据这些统计检验的结果，我们发现用简单权重和地理距离权重作为空间权重矩阵的选择时，模型不仅存在空间自回归效应，也存在空间误差滞后效应。

从表4－4中的方程（1）可以看出，贸易成本、劳动投入和资本投入的产出弹性分别为0.159、0.191、0.653，略大于地理距离权重作为空间权重矩阵时对应的各结果，即式（3）对应的参数。具体地，劳动投入每增加1个单位，国内生产总值（*GDP*）提高19.1%；资本投入每提高1个单位，国内生产总值（*GDP*）则会有65.3%的提升。特别是，贸易成本每增加1个单位，能够显著促进国内生产总值（*GDP*）增长15.9%。各参数都通过了1%的显著性水平检验。式（2）中的SAR回归结果显示，贸易成本、劳动投入和资本投入的产出弹性分别为0.124、0.138、0.674，与式（4）结果相差不大。其中，贸易成本每增加1个单位，国内生产总值（*GDP*）提升12.4%；劳动投入每提升1个单位，国内生产总值（*GDP*）增长13.8%；资本投入每提高1个单位，国内生产总值（*GDP*）的增加程度达到67.4%，各参数同样都通过了5%的显著性水平检验。由以上各式我们可以看出 λ 和 ρ 都通过了1%的显著性水平检验，贸易成本的系数较高且十分显著，由此可见，我国以ln*GDP*作为被解释变量的空间溢出效应的存在性十分明显。

表4－5　被解释变量：对数中国服务业生产总值空间溢出效应的估计结果

解释变量	简单权重		地理距离权重	
	SAR	SEM	SAR	SEM
	(1)	(2)	(3)	(4)
λ	0.058 ** (0.039)		0.035 *** (0.009)	
ρ		0.054 ** (0.043)		0.041 * (0.057)
COST	0.021 *** (0.002)	0.027 *** (0.000)	0.024 *** (0.000)	0.024 *** (0.000)

续表

解释变量	简单权重		地理距离权重	
	SAR	SEM	SAR	SEM
	(1)	(2)	(3)	(4)
LANBOR	0.428 *** (0.000)	0.395 *** (0.000)	0.481 *** (0.000)	0.357 *** (0.000)
CAPITAL	0.642 *** (0.000)	0.632 *** (0.000)	0.587 *** (0.000)	0.628 *** (0.000)
CONSTANT	-0.273 (0.253)	-0.185 (0.364)	-0.035 (0.907)	-0.164 (0.414)
ln_phi	2.303 *** (0.000)		2.451 *** (0.000)	
lgt_theta		-2.113 *** (0.000)		-2.007 *** (0.000)
sigma2_*e*	0.003 *** (0.000)	0.003 *** (0.000)	0.003 *** (0.000)	0.003 *** (0.000)
R^2	0.968	0.933	0.968	0.968
Log - L	250.085	253.239	262.455	251.221
观测值	217	217	217	217

注：综合运用 Stata14.0 和 Matlab13.0 两种软件，采用 SEM 模型（空间误差模型）和 SAR 模型（空间滞后模型）两种空间效应模型进行对比；*、**和***分别表示 10%、5%和 1%的显著性水平；圆括号内显示的是稳健的 P 值。

表 4-5 为以中国服务业生产总值的对数（ln*SERVICE*）为被解释变量的空间溢出效应的估计结果，分别运用了简单权重和地理距离权重作为空间权重矩阵。总体看来，各变量大多十分显著，且各模型 R^2 均大于 0.93，拟合效果很好。不难发现表 4-5 中的式（1）、式（3）中均存在空间自回归效应，而且估计出的空间自回归系数 λ 值均小于 1。同样地，式（2）和式（4）中的空间滞后参数 ρ 也小于 1，因此，我们分析的模型是稳定的。

在表 4-5 中的式（1）中，贸易成本、劳动投入和资本投入的产出弹性分别为 0.021、0.428、0.642，它们之和处于 1 的附近，这和生产函数规模报酬不变的性质是相符合的，式（3）的结果与此类似，且各参数均通过了1%的显著性水平检验。具体地，劳动投入每增加1个单位，中国服务业生产总值（*SERVICE*）增长42.8%；资本投入每提高1个单位，中国服务业生产总值（*SERVICE*）则增加64.2%。特别地，贸易成本每增加1个单位，中国服务业生产总值（*SERVICE*）会有2.1%的提升。总之，式（1）、式（3）的估计结果基本上符合经济学解释，且我们从实证（λ 十分显著）中可以看出中国服务业空间溢出效应的确是存在的。

同样对于方程（2），贸易成本每增加1个单位，能够显著促进中国服务业生产总值（*SERVICE*）提升2.7%；劳动投入每提升1个单位，中国服务业生产总值（*SERVICE*）增长39.5%；资本投入每提高1个单位，中国服务业生产总值（*SERVICE*）就增加63.2%，各参数同样都通过了1%的显著性水平检验。同样可以看出中国服务业空间溢出效应的存在性。

通过比较表4-3和表4-4中*COST*的系数以及对应的 λ 与 ρ 系数，我们不难发现以ln*GDP*作为被解释变量的空间溢出效应显然要大于以ln*SERVICE*作为被解释变量的空间溢出效应，即我国的空间溢出效应对于我国的GDP作用更加明显。

五、结论与政策建议

本书采用空间经济计量手段建立对数生产函数模型，利用2007—2013年中国31个省区市的面板数据，从实证维度验证了贸易成本对中国经济总量和服务业发展的作用影响，并对总体经济与服务经济的空间溢出效应进行了验证，主要结论如下：

用简单权重矩阵和地理距离权重矩阵检验经济总量增长和服务业增长时，Moran's I值均通过了显著性检验，即中国28个省市的经济增长和服务业增长均存在空间溢出效应。根据我们的实证结果，无论是中国经济总量的增长还是服务业总量的提升，贸易成本都对其表现出显著的正向作用。具体来看，对于经济总量而言，简单权重和地理距离权重下的贸易成本弹性系数大体一致，贸易成本每增加 1%，经济总量平均增加 13.4%，同样对于服务业增长情况，贸易成本每增长 1 个百分点，服务业将平均增长 0.024 个百分点。这一现象与企业随贸易成本提升而提高其劳动分工水平与劳动生产率有关，进而扩大市场范围，提高经济增长总量与服务业的发展水平。另外，中国贸易成本的地域特征也比较明显，表现为从东南沿海到中部地区再到东北以及少数南部地区呈逐渐降低的趋势。

本章的政策启示主要有以下几点：

（1）宏观经济发展水平的提升，尤其是服务业在地区 GDP 中的占比日益突出，是增加居民整体收入水平和减少社会贫困的重要手段，而贸易成本的提升既能够直接促进经济增长，又能够通过其正外部性间接对经济增长产生拉动作用，经济增长又进一步降低我国贫困发生率，增加居民福祉，保障社会安定团结。因此，加大地区之间的贸易成本，是激励本地与邻近地区经济总量和服务业增长的有效途径。

（2）由于历史原因以及资源禀赋不同，我国地区之间发展并不均衡，呈东、中、西三大经济带分布，东南沿海地区贸易成本相对较高，中部地区次之，西北地区相对落后。因此，政府应该在政策上加以引导，充分发挥东部沿海的带动作用，与此同时，加大中西部地区贸易成本财政投入，增加交通等基础设施投入，有利于减缓中国地区间经济发展的不平衡现象，缩小地域间经济发展差距，协调区域经济发展。

（3）过高的贸易成本对地区经济发展具有双向影响，一方面，贸易成本具有正向外部性，可以带动本地区与相邻区域的经济发展，另一方面，贸易成本的负向外部作用也不容忽视，贸易成本加大也会导致不同地区间贸易壁垒增加，较高的贸易壁垒将抑制经济总量尤其是服务经济的发展。所以，在一定范围内适度增加贸易成本，使贸易成本的正、负外部性相抵之后的“净外部性”尽可能地大，是相关部门应着重考虑的问题。

参考文献

[1] ASLESEN H W, ISAKSEN A. New perspectives on knowledge - intensive services and innovation [J]. Grografiska Annaler: Series B, Human Geography, 2007, 89(1): 45 - 58.

[2] EICHENGREEN B, GUPTA P. The two waves of service - sector growth[J]. Oxford Economic Papers, 2013 , 65(1): 96 - 123.

[3] ESWARAN M, KOTWAL A. The role of service in the process of industrialization[J]. Journal of Development Economics, 2002, 68(2): 401 - 420.

[4] KOLKO J. Agglomeration and co - agglomeration of services industries[A]. Public Policy Institute of California. Trade in Services: Goods Research Society[C]. 2007: 23 - 26.

[5] MACPTERSON A. Producer service linkages and industrial innovation: results of a twelve - year tracking study of New York State manufactures[J]. Growth and Change, 2008, 39(1): 1 - 23.

[6] MARKUSEN J R, STRAND B. Trade in Business Services in General Equilibrium[A]. The research institute for industrial economics. globalization of services—implications for small open economies [C]. Stockholm: Dorling Kindersley, 2007: 16 - 20.

[7] RAMASAMY B, YEUNG M. The determinants of foreign direct investment in services[J]. The World Economy, 2010, 33(4): 573 - 596.

[8] TOBLER W R. A computer movie simulating urban growth in the detroit region[J]. Economic Geography, 1970, 46(2): 234 - 240.

[9] WOOD P. Urban development and knowledge - intensive business services: too many unanswered questions? [J]. Growth and Change, 2006, 37(3): 335 - 361.

[10] 陈启斐,刘志彪. 进口服务贸易、技术溢出与全要素生产率——基于47个国家双边服务贸易数据的实证分析[J]. 世界经济文汇,2015(5): 1 - 21.

[11] 刘建,许统生,涂远芬. 交通基础设施、地方保护与中国国内贸易成本

[J]. 当代财经，2013(9)：87 - 99.

[12][德]冯·杜能. 孤立国同农业和国民经济的关系[M]. 吴衡康，译. 北京：商务印书馆，1986:327 - 331.

[13]胡鞍钢，刘生龙. 交通运输、经济增长及溢出效应——基于中国省际数据空间经济计量的结果[J]. 中国工业经济，2009(5)：5 - 14.

[14]孙晓华，郭玉娇，周玲玲. 经济一体化、地方保护主义与地区专业化[J]. 中南财经政法大学学报，2013(1):3 - 10,158.

[15]胡向婷，张璐. 地方保护主义对地区产业结构的影响——理论与实证分析[J]. 经济研究，2005(2)：102 - 112.

[16]白重恩，杜颖娟，陶志刚，仝月婷. 地方保护主义及产业地区集中度的决定因素和变动趋势[J]. 经济研究，2004(4)：29 - 40.

[17]邱瑾，戚振江. 基于MESS模型的服务业影响因素及空间溢出效应分析——以浙江省69个市县为例[J]. 财经研究，2012(1)：38 - 48.

[18]李文秀，谭力文. 服务业集聚的二维评价模型及实证研究——以美国服务业为例[J]. 中国工业经济，2008(4)：55 - 63.

[19]方远平，阎小培，陈忠暖. 服务业区位因素体系的研究[J]. 经济地理，2008(1)：44 - 48.

[20]陈建军，陈国亮，黄洁. 新经济地理学视角下的生产性服务业集聚及其影响因素研究——来自中国222个城市的经验证据[J]. 管理世界，2009(4)：83 - 95.

[21]王琢卓. 生产性服务业空间集聚、溢出效应与经济增长[J]. 湖南社会科学，2013(6)：152 - 155.

[22]余泳泽，刘大勇，宣烨. 生产性服务业集聚对制造业生产效率的外溢效应及其衰减边界——基于空间计量模型的实证分析[J]. 金融研究，2016(2)：23 - 36.

[23]席强敏，李国平. 京津冀生产性服务业空间分工特征及溢出效应[J]. 地理学报，2015(12)：1926 - 1938.

[24] 陆娟. 基于莫兰指数的盗窃犯罪率全局分布模式分析[J]. 电子警务，2014(1):45 - 46.

[25] 冯昕，杜世宏，舒红. 空间权重矩阵对空间自相关的影响分析——以我国肾综合征出血热疾病为例[J]. 武汉大学学报(信息科学版)，2011(12)：1410-1413.

[26] 谭洪波. 细分贸易成本对中国制造业和服务空间集聚影响的实证研究[J]. 中国工业经济，2013(9)：147-159.

[27] 王恕立，滕泽伟，刘军内. 中国服务业生产率变动的差异分析——基于区域及行业视角[J]. 经济研究，2015(8)：73-84.

[28] 夏杰长，李勇坚，刘奕，等. 迎接服务经济时代来临[M]. 北京：经济管理出版社，2010：103-112.

[29] 宣烨. 本地市场规模、交易成本与生产性服务业集聚[J]. 财贸经济，2013(8)：117-128.

[30] 胡宗彪. 企业异质性、贸易成本与服务业生产率[J]. 数量经济技术经济研究，2014(7)：68-84.

第二篇

服务贸易的空间溢出效应研究

第五章　服务贸易出口的空间相关性分析

一、问题的提出

改革开放以来，中国服务贸易规模迅速扩大，取得了巨大的成就，在贸易总额中的比重呈逐步攀升趋势，2014 年中国服务贸易进出口总额高达 6069.50 亿美元，位居全球第二。此外，我国服务贸易 1995—2014 年已连续 20 年逆差，而且逆差规模总体呈扩大趋势，2013—2015 年中国服务贸易逆差分别为 1185 亿美元、1599.3 亿美元、1366.2 亿美元，已连续 3 年保持在 1000 亿美元以上，成为世界服务贸易逆差最大的国家。可见，中国服务贸易基础仍然较为薄弱、国际竞争力严重不足。

针对中国服务贸易逆差增长较快的现实状况，除加快出台《服务贸易重点领域指导目录》之外，国家也在通过服务贸易创新发展试点工作的开展，建立一套适应服务贸易发展的促进体系，改善国内服务贸易发展的环境。另外，2015 年国务院发布的《关于加快发展服务贸易的若干意见》指出中国服务贸易发展较快，但总体上国际竞争力相对不足，仍是对外贸易的短板。在人口红利与劳动力比较优势逐渐消失的现状下，如何提高服务贸易国际竞争力，扩大服务出口进而扭转服务贸易逆差，是中国亟待解决的问题，Krugman（1980）[1] 提出的“本地市场效应（Home Market Effects）”① 为解决上述问题提供了思路。

① 本土市场效应是指在一个存在规模报酬递增和贸易成本的世界中，厂商偏向于在其产品具有超常需求的国家或地区集中生产。因此，拥有较大国内市场需求的国家或地区将成为净出口国。

国家或地区之间进行贸易的动力有两个，一种是由资源禀赋差异形成的比较优势理论，另一种是新经济地理中的核心概念“本土市场效应”。目前学术界对中国对外贸易情况的解释主要集中在劳动力成本较低形成的比较优势，但随着中国工人工资水平和劳动力成本的提高，传统的劳动力比较优势难以持续，加之比较优势理论只能解释劳动密集型产业的发展，无法对计算机与信息技术等技术密集型产业的发展做出解释，因此由中国内需市场庞大带来的本土市场效应逐步浮出水面，日益发挥越来越重要的作用，本地市场效应成为国内经济学界研究的热点问题之一。目前有关本地市场效应的研究多以制造业为对象，而对中国服务业生产与贸易研究不足，然而，近年来服务业在国民经济中的地位逐渐增加，2014 年中国服务业增加值达到 306038.2 亿元，较第二产业增加值 271764.5 亿元高出 12.6%，占国内生产总值的 48.1%。因此，服务贸易与货物贸易一样可能存在着本土市场效应。如果存在，伴随着人口红利消失，中国服务业本土市场效应带来的比较优势能否取代传统的劳动力比较优势，成为提升中国服务贸易国际竞争力的新动力？正是本章亟待解决的问题。

二、文献综述

目前，有关本地市场效应的研究多集中于货物贸易，以服务贸易为研究对象的研究相对较少（Ceglowski，2006）[2]，研究发展中国家服务贸易的文献更是鲜有出现（Nasir 和 Kalirajan，2013）[3]。尽管如此，本章仍需对相关研究成果进行理论与实证两个层面的简要回顾与评述。

在规模经济、报酬递增与产品异质性等理论假设下，新贸易理论提出了一国或地区内需市场的稳定与扩大能够促进对外出口，形成本地市场效应（Krugman，1980），这一理论为解释服务贸易的深刻变化提供了新的方向和视角。对本地市场效应存在与否的检验主要集中在两个方面：一是基于 Davis 和 Weinstein（1996）[4]提出的“超常需求”，该方法开创了本地市场效应实证分析的先河，该研究通过对 Krugman (1980) 模型进行求导，首次将本地市场效应与比较优势分离出来，“超常需求”这一概念成为判定本地市场效应是否存在的依据（张帆，潘佐红，2006；邱斌，尹威，2010；冯伟，徐康宁，2012）[5]~[7]；二是基于引力模型，该方法通过比较产业的相对出口与相对市场规模弹性，若弹性为正则表示本地市场效应存在。其后的学者分别从不同的角度验证了本地市场效应的存在性（Crozet 和 Trionfetti，2008；Pham et al.，2014；祁飞等，2011；刘磊，2013）[8]~[11]。

纵观以往研究发现，有关本地市场效应的研究多是以制造业为对象，例如 Domeque 等（2011）[12]以西班牙的制造业为研究对象，从实证角度验证了本地市场效应的存在，另外，国内具有代表性的研究有张帆、潘佐红（2006）、邱斌和尹威（2010）、张鹏辉和李若兰（2013）[13]。近年来，涉及服务贸易本地市场效应的研究陆续出现，阚大学、吕连菊（2014，2015）[14][15]利用中国与31个国家（地区）的双边服务贸易的面板数据检验了服务贸易的本地市场效应，但是并没有提出理论模型作为支撑。阚大学（2013）[16]与刘志中（2015）[17]分别就中日与中美服务贸易本地市场效应的存在进行了验证，但这些研究只考虑中国与个别国家之间的服务贸易，并不具有普遍性。与一般研究结论相反的是，涂远芬（2015）[18]关于服务贸易的研究结果却驳斥了本地市场效应的存在，得出以劳动力要素禀赋为基础的传统比较优势仍是促进中国服务贸易出口的主要因素的结论。而马凌远（2015）[19]的研究表明劳动力禀赋和本土市场效应均能解释中国服务贸易的比较优势。此外，尽管现存少量文献对服务贸易的本地市场效应进行了验证，但将国家或地区之间的空间溢出效应加入服务贸易本土市场效应中的研究却很少。事实上，贸易双方之间的空间关联性是显然存在的，且某些空间因素会对服务业的本地市场效应造成影响。

基于上述考虑，本章引入服务贸易出口国之间存在空间溢出效应的假设，在基本引力模型的基础上，通过加入本地市场效应、贸易国家之间距离与制度等因素对服务贸易出口存在的本地市场效应进行机理分析与实证研究。本章的创新点主要在于基于服务贸易国家之间空间溢出效应假设，构建了扩展的贸易引力模型，并对服务贸易出口的本地市场效应进行实证研究，因此更好地衔接了服务业本地市场效应的理论模型与实证分析。

三、机理分析

新古典比较优势理论认为，在完全竞争、规模报酬不变和同质需求等假定条件下，一种产品内需的扩大将会对其出口产生不利影响。而新贸易理论则基于不完全竞争、规模报酬递增、多样化需求和存在运输成本等基本假定，认为内需的扩大将会导致产品差异化进而促进其出口增长。这就意味着不同的贸易理论将会导致内需与出口总量的作用机理出现截然相反的效果，即内需的扩大对出口总量的影响主要存在两种作用：替代作用、促进作用，这两种作用的强度大小决定着出口总量的方向。同时，针对不同的行业特征，内需的扩大将会在一定程度上导致出口结构的变化。作为出口贸易大国，改革开放以来，中国主要的出口贸易品为制造业产品。但是，随着经济新常态和供给侧改革等名词的频繁出现，经济全球化、服务化日趋明显，以服务贸易为核心的中间品贸易已成为国际贸易至关重要的组成部分。图 5 - 1 为服务出口与 GDP 之间的散点回归图，从图中可以看出，提高一国 GDP 能够显著增加其服务出口量。因此，从统计信息特征方面可以直观地了解扩大内需与服务出口之间成正相关关系。

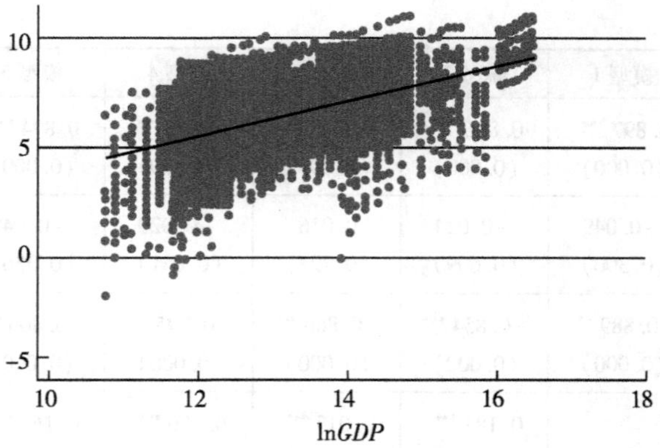

图 5-1　服务业出口与 *GDP* 之间的散点回归图

进一步，本章尝试根据陈启斐（2014）的研究过程，采用引力模型对中国及 23 个 OECD 国家的双边贸易数据进行 OLS 检验，以验证扩大内需对服务出口贸易的影响，计量结果如表 5-1 所示。模型 1 为基本回归模型，模型 2 至模型 6 为逐步加入其他控制变量的回归结果。由表 5-1 可知以下结论：①各模型的拟合优度均高于 0.75，且通过 F 检验，说明模型的计量效果较好。同时，各模型相应变量的显著性和符号方向一致，仅系数大小有异，说明模型是稳健的。②扩大内需能够显著提高一国服务出口贸易额。目前，中国正进行供给侧改革，更需挖掘国内潜在的内需优势，利用内需优势培育母国市场，进而吸引更多的企业，最终实现我国服务贸易优化和产业结构升级。③区域化特征对服务出口贸易具有显著影响，如两国的距离同两国之间服务出口贸易额成反比。同时，服务贸易更容易在具有相同语言或共同边界的国家之间展开。④是否为三大自由贸易区成员国对服务贸易出口也存在显著影响。

表 5-1　双边服务业出口贸易引力模型回归结果

变量	模型 1	模型 2	模型 3	模型 4	模型 5	模型 6
ln *GDP*	0.857 *** (0.000)	0.847 *** (0.000)	0.837 *** (0.000)	0.868 *** (0.000)	0.879 *** (0.000)	0.862 *** (0.000)

续表

变量	模型 1	模型 2	模型 3	模型 4	模型 5	模型 6
ln GDP_j	0.897 *** (0.000)	0.886 *** (0.000)	0.878 *** (0.000)	0.885 *** (0.000)	0.894 *** (0.000)	0.885 *** (0.000)
ln *WGDP*	-0.049 (0.300)	-0.024 (0.609)	0.016 (0.723)	-0.020 (0.651)	-0.042 (0.336)	-0.010 (0.822)
ln *DIS*	-0.889 *** (0.000)	-0.854 *** (0.000)	-0.866 *** (0.000)	-0.795 *** (0.000)	-0.803 *** (0.000)	-0.816 *** (0.000)
BOR		0.183 *** (0.000)	0.013 *** (0.007)	0.130 *** (0.004)	0.162 *** (0.000)	0.114 *** (0.001)
LAN			0.768 *** (0.000)	0.645 *** (0.000)	0.746 *** (0.000)	0.736 *** (0.000)
OECD				0.833 *** (0.000)	0.840 *** (0.000)	0.888 *** (0.000)
NAFTA					-2.111 *** (0.000)	-2.453 *** (0.000)
APEC						0.443 *** (0.000)
CONSTANT	-9.218 *** (0.000)	-9.653 *** (0.000)	-10.068 *** (0.000)	-11.239 *** (0.000)	-11.060 *** (0.000)	-11.244 *** (0.000)
F 检验	4046.17	3248.57	2864.49	2669.33	2402.42	2164.2
P 值	0.000	0.000	0.000	0.000	0.000	0.000
R^2	0.731	0.7318	0.7427	0.7584	0.7636	0.766
Adj - R^2	0.731	0.732	0.743	0.758	0.763	0.766
Root MSE	0.926	0.925	0.906	0.878	0.869	0.865
观测值	5960	5960	5960	5960	5960	5960
贸易伙伴组	552	552	552	552	552	552

注：*、**、***分别表示10%、5%、1%条件下通过显著性水平检验。

从表5-1中的实证结果可以看出，扩大内需与一国服务出口贸易之间存在正相关关系，该结果采用的是中国和23个OECD国家双边贸易数据，不失一般性，该结果适用于中国服务出口贸易情况。图5-2为2005—2011年中国服务出口贸易额与GDP的散点图，从图中可以直观看出中国服务出口贸易额与 GDP 存在相互促进的关系。

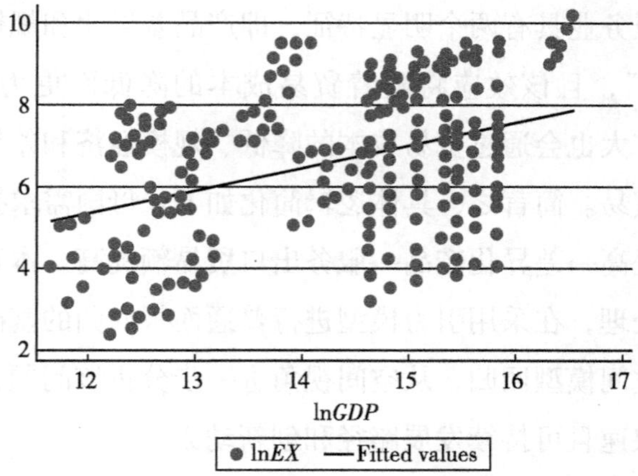

图 5－2　我国服务业出口与 GDP 之间的散点回归图

此外，图 5－3 为 2005 年、2008 年、2011 年我国服务出口总量取对数后的核密度图，从图中可以看出样本年份我国服务出口总额存在较大的差异，2005 年、2008 年、2011 年 ln*EX* 的标准差分别为 1. 624、1. 400、1. 416。从时间维度来看，2005 年 ln*EX* 的均值和最小值分别为 6. 100、3. 204；2011 年 ln*EX* 的均值和最小值分别为 6. 990、4. 049，均值水平提高 14. 59%，年均增长 2 个百分点左右。

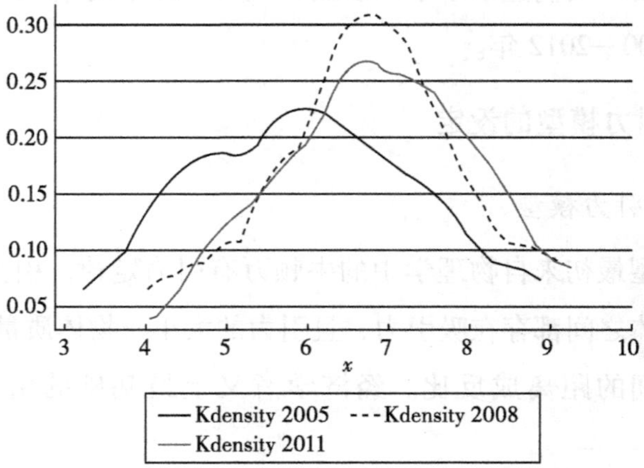

图 5－3　2005—2011 年我国 ln*EX* 的 Kernel 密度分布情况

综上所述，扩大内需战略能够对服务出口贸易产生积极影响，其内在机理为：服务业具有两个明显特征，即产品差异化和规模经济，存在“母市场效应”，且该效应将随着贸易成本的降低而更为显著。同时，母国需求的扩大也会通过贸易成本的降低、规模经济和差异化产品等扩大服务出口贸易。简言之，具体逻辑简化如下：母国需求扩大→规模经济→生产率提高→差异化产品→服务出口贸易额提高。本章将对双边贸易数据进行处理，在采用引力模型进行普通面板回归的基础上，引进空间因素进行空间模型回归，从空间视角进一步分析该问题，从而探讨服务出口贸易快速且可持续发展路径和创新动力。

四、样本数据与计量模型

（一）数据来源与处理

本章主要采用经合组织数据库（OECD Statistics）和世界银行统计数据库（The World Bank Statistics）。第一个数据库包含了国家之间的双边服务贸易数据，第二个数据库收录了世界各国的国内生产总值数据。根据研究需要，我们选取了中国以及23个OECD国家作为样本国[①]，时间跨度为2000—2012年。

（二）引力模型的设定

1. 时空引力模型

引力模型最初来自物理学中的牛顿万有引力定律。引力定律认为，任何两个物体之间都存在吸引力，且引力的大小与物体质量的乘积成正比，与二者间的距离成反比。经济学意义上最基础的引力模型如式

① OECD国家都实行市场经济，目前成员国有34个，本章选取代表性较强的23个成员国分别是：澳大利亚、奥地利、比利时、加拿大、捷克、丹麦、芬兰、法国、德国、希腊、匈牙利、爱尔兰、意大利、日本、韩国、荷兰、挪威、波兰、葡萄牙、西班牙、瑞典、英国和美国。

(5 - 1)所示：

$$F_{ij} = k\frac{M_iM_j}{D_{ij}^2} \tag{5-1}$$

式（5 - 1）中，k 是常数，F_{ij} 表示 i 国（地区）与 j 国（地区）之间的引力，M_i 和 M_j 为 i 国（地区）和 j 国（地区）的经济规模，D_{ij} 指 i 国（地区）与 j 国（地区）之间的距离。在相关研究中，一般对式(5 - 1)两边取自然对数，把其转化成线性方程的形式，具体如式（5 - 2）所示：

$$Y = X\beta + \varepsilon$$
$$\varepsilon \in \mathrm{N}\ (0,\ \sigma^2) \tag{5-2}$$

式（5 - 2）即为经典的引力模型。在式（5 - 2）中，Y 是被解释变量；X 是解释变量向量，表示影响 Y 的各种因素，如引力因素；β 是系数向量；ε 是误差项。

2. 本章引力模型

借鉴 Lee 和 Yu（2010）[20] 对经典引力模型的拓展，本章建立如下模型：

$$\ln EX_{ij} = \beta_0 + \beta_1 \ln GDP_i + \beta_2 \ln WGDP + \beta_3 \ln W * EX_{ij} + \beta_4 OECD + \beta_5 SPR_{it} + \beta_6 \ln DIS_{ij} + \varepsilon_{ij} \tag{5-3}$$

其中，i 为服务出口国；j 表示服务进口国；t 表示年份。① 因变量 $\ln EX_{ij}$ 表示国家 i 对国家 j 出口额的自然对数值。关键解释变量 $\ln GDP_i$ 表示出口国国内生产总值的对数值，该变量可以用来表示一国的国内市场规模（Feenstra 等，2001；陈启斐等，2014）[21][22]。$\ln WGDP$ 表示世界生产总值的自然对数值。$\ln W * EX_{ij}$ 表示地理权重与国家 i 向国家 j 服务出口额的乘积自然对数值。为了减轻模型可能存在的内生性问题，本章加入了滞后 1 期的世界生产总值和出口国国内生产总值，分别用

① i 和 j 的取值范围均为 1,2,3,…,24；t 的取值范围为 1,2,3,…,12,13。

$LlnNGDP$ 和 $LlnGDP_i$ 来表示。$\ln DIS_{ij}$ 表示出口国 i 和进口国 j 之间的距离对数。① 此外，我们还在式（5－3）式中加入了如下控制变量：OECD 表示经济合作与发展组织，OECD 成员国标记为 1，非 OECD 成员国标记为 0；SPR_{it} 代表法律结构和产权，用来描述一国司法体系的完备程度。② 上文式（5－3）中的 β_0、β_1、β_2、β_3、β_4、β_5 和 β_6 表示外生变量参数，ε_{ij} 表示随机扰动项。

五、经验检验结果分析

我们运用 Stata13.0 对各个变量进行描述性统计（见表 5－2）。从统计结果看，在中国和 23 个 OECD 国家 2000—2012 年各类变量中，出口国国内生产总值和世界生产总值的平均值最高；其次是出口和距离的均值，均值最低的是控制变量。对比各个变量的标准差可以发现一国的出口规模和国内需求规模的波动都比较大，这说明不同国家的服务出口规模以及国内市场规模具有较大差异，表现出了一定的区域差异性。

表 5－2　统计性描述

变量	观测值	平均值	标准差	最小值	最大值
$\ln EX$	312	10.40	1.03	6.60	12.64
$\ln GDP$	312	13.42	1.28	10.76	16.60
$\ln WGDP$	312	17.72	0.28	17.31	18.12
OECD	312	0.96	0.20	0	1
SPR	312	7.49	1.09	4.90	9.60
$\ln DIS$	312	8.35	0.44	8.02	9.63

（一）基准回归结果分析

在进行回归分析之前，为了避免伪回归，同时确保实证结果的有效

① 本章中的距离是指贸易国家首都之间的距离，数据来源可参见 www.timeanddate.com.

② 该数据来源于加拿大弗雷泽研究所全球经济自由化指数数据库（Economic Freedom of the World，EFW Index）。

性，本章分别使用 LLC、HT 和 IPS 方法进行单位根检验。① 表 5－3 是单位根的检验结果，可以看出 ln*EX* 在 1% 的水平上显著，说明双边服务贸易面板数据是平稳的。

表 5－3　单位根检验

ln*EX*	LLC	HT	IPS
t 值	－10. 048 ***	0. 393 ***	－2. 557 ***
P 值	(0. 000)	(0. 000)	(0. 000)
结论	不存在	不存在	不存在

资料来源：面板数据单位根检验结果（以 Stata13. 0 计算）。

我们使用一般混合最小二乘法（POLS）方法来估算式（5－3），实证结果如表 5－4 所示。在只有国内市场规模的子样本组中（表 5－4 模型 1 列），国内市场规模对一国服务业出口额的影响在 1% 的水平上显著为正，具体来看，国内市场规模每增加 1 个百分点，则会显著促进出口国服务业出口额提升 0. 783 个百分点。可见，扩大内需的经济政策通过优化产业出口结构能够提高产业的出口竞争力（祈飞，2012）[23]，这对本土产业的转型升级也具有现实意义。近年来，中国国内对转变经济发展方式的呼声高涨，牢牢把握住扩大内需这一战略基点（洪银兴，2013）[24] 有助于中国经济增长模式实现从依靠外需拉动到紧紧依赖内需推动的转变。

在既有国内市场规模又有世界生产总值的子样本组中（表 5－4 模型 2 列），国内市场规模和世界生产总值对一国服务业出口额的影响均在 1% 的水平上显著为正，表明国市场规模的扩张有利于促进一国服务业出口额的增加，这一增加幅度为 0. 734%②；我们还注意到，世界生产总值每增加 1%，一国服务业出口则显著上升 0. 715%。在以和平与发展为主题的今天，中国若想实现国内经济的持续增长，必须与其他世

① LLC、HT 和 IPS 方法，在给定的置信水平下，如果 LLC 统计量大于临界值，则认为截面序列不存在单位根，相反，我们相信存在一个单位根。

② 即国内市场规模扩张 1%，该国服务业出口增加 0. 734%，下同。

界各国一起来构建一个良好的市场发展环境，把“世界 GDP”这个蛋糕做得更大，只有世界总需求增加，中国的出口才不会下降。

此外，在包含国内市场规模、世界生产总值以及加权的出口额①的子样本组中（表5－4 模型3 列），国内市场规模和世界生产总值均在1%的显著性水平上促进一国服务业的出口，而加权的出口额只能在10%的显著性水平上带动一国服务业的出口。由此，可以初步判断，国内市场规模是促进一国服务业出口的最主要因素，这为内需驱动战略提供了初步的理论支撑。

在上面利用 POLS 方法进行的回归中，虽然我们控制了贸易国的区域组织特征，控制了贸易国的制度特征，并且控制了地理距离对一国出口贸易的影响效应，但这并不能有效地消除国内市场规模以及世界生产总值和出口之间由于逆向因果关系引起的内生性问题（李伟军等，2014；张杰等，2014；朗丽华等，2015）[25]~[27]。从实际角度来看，有很大的可能存在服务业出口越大的国家越倾向于具有较大的国内市场规模，并且对世界生产总值的贡献越大。由此，我们试图将国内市场规模和世界生产总值变量的滞后1 期变量，分别放入式（5－3）中重新进行回归，回归结果见表5－4 模型4—模型6 列。从中可以看出三点：其一，在单纯有国内市场规模的子样本组中，与当期的实证结果比较，滞后1 期国内市场规模的系数和显著性均未发生明显变化，这说明国内市场规模对服务业出口的引致效应较为稳健；其二，从既有国内市场规模又有世界生产总值的子样本组来看，国内市场规模的系数和显著性基本没有发生变化，而世界生产总值变量的系数发生了变化。滞后1 期的国内市场规模的系数基本没变，而滞后1 期的世界生产总值的系数降低了，从侧面证实了国内市场规模对服务业出口的引致作用大于世界生产总值；其三，在包含国内市场规模、世界生产总值和加权的出口额的子

---

① 即 $\ln W * EX$。

样本组中，与当期实证结果对比，一方面滞后 1 期的世界生产总值的系数和显著性都降低，这进一步证明了“其二”中的结论，另一方面滞后 1 期的加权出口额的系数和显著性都上升了，但是系数小于滞后 1 期的国内市场规模系数和滞后 1 期的世界生产总值系数，说明了加权的出口额对服务业出口的引致作用小于国内市场规模。

表 5－4　服务出口贸易普通面板回归结果

变量	模型 1	模型 2	模型 3	模型 4	模型 5	模型 6
ln*GDP*	0.783 *** (0.000)	0.734 *** (0.000)	0.738 *** (0.000)			
ln*WGDP*		0.715 *** (0.000)	0.447 *** (0.001)			
ln*W* * *EX*			0.196 * (0.053)			0.233 ** (0.019)
*L*ln*WGDP*					0.442 *** (0.000)	0.166 ** (0.029)
*L*ln*GDP*				0.747 *** (0.000)	0.718 *** (0.000)	0.724 *** (0.000)
OECD	0.735 *** (0.000)	0.639 *** (0.000)	0.618 *** (0.000)	0.587 *** (0.000)	0.547 *** (0.000)	0.524 *** (0.001)
SPR	0.018 (0.540)	0.049 * (0.074)	0.045 * (0.051)	0.048 * (0.095)	0.059 ** (0.034)	0.052 * (0.062)
ln*DIS*	−0.891 *** (0.000)	−0.836 *** (0.000)	−0.510 *** (0.006)	−0.897 *** (0.000)	−0.864 *** (0.000)	−0.473 *** (0.009)
CONSTANT	6.490 *** (0.000)	−6.126 *** (0.002)	−5.361 *** (0.006)	7.040 *** (0.000)	−0.712 (0.714)	−0.609 (0.752)
F 检验	214.41	221.93	180.92	197.91	229.39	168.49
R^2	0.7779	0.743	0.781	0.778	0.764	0.783
Adj − R^2	0.7743	0.74	0.776	0.774	0.761	0.778
Root MSE	0.489	0.537	0.487	0.463	0.477	0.459
观测值	312	312	312	288	288	288

注：*、**和***分别表示 10%、5%和 1%的显著性水平；圆括号内显示的是稳健的 P 值。

（二）稳健性回归结果分析

本章前面采用一般的 POLS 方法得到了初步的估计结果，尽管尝试采用加入滞后变量的方法来缓解其可能存在的内生性问题，但仍无法有效解决以下问题：第一，表 5 – 5 模型 6 中可能并未考虑到各国出口影响因素中未被观察到的异质性因素（如各国服务业发展水平、消费者消费能力和偏好等因素）。这些未被观察到的异质性因素或许能够解释各国服务业出口额的差异。本章的样本数据为面板数据，为了能够更加有效地利用面板数据所提供的信息，并考虑模型 6 中可能遗漏的部分与异质性相关的因素变量，我们将随机误差项进一步分解为与时间无关的异质性误差项和其余的误差项。但在此框架下，POLS 回归方法估计的结果不再是一致有效的。第二，各国的服务业出口在一般情况下具有连续性，因此，有必要在模型 6 中加入服务业出口的滞后项。可是，一国服务业出口的滞后项对于一国 GDP、世界 GDP 等变量的向量自回归方法，可能会引起序列相关性和内生性问题。在此框架下，POLS 回归方法估计的结果不再是有效的且有偏。因此，我们需要引入另一种估计方法来解决这些问题。

基于本章使用的数据特征，我们在动态面板数据中引入了两步系统 GMM 的估计方法，相关结果见表 5 – 5 模型 1 至模型 3。从表中可以看出，核心解释变量和各个控制变量的估计结果仍然与 POLS 回归的结果一致，这在相当程度上验证了本章所得到的结论。将之与 POLS 方法的估计结果进行对比，可以看出本章所关注的核心解释变量的系数弹性并未有本质变化，且保持了稳定性。

表 5 – 5　稳健性检验

变量	GMM 模型			2SLS 方法		
	模型 1	模型 2	模型 3	模型 4	模型 5	模型 6
ln *GDP*	0.759 *** (0.000)	0.723 *** (0.000)	0.738 *** (0.000)			

续表

变量	GMM 模型			2SLS 方法		
	模型 1	模型 2	模型 3	模型 4	模型 5	模型 6
ln*WGDP*		0. 830 *** (0. 000)	0. 139 *** (0. 006)			
ln*W* * *EX*			0. 101 ** (0. 027)			0. 552 *** (0. 007)
*L*ln*WGDP*					0. 472 *** (0. 000)	0. 195 ** (0. 044)
*L*ln*GDP*				0. 717 *** (0. 000)	0. 690 *** (0. 000)	0. 717 *** (0. 000)
OECD	0. 839 *** (0. 000)	0. 710 *** (0. 000)	0. 671 *** (0. 002)	0. 672 * (0. 097)	0. 618 * (0. 079)	0. 528 * (0. 085)
SPR	0. 036 ** (0. 017)	0. 071 *** (0. 005)	0. 031 * (0. 056)	0. 047 * (0. 099)	0. 059 ** (0. 032)	0. 041 ** (0. 014)
ln*DIS*	−0. 681 *** (0. 000)	−0. 697 *** (0. 000)	−0. 120 ** (0. 042)	−0. 684 *** (0. 000)	−0. 675 *** (0. 000)	0. 159 ** (0. 032)
CONSTANT	4. 865 *** (0. 000)	−9. 382 *** (0. 000)	3. 801 *** (0. 008)	5. 581 *** (0. 000)	−2. 521 (0. 220)	−1. 391 (0. 485)
Wald chi^2	1835. 64	1506. 04	5912. 69	800. 95	885. 15	986. 45
R^2	0. 735	0. 7726	0. 9322	0. 7572	0. 7727	0. 7731
Root MSE	0. 53	0. 491	0. 253	0. 4795	0. 4639	0. 46361

注：*、**和***分别表示10%、5%和1%的显著性水平；圆括号内显示的是稳健的 P 值。

（三）空间计量回归分析

为了检验各国的服务贸易出口之间是否存在空间相关性，首先要进行 Moran's *I* 值检验，具体结果参见表 5－6。

表 5－6　我国和 OECD 23 国服务出口水平的空间相关性检验

年份	Moran's *I*	*Z*
2000	−0. 447 ***	−0. 152
2001	−0. 355 ***	1. 024

续表

年份	Moran's *I*	*Z*
2002	0.312 ***	7.020
2003	0.338 ***	7.352
2004	0.428 ***	7.218
2005	0.457 ***	6.317
2006	0.468 ***	6.449
2007	0.425 ***	5.907
2008	0.448 ***	6.191
2009	0.505 ***	8.206
2010	0.533 ***	6.010
2011	0.610 ***	6.988
2012	0.614 ***	7.041

注：*、**和***分别表示10%、5%和1%的显著性水平。

从表5-6的结果中可以看出，2000—2012年的Moran's *I*值都是在1%的水平上显著的，其中2000年和2001年的数值显著为负，接下来的年份都显著为正。这说明，2002年之后，各国服务出口水平之间存在显著的正的空间相关性，根据Moran's *I*值的绝对值越大代表空间相关性越强的判断依据可知，各国服务出口之间的空间相关性是随着时间的推移不断增强的。图5-4为根据Moran's *I*值取值绘制的2000—2012年各国服务出口水平的空间相关趋势图，从图中可以观察到空间相关性随着时间的增加而不断增强这一事实。因此，需要使用空间面板回归模型。

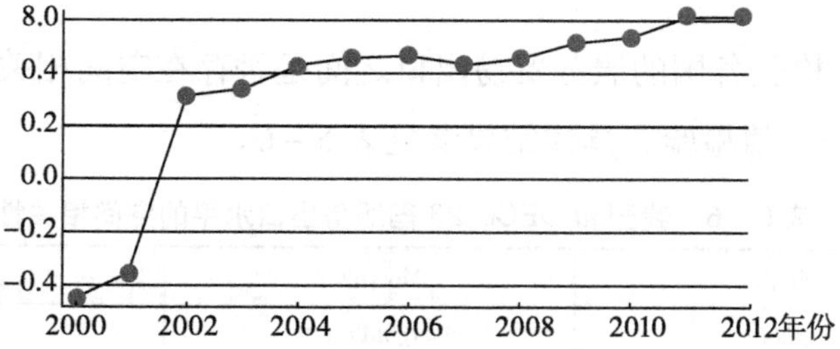

图5-4　2000—2012年我国服务出口水平的空间相关性趋势

为了从总体上判断和度量24个国家服务业出口之间是否存在空间溢出效应，我们分别用SEM模型和SAR模型进行空间回归。由于24国的服务出口存在着空间自相关，OLS的参数估计将不再一致，因此，对于上述两类空间模型的估计一般采用广义矩（GMM）估计或者极大似然（ML）估计（胡鞍钢、刘生龙，2009）[28]。本章采用ML估计方法。表5-7给出了以上模型的估计结果，其中模型1和模型2列给出的是SEM模型的回归结果，模型3和模型4给出的是SAR模型的回归结果。

表5-7　服务出口贸易空间模型回归结果

变量	SEM模型		SAR模型	
	模型1	模型2	模型3	模型4
LlnEX		0.453*** (0.000)		0.445*** (0.000)
ln*GDP*	0.714*** (0.000)	0.367*** (0.000)	0.767*** (0.000)	0.373*** (0.000)
ln*WGDP*	0.574*** (0.004)	0.215*** (0.006)	0.466*** (0.002)	0.197* (0.098)
OECD	0.667*** (0.000)	0.275 (0.264)	0.696*** (0.001)	0.261*** (0.062)
SPR	0.024 (0.574)	0.048*** (0.126)	0.050 (0.183)	0.044*** (0.255)
ln*DIS*	-0.807*** (0.000)	-0.475*** (0.000)	0.283 (0.509)	0.271 (0.135)
CONSTANT	-3.443 (0.422)	0.348 (0.820)	-11.890*** (0.000)	-1.187 (0.553)
λ	0.248*** (0.002)	0.446* (0.069)		
ρ			0.700** (0.011)	0.127** (0.046)
ln_ phi	0.625** (0.042)	0.071* (0.085)		
sigma2_ e	0.080*** (0.000)	0.043*** (0.000)		
lgt_ theta			-1.527*** (0.000)	-0.995*** (0.001)

续表

变量	SEM 模型		SAR 模型	
	模型 1	模型 2	模型 3	模型 4
sigma_ e			0.080 *** (0.000)	0.043 ** (0.029)
Log likelihood	-90.643	13.805	-90.740	14.382
R^2	0.777	0.910	0.752	0.910

注：*、**和***分别表示10%、5%和1%的显著性水平；圆括号内显示的是稳健的P值。

由表5-7的实证结果可知，模型1和模型3中λ和ρ的系数分别在1%和5%的水平上显著，取值分别为0.248和0.700，这说明各国的服务出口存在显著的空间误差效应和空间溢出效应。将二者的结果进行对比可知，SEM模型的拟合优度和显著性都优于SAR模型。因此，对于这部分的分析，空间误差模型更加适合，也进一步说明各国服务出口存在显著的空间相关性。下面对SEM模型的实证结果进行具体分析。从各解释变量的检验结果来看，除制度因素以外，各变量的系数均达到了1%的显著水平，并且与预期的方向完全一致。本国需求规模、世界需求总规模、是否在共同的贸易区的系数都显著为正，距离因素的系数则显著为负。从影响程度的排序来看，贸易国之间的距离每增加1个百分点，服务出口就会下降0.807个百分点，由此可以判断距离因素对服务出口的影响十分重要。本国需求规模的系数为0.714，这说明本国的需求规模确实是影响服务出口的重要因素。各变量均通过显著水平检验，并且与理论预期一致，表明对各解释变量的选取是合宜且有效的。

将服务出口的滞后1期纳入回归模型后，模型2和模型4中λ和ρ的系数相较于模型1和模型3而言有所下降，但都在10%的水平上显著，二者的系数分别为0.446和0.127。因此，各国的服务出口在一定程度上仍是存在显著的空间误差效应和空间溢出效应。需要说明的是，SEM模型和SAR模型的拟合优度都明显提高，这一结果进一步验证了服务贸易出口具有“惯性”，佐证了刘若鸿（2009）[29]的研究结论。但是，对于这部分的分析，空间自回归模型则更加适合。下面对 SAR 模型的实证结果进行具体分析。从各解释变量的检验结果来看，除距离因素以外，各变量的系数均达到了 1% 的显著水平，并且与预期的方向完全一致。其中，服务出口滞后 1 期这一变量的系数显著为正，具体值为 0.445，由此可以判断服务出口确实具有一定的“惯性”，前一期服务出口额的大小会对后一期产生重要影响。而本国需求规模的系数为 0.373，与模型 1 的结果相比，这一数值下降了很多，但仍能对服务出口产生显著的正向影响。

六、结论及启示

党的十七大和十八大报告中均强调了转变经济发展方式的重要性，而转变经济发展方式的一个重要方向是转变需求结构，即在战略上将促进经济增长的方向从外需转到内需的构建上来。本章基于扩展的引力模型，运用包括中国在内的 24 个国家 2000—2012 年的双边服务出口贸易面板数据来探讨内需驱动战略对一国服务业出口贸易的影响，得到以下结论和启示：

第一，国内市场需求规模的扩大能够显著促进一国服务业的出口。这也说明了为什么近年来我国坚定不移地把扩大内需作为转变经济增长方式的战略基点。同时，我们要意识到，世界生产总值对一国服务业出口的促进作用也是不容小觑的。较大的世界生产总值代表着强劲的国际需求，中国在刺激国内需求以带动经济发展方式转变的同时，有必要为营造一个和平的国际环境贡献一分力量，因为和平的国际环境有利于中国经济的发展。

第二，服务出口具有较大的“惯性”，即滞后 1 期的服务业出口额对当期的服务业出口具有正向的显著影响。故出口导向型的服务业企业需想方设法保持出口的平稳性，进而促进本国经济的稳步增长。

第三，地理因素和司法制度会对服务出口贸易产生影响。贸易国之间地理距离的增加不利于服务业的出口，这说明，当服务消费的成本随着距离的增加而上升时，一国企业以及消费者会倾向于在国内市场选择服务。此外，完善的司法制度对一国服务业出口具有积极作用，中国实现服务业出口持续增长的另一个努力方向是健全司法制度与提高司法效应并行。

第四，本章选取的虚拟变量共同贸易区的系数显著为正。这意味着，自由贸易区的内部成员国之间更容易开展服务业出口贸易，一个可能的解释是，服务业的生产和消费具有同时性（杜丽虹，2011，谢春昌，2015）[30][31]，而且自由贸易区内部的贸易壁垒较低，这有利于服务业贸易的进行。因此，加大和经济合作与发展组织成员国的服务贸易，是增加中国服务业出口的又一路径。

参考文献

[1] KRUGMAN P. Scale economies, product differentiation, and the pattern of trade[J]. American Economic Review, 1980(3): 35 - 41.

[2] CEGLOWSKI J. Does gravity matter in a service economy? [J]. Review of World Economics,2006(2): 131 - 145.

[3] NASIR S, KALIRAJAN K. Export performance of south and east in modern services[J]. ASARC Working Papers, 2013(69): 74 - 83.

[4] DAVIS D, WEINSTEIN D. Does economic geography matter for international specialisation? [J]. NBER Working Paper, 1996(16): 351 - 362.

[5] 张帆，潘佐红. 本土市场效应及其对中国省间生产和贸易的影响[J]. 经济学(季刊), 2006(2): 307 - 328.

[6] 邱斌，尹威. 中国制造业出口是否存在本土市场效应[J]. 世界经济, 2010(7): 44 - 63.

[7] 冯伟，徐康宁. 产业发展中的本地市场效应——基于我国 2004—2009 年面板数据的实证[J]. 经济评论, 2012(2): 62 - 79.

[8] CROZET M, TRIONFETTI F. Trade costs and the home market effect[J]. Journal of International Economics, 2008(5): 388 - 403.

[9] PHAM C S, MARY E, MITRA D. The home market effect and bilateral trade patterns: a reexamination of the evidence[J]. International Review of Economics and Finance, 2014(2): 207 - 215.

[10] 祈飞，李慧中.“母市场效应”:来自中国制造业对外贸易面板数据的证据[J]. 财经研究，2011(3): 93 - 103.

[11]刘磊. 基于引力模型的中韩双边贸易本地市场效应研究[J]. 国际经贸探索，2013(8): 45 - 52.

[12] DOMEQUE C N, FILLAT C, SANZ G. The home market effect in the Spanish industry: 1965—1995 [J]. The Annals of Regional Science, 2011 (2): 379 - 396.

[13]张鹏辉，李若兰. 中国制造业出口贸易的本土市场效应[J]. 财贸研究，2013(5): 86 - 93.

[14] 阚大学，吕连菊. 中国服务贸易的本地市场效应研究——基于中国与31个国家(地区)的双边贸易面板数据[J]. 财经研究,2014(10): 71 - 83.

[15] 阚大学，吕连菊. 中国服务贸易本地市场效应研究——基于发达国家和发展中国家视角[J]. 华中科技大学学报,2015(6): 82 - 91.

[16] 阚大学. 中日服务贸易的本地市场效应估计[J]. 南方经济，2013(3): 75 - 82.

[17]刘志中. 中美服务贸易本地市场效应实证研究[J]. 经济问题探索，2015(7): 92 - 98.

[18] 涂远芬. 中国服务贸易的本地市场效应研究——基于面板协整模型的分析[J]. 经济问题探索，2015(5): 100 - 106.

[19] 马凌远. 中国双边服务贸易的本地市场效应研究[J]. 经济经纬，2015(5): 55 - 60.

[20] LEE L F, YU J H. A spatial dynamic panel data model with both time and individual fixed effect[J]. Econometric Theory, 2010(2): 112 - 126.

[21] FEENSTRA R, ROSE A, MARKUSEN J. Using the gravity equation to dif-

ferentiate among alternative theories of trade [J]. Canadian Journal of Economics, 2001 (2): 430 -447.

[22] 陈启斐，王晶晶，岳中刚. 扩大内需战略能否扭转我国服务贸易逆差——来自我国和23个OECD国家的面板数据分析[J]. 国际贸易问题，2014(2):86 -95.

[23] 祈飞,李慧中. 扩大内需与中国制造业出口结构优化：基于“母市场效应”理论的研究[J]. 国际贸易问题，2012(10): 3 -16.

[24] 洪银兴. 依靠扩大内需实现经济持续增长——学习党的十八大精神[J]. 南京大学学报(哲学 · 人文科学 · 社会科学)，2013(2): 5 -12.

[25] 李伟军，陈启斐，李智. 扩大内需、金融业发展和出口贸易——基于扩展的新新贸易理论模型分析[J]. 国际贸易问题，2014(8): 14 -24.

[26] 张杰，郑文平，陈志远,王雨剑. 进口是否引致了出口:中国出口奇迹的微观解读[J]. 世界经济，2014(6): 3 -26.

[27] 朗丽华，刘新宇，万月. 北京市出口需求对内需增长影响的实证分析[J]. 北京工商大学学报(社会科学版)，2015(2): 35 -47.

[28] 胡鞍钢，刘生龙. 交通运输、经济增长及溢出效应——基于中国省际面板数据空间经济计量结果[J]. 中国工业经济，2009(5): 5 -14.

[29] 刘若鸿. 汇率变动和退税率调整对中国出口影响的实证分析[J]. 经济理论与经济管理，2009(9): 44 -50.

[30] 杜丽虹. 服务特性、经验效应与中国服务业外商投资——基于生产性与消费性服务业的实证研究[J]. 世界经济研究，2011(9): 75 -81.

[31] 谢春昌. 服务特性研究综述与展望[J]. 江苏商论，2015(4): 41 -49.

第六章　国内市场规模对服务贸易进口空间效应分析

一、问题的提出

改革开放为中国经济腾飞提供了难得的机遇，中国经济经过连续40多年的高增长，创造了“增长奇迹”。特别是2001年加入WTO后，中国出口总量急剧增加，极大地促进了中国经济增长，被称为中国经济增长中的“出口奇迹”（Chan等，1999）。但是，目前我国经济增长已经进入结构性减速阶段（袁富华，2010；张平等，2011；裴长洪，2013），有学者预测未来10年我国的经济增速将处于7.5%～8%的范围内。从外贸易领域看，我国长期以来注重出口贸易，但在世界经济增长动力仍显不足、国内结构调整不断深化的大背景下，外需不增反减，若继续强调促进出口贸易很可能会使我国经济陷入“贫困化增长”，因此，亟须把进口贸易作为供给侧改革的重要手段，发挥进口贸易的溢出效应，挖掘经济增长的新动力。

实践表明，基于要素禀赋和比较优势的商品和服务的交换使交换双方互惠互利（裴长洪，2013）。也就是说，在贸易全球化的背景下，无论是出口还是进口都有利于贸易双方。出口和进口相当于一枚硬币的两面，两者对经济增长同等重要。目前，全球进口占全球GDP的比重已经超过25%。其中，1990—2014年，全球服务贸易进口额从8230亿美元增长至47405亿美元，年均增长率为7.57%，且世界各国服务贸易出口和进口占对外贸易比重基本相当。同期，中国服务贸易进口额从41

亿美元增长至3821亿美元，年均增长率为20.8%，远高于世界平均水平。可以肯定的是，在后危机时代，继续促进服务贸易进口将成为新一轮全球经济复苏的动力基础。

那么，在后金融危机时代的经济全球化和国际分工格局不断深化的背景下，内需扩大是否会对服务进口有促进作用，进而拉动一国经济增长？全球服务贸易进口又是否会对彼此产生相互作用，存在空间效应？服务贸易进口是否带来空间溢出效应，从而能有效避免服务增长“悖论”？对这些问题的探索和研究，不仅可以进一步丰富国际贸易理论和新经济地理理论，为后危机时代发掘经济增长的潜在动力提供方向，还能为转变国家宏观调控和管理政策提供思路和理论基础，为我国现阶段实施供给侧改革提供依据和导向，具有重要的现实意义和理论价值。

本章其他部分安排如下：第二部分是对以往文献的梳理和总结；第三部分是理论模型介绍以及对变量的选取及数据来源作简要说明；第四部分是对计量结果进行分析；第五部分为结论。

二、文献综述

近年来，服务贸易问题成为学术界广为关注的热点问题，大量的国际贸易研究者从多个角度对相关问题展开了丰富而深入的研究，但是关于扩大内需能否促进我国服务贸易进口额增长的研究比较少，多数学者的研究集中在服务进口贸易对经济增长、国内需求的影响等方面，而忽略了对其影响因素的根本研究。本章试图通过对现有服务贸易文献研究脉络的梳理，归纳服务贸易进口的影响因素，以及扩大内需对服务贸易进口可能存在的作用机制。

相关研究表明，服务贸易能通过结构增长、人力资本积累、技术进步等直接或者间接效应促进一国经济的可持续增长（陈宪，2008；李瑞琴，2009；Mary Amiti，2009；Ulaanbaatar，2011），从而使对服务贸易的研究显得尤为重要。Francois 和 Hoekman（2009）的研究表明服务贸易自由化的提升以及服务业的发展是决定贸易分配效应以及经济增长的决定性因素。Troy 等（2011）采用多变量协整方法对巴巴多斯岛 1974—2004 年的旅游服务贸易与经济增长的关系进行研究，结果表明该国旅游服务贸易与 GDP 增长之间存在长期、稳定的协整关系。蒙英华、黄宁（2010）利用中国制造业的行业面板数据，得出研究结论，认为服务贸易进口对资本、技术密集型制造业效率作用明显，能够有效促进经济的增长。当然，就中国的现实情况而言，服务贸易的发展具有明显的溢出效应（方慧，2009；朱福林，2011），先进技术会随着服务贸易的进口流入国内，进而通过技术外溢效应、资本外溢效应和制度外溢效应等途径促进一国经济的增长。也有学者得出了相反的结论。孙艳（2010）选取 1996—2009 年我国服务贸易的进出口数据进行实证分析，认为服务贸易出口除了不利于人均收入的提升，对其他经济增长变量都有显著的正向影响，而服务贸易进口虽然对人均收入和服务业产值比重的提升有微弱作用，但对经济增长的其他方面却有显著的阻碍作用。吕萍（2010）也得出了相似的结论，认为服务贸易进出口与中国经济增长确实存在长期均衡关系，但服务贸易出口每增长 1% 将拉动 GDP 增长 0.78%，而服务贸易进口与 GDP 却存在负相关关系，服务贸易进口每增加 1% 会导致 GDP 下降 0.11%。

以上研究表明，服务贸易进口的确能通过多种途径来促进一国经济的增长，但关于哪些因素能够对服务贸易进口产生影响，并有效促进其规模扩大的研究却相对较少。Keith Walsh（2006）采用服务贸易总额以及各部门细分的服务贸易数据进行实证分析，结果表明进口国和出口国的需求规模、共同语言等因素都会对服务贸易的规模产生显著的影响。Kimura 和 Lee（2004）构建引力模型对服务贸易和商品贸易的可能影响因素以及各因素的影响程度进行了测度，实证结果显示，以 GDP 表示的双方需求规模对服务贸易的作用要大于货物贸易，且距离因素会对服务贸易规模产生显著影响，服务贸易需要更高的贸易成本。但也有学者进行相关研究得出了相反的结论。Lejour 和 De Paiva Verheijden（2007）对加拿大和欧盟之间的服务贸易进行研究时发现，贸易伙伴国之间的距离在服务贸易中的作用并没有在商品贸易中显著。Lennon（2009）以 28 个 OECD 国家之间的双边贸易数据为基础进行研究，并得出了相同的结论。

综上可知，需求规模、距离、共同语言、共边界等因素都会对服务贸易产生影响，这为理解扩大内需与服务贸易进口的关系提供了丰富的理论和实证基础，但针对服务贸易进口的研究相对较少，且都没有考虑到各个国家之间的空间溢出效应。本章拟采用中国与 23 个 OECD 国家之间的服务贸易进口数据，在扩展的引力模型基础上研究扩大内需能否有效促进服务贸易进口的扩张以及服务贸易进口是否存在空间溢出效应。与现有文献相比，本章具有以下创新点：一是在研究视角上，在现有文献对服务贸易影响因素研究的基础上，重点考察扩大内需对服务贸易进口的影响，并且加入了空间因素；二是在实证方法上，基于服务贸易出口的区域性特征，分别采用 SAR 和 SEM 方法对服务贸易进口的空间溢出效应进行研究，以期为我国服务贸易的发展提供理论依据。

三、空间模型及变量的描述性统计

（一）空间自相关性检验

1. 全局空间自相关性

空间自相关性分析常用的统计指标为 Moran's I 系数。Moran's I 系数用来衡量相邻空间单元相同属性间的关系，它的取值范围即 $I\in[-1,1]$，正值表示空间正相关，本章表示空间上相邻的国家服务进口的高值与高值相邻的情况；负值表示空间负相关，本章表示空间上相邻的国家出现服务进口的高值与低值相邻的情况；零值表示不存在空间自相关，则说明变量之间的空间分布具有随机性。Moran's I 定义如下：

$$I = \frac{\sum_{i=1}^{n}\sum_{j=1}^{n} W_{ij}\ (Y_i - \bar{Y})\ (Y_j - \bar{Y})}{S^2 \sum_{i=1}^{n}\sum_{j=1}^{n} W_{ij}} \tag{6-1}$$

其中 $S^2 = \frac{1}{n}\sum_{i=1}^{n}(Y_i - \bar{Y})$，$\bar{Y} = \frac{1}{n}\sum_{i=1}^{n} Y_i$，$Y_i$ 是第 i 地区的观察值，n 是地区总数，W_{ij} 则是空间权重矩阵的任何一个元素。本章采用空间反距离矩阵，即一个国家到其他 23 国之间平均距离的倒数来表示。

在零条件假设下，Moran's I 期望值为：

$$E\ (I)\ = -\frac{1}{N-1} \tag{6-2}$$

当 $N \to \infty$，$E(I) = 0$，N 为区域总数。

Moran's I 的方差依据空间数据分布的两个假设分别是正态分布和随机分布。两种假设下 Moran's I 的 $Z-score$ 得分检验的标准形式分别是：

$$Z_N = \frac{I - \mathrm{E}\ (I)}{\sqrt{\mathrm{Var}_N\ (I)}} \tag{6-3}$$

$$Z_R = \frac{\mathrm{I} - \mathrm{E}\ (I)}{\sqrt{\mathrm{Var}_R\ (I)}} \tag{6-4}$$

如果 Moran's I 的正态统计量 Z 值满足 $|Z| > 1.96$，则拒绝原假设，即在 95% 的概率水平上，存在空间自相关的情况。

2. 局域空间自相关性

全局空间自相关性分析主要是研究某一属性取值在整体空间上的空间分布情况，空间自相关分析同时也考察空间单元属性取值在某些局域位置上的空间分布情况，局域空间自相关性分析对于检测因为空间自相关性引起的空间差异具有十分重要的意义。

把全局空间自相关性分析的 Moran's I 系数分解到局域空间上，Anselin 给出了局域空间自相关性指标（Local Indicators of Spatial Association，LISA），可类比全局自相关性得出相应的表达式、期望以及检验。

（二）空间面板数据模型

空间计量模型的选择是空间计量建模的首要问题，也是空间计量模型实证分析的关键一环。最常见的三种空间计量模型分别是空间误差模型（SEM）、空间自回归模型（SAR）和空间杜宾模型（SDM）。根据Rey 和 Montouri（1999）的论述，当经济体受到复杂的溢出效应影响而偏离稳定状态时，应当采用空间误差模型，空间误差模型主要是从空间潜在效应去分析空间相关性。空间自回归模型则主要用来探求相邻地区的因变量对本地区该因变量的影响，也就是空间溢出效应的影响。空间杜宾模型则同时考虑到了因变量的空间溢出效应和误差项空间依赖的情况。它们的表达式分别对应式（6－5）、式（6－6）和式（6－7）。

SEM 模型：$y=\beta X+\varepsilon$，$\varepsilon=\lambda W\varepsilon+\mu$，$\mu\sim N(0,\ \sigma^2 I_n)$ （6－5）

SAR 模型：$y=\rho Wy+\beta X+\varepsilon$，$\varepsilon=\lambda W\varepsilon+\mu$，$\mu\sim N(0,\ \sigma^2 I_n)$ （6－6）

SDM 模型：$y=\rho Wy+\beta X+WX\gamma+\varepsilon$，$\varepsilon\sim N(0,\ \sigma^2 I_n)$ （6－7）

在以上式（6－5）、式（6－6）和式（6－7）中，被解释变量 y 为 n 维列向量，解释变量 X 是 $n\times k$ 的矩阵，W 是 $n\times n$ 维的空间权重矩阵，主要用各国之间距离的倒数来表示；β 为解释变量的系数，是 $(k\times 1)$ 矩阵，用来解释自变量对因变量的影响程度；ρ 为空间自回归系数，用于表示样本观测值之间的空间依赖性，并以此来衡量该地区以外的因变量对该地区的溢出效应；λ 则为空间自相关系数，ε 和 μ 是随机误差项，I_n 是 n 阶单位矩阵。

（三）变量选取与数据来源

本章选取了包括中国在内的 24 个国家，除中国外，其他 23 个国家均为 OECD 国家，样本国家主要分布在欧洲。按国土面积分，23 个 OECD 国家中大国比较少，只有 3 个，分别是澳大利亚、加拿大和美国；其他 20 个国家均属于小国家。从国民生产总值规模来看，2000—2012 年平均在万亿美元以下的国家有 12 个，介于万亿美元和 10 万亿美元之间的国家有 11 个，10 万亿美元以上的国家有 1 个，这 23 个 OECD 国家在世界经济中占据着举足轻重的地位。此外，中国还是国际上最大的发展中国家，中国与这 23 个 OECD 国家之间频繁发生贸易，使本章的研究具有现实意义。本章数据主要来源于中国统计年鉴、经济合作与发展组织数据库（OECD Statistics）和世界银行统计数据库（The World Bank Statistics）等。

1. 因变量

本章采取服务贸易进口（*IM*）作为因变量，数据来源于中国统计年鉴和 OECD 数据库。该数据库中含有 23 个 OECD 国家与中国的服务贸易进口数据。表示一国从另一国进口的服务贸易额。

2. 自变量

需求规模。我们运用一国国民生产总值（*GDP*）来衡量一国的市场需求规模。此外，还包括全球整体 *GDP*，本章用 *WGDP* 表示。数据来自中国统计年鉴和世界银行统计数据库。

距离变量（*DIS*）①。在国际贸易活动中，一般情况下，两个国家距离越近，进口贸易额就越大，国与国之间的服务贸易进口也就越便利。文中运用 1 个国家到其他 23 国之间的平均距离来表示距离变量。

法律结构和产权保护（*SPR*）。该数据由审判独立性、公正的法院、产权保护、军事干预法制和政治进程、独立的司法体系、依法执行的合同数和对财产转让的规模显著数目等 6 个方面组成，用来描述一国司法体系的完备程度。该数据来源于中国统计年鉴和加拿大弗雷泽研究所全球经济自由化指数数据库（Economic Freedom of the World，EFW Index）。

3. 控制变量

为了增加结果的稳健性，不忽略可能影响各国服务进口的其他因素，本章引入两类控制变量。一类是区域特征控制变量，另一类是语言特征控制变量。

① 数据来源可参见 www. timeanddate. com.

首先是区域的特征变量。贸易组织（*OECD*、*NAFTA*）①。第二次世界大战之后，为了快速发展经济，西方各国纷纷加入区域性贸易组织。具有代表性的贸易组织有欧盟（OECD）和北美自由贸易区（NAFTA）。在贸易组织内部，贸易国可以获得政策优惠，贸易壁垒得以降低，从而便于组织内部国家之间贸易的进行。

其次是语言特征变量。官方语言（*LAN*）②。在国际贸易中，可以想象，如果两个国家的官方语言不同，在进行贸易时没有使用统一的语言，那么贸易就难以实现。因此，贸易国之间采用相同的语言可以方便贸易的进行。所有变量的统计性见表 6－1（部分变量经过对数化处理）。

表 6－1 变量统计性描述

变量	观测值	平均值	标准差	最小值	最大值
ln*IM*	312	10.37	1.04	6.71	12.25
ln*GDP*	312	13.42	1.28	10.76	16.60
ln*WGDP*	312	17.72	0.28	17.31	18.12
ln*DIS*	312	8.35	0.44	8.02	9.63
W * ln*IM*	312	0.16	0.08	0.02	0.30
SPR	312	7.49	1.09	4.90	9.60
OECD	312	0.96	0.20	0	1
NAFTA	312	0.08	0.28	0	1
LAN	312	0.21	0.41	0	1

注：ln*IM*、ln*GDP*、ln*WGDP*、ln*DIS* 分别为 *IM*、*GDP*、*WGDP*、*DIS* 的自然对数值，*W* * ln*IM* 为加入空间权重的 *IM* 的自然对数值，*IM*、*GDP*、*WGDP* 的单位均为万美元，*DIS* 的单位为千米。

① 这也是一个哑变量。在出口贸易中，如果两个国家同处于一个贸易区，则记为 1，否则记为 0。

② 该指标是一个哑变量。如果两国拥有相同的官方语言，则记为 1，否则记为 0。

四、需求规模与服务进口贸易：实证结果

（一）空间相关性检验结果

表6－2是根据式（6－1）计算得到的Moran指数，同时也报告了相应的Z统计量和显著性水平。从表6－2中可以看出，结合地理距离权重计算得到的2000—2012年的Moran指数全部通过了1%的显著性水平检验，由于相应的Moran指数的计算值绝大部分都显著为正，且处于0.290～0.562之间，表明中国以及23个OECD国家服务业进口在空间分布上存在显著的正向相关性。以上结果意味着，进入21世纪以来，中国和23个OECD成员国的服务业进口贸易水平并不具有随机特征，而是在进口贸易开放程度相似的区域具有显著的地理集中的趋势，也就是说，进口贸易开放程度较高的国家在地理上相互邻近，而进口贸易开放程度较低的国家在地理上也倾向于集中在一起。

表6－2　我国和23个OECD国服务进口水平的空间相关性检验

年份	Moran指数	Z
2000	−0.383***	4.530
2001	−0.365***	3.462
2002	0.399***	9.421
2003	0.290***	9.291
2004	0.309***	9.537
2005	0.367***	10.286
2006	0.316***	9.622
2007	0.348***	10.034
2008	0.416***	10.913
2009	0.562***	12.781
2010	0.355***	10.165
2011	0.512***	12.138
2012	0.513***	12.158

注：＊＊＊、＊＊、＊分别表示1%、5%、10%的显著性水平。

进一步地，图6-1从直观上描述了2000—2012年服务业进口水平的空间相关性情况。从图6-1可知，包括中国在内的24个国家的服务业进口具有较强的空间相关性，而且在2002年之后的10年间，服务业进口贸易具有正向相关性且波动不大。这与Moran指数分析得到的结论一致，再次证实了国家层面的服务业进口贸易开放存在正向空间相关性。

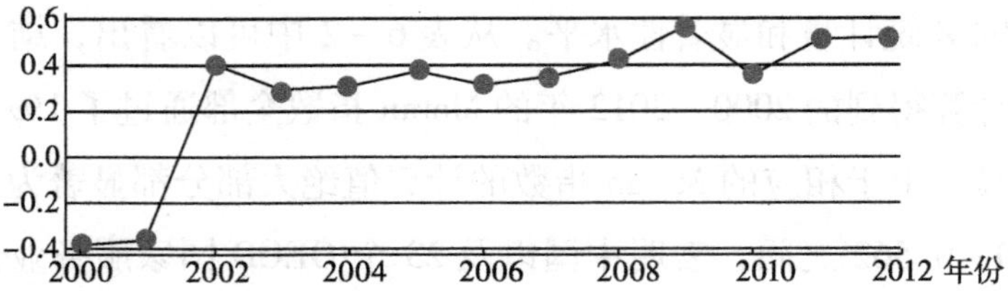

图6-1 2000—2012年我国服务进口水平的空间相关性趋势

资料来源：运用Stata14.0自绘。

（二）普通面板实证结果

本章利用2000—2012年包括中国在内的24个国家的经济数据，分别对普通面板模型和空间效应模型进行了估计，实证结果如表6-3所示。

表6-3的上半部分分别报告了普通面板模型和空间效应模型的估计结果，下半部分给出了用于判断估计结果好坏的Wald①和R^2统计量。从模型1到模型4，不断加入变量，R^2基本稳定在0.78，其拟合效果较好，故选择模型4作为估计结果。模型5在模型4的基础之上加入了空间解释变量，可看作是对模型4的稳健性检验②。观察表6-3，可得到如下结论：

（1）国内市场规模的系数显著为正，即服务进口的国内需求弹性为正，说明国内市场的扩大能够在较大程度上提升服务业的进口。具体

① 普通面板模型和空间效应模型都通过了Wald检验，且R^2都处于0.78左右，模型的拟合效果较好。

② 经过比较，模型4和模型5基本一致，可以认为模型4是稳健的。

来看，国内需求每增加 1 个百分点，一国服务业进口就会增加 0.911 个百分点。鉴于此，我国要充分利用自身的巨大市场和潜在的内需优势，大力培育国内市场，以强大的内需吸引更多的优质企业，通过竞争与合作机制实现服务进口贸易的竞争力①提升，即以相对较低的价格进口较多的服务业产品。可见，我国的扩大内需战略对于服务业进口绩效的提升起到了不可忽略的作用，应进一步挖掘国内需求潜力，强化这一作用。同时，服务业进口会随着世界总体 GDP 的增加而扩大，具体来看，世界总体 GDP 每增加 1 个百分点，会促进本国服务业进口增加 0.491 个百分点。

表 6－3　服务进口贸易普通面板回归和空间效应模型

变量	普通面板模型				空间效应模型
	模型 1	模型 2	模型 3	模型 4	模型 5
ln *GDP*	0.876 *** (0.000)	0.894 *** (0.000)	0.903 *** (0.000)	0.911 *** (0.000)	0.888 *** (0.000)
ln *WGDP*	0.529 *** (0.000)	0.510 *** (0.000)	0.500 *** (0.000)	0.491 *** (0.000)	0.370 *** (0.000)
SPR	0.020 (0.611)	0.018 (0.637)	0.018 (0.638)	0.016 (0.672)	0.025 (0.512)
ln *DIS*	−0.757 *** (0.001)	−0.718 ** (0.002)	−0.667 *** (0.006)	−0.663 *** (0.008)	0.400 (0.330)
OECD	0.609 (0.182)	0.683 (0.154)	0.763 (0.119)	0.785 (0.119)	0.580 (0.272)
NAFTA		−0.237 (0.512)		−0.102 (0.804)	−0.195 (0.656)
LAN			−0.261 (0.322)	−0.235 (0.436)	−0.311 (0.321)
W * ln *IM*					0.665 *** (0.001)

① 19 世纪 90 年代，马歇尔提出产业集聚理论，认为集聚能够带来规模经济，这促使分工的深化和竞争的加剧，最终提高了产业竞争力。

续表

变量	普通面板模型				空间效应模型
	模型 1	模型 2	模型 3	模型 4	模型 5
_ *CONS*	-5.175 ** (0.030)	-5.439 ** (0.029)	-5.861 ** (0.022)	-5.838 ** (0.026)	-13.177 *** (0.000)
Wald 检验	870.84 [0.000]	868.85 [0.000]	871.06 [0.000]	867.67 [0.000]	907.29 [0.000]
观测值	312	312	312	312	312
调整后的 R^2	0.7826	0.7803	0.7808	0.7795	0.7694
Hausman	0.0016	0.0023	0.0028	0.0035	0.0001

注：表中圆括号内显示的是稳健的 P 值，方括号内数字为 Wald 检验的 P 值；＊＊＊、＊＊、＊分别表示1%、5%、10%的显著性水平。

（2）普通面板模型表明，贸易双方的距离每增加 1 个百分点，服务业进口会减少 0.663 个百分点。这意味着，距离是限制服务业进口贸易的一个重要因素，在距离较远、边界不相邻的国家之间，服务业进口贸易较难开展。从另一个角度看，为了贸易的顺利进行，避免贸易双方的文化与生活习惯的差异对服务产生的影响，一国更容易从距离本国较近的国家进口服务品。

与模型 4 不同的是，空间效应模型中的距离因素对服务进口贸易的影响系数为正，换言之，地理距离对国际贸易具有促进作用，这与王庆喜、徐维祥（2014）的研究结论相悖。从市场分割的角度来看①，距离越远意味着各自市场上的产品异质性更强，国内企业就更有动力进行进口，使国内市场产品更加多样化。因此，相对于较大的市场规模和利润空间而言，空间效应造成的运输成本显得微不足道，距离因素将不会阻碍出口。

（3）此外，制度的完善能够增加服务业的进口量。众所周知，良好的制度环境以及强有力的合约执行能力在很大程度上刺激了服务贸易

① 张杰、张培丽和黄泰岩(2010)提出，市场分割能够激励本土企业的进出口贸易，使得本地企业依靠国外市场获得国际贸易的规模经济效应。

的进口（Nunn，2007；陈启斐，2014）。至于 OECD 和 NAFTA 这两个自由贸易区，OECD 的区域经济一体化进程可以为服务品的进口贸易提供便利，而 NAFTA 的区域一体化却不利于一国的服务品进口。对于共同语言因素，其对服务贸易进口的影响系数为负但未能通过显著性检验，说明没有直接证据表明贸易伙伴国拥有共同语言对服务进口贸易不利。

（4）空间效应模型中 $W * \ln IM$ 的系数显著为正，相邻国家的服务贸易进口增加 1 个百分点可以促使本国服务贸易进口增加 0.665 个百分点。换句话说，邻近国家的服务进口贸易量大，本国服务进口贸易量也相对较大；邻近国家的服务进口贸易量小，本国的服务进口贸易量也相对较小。徐建军和汪浩瀚（2013）的经验研究发现，中国的贸易开放具有较强的空间相关性。本章的研究得到了同样的结论，表明服务进口贸易的空间效应更多地体现为一种趋同效应。

（三）空间计量回归结果

为了详细地探讨服务业进口贸易的空间效应，本章将空间效应模型进一步划分为三个部分，分别是空间杜宾模型（SDM）、空间自回归模型（SAR）、空间误差模型（SEM）。这三个模型的拟合效果均比较好，回归模型拟合优度都在 0.8 左右，且均通过 Log－L 检验。由表 6－4 的估计结果，可得到如下结论：

第一，三种空间回归模型的空间效应系数均通过了至少 10% 的显著性检验，即服务贸易开放在空间上具有显著的相关性。需要特别强调的是，这里估计出的 rho 、ρ 和 λ 都一致为正①，表明包括中国在内的 24 个国家的服务品进口贸易呈现出一种趋同效应。以表 6－4 中的空间自回归模型为例，相邻国家的总体服务贸易进口上升 1 个百分点，该国的服务进口贸易相应地提高 0.662 个百分点，显然，这与表 6－3 中的空间效应模型的结论相符。

① rho 、ρ 、λ 分别是 SDM、SAR 和 SEM 模型中体现空间相关关系的项的估计参数。

表 6 -4 服务进口贸易的 SDM 模型、SAR 模型和 SEM 模型

变量	SDM 模型		SAR 模型		SEM 模型	
	估计值	P 值	估计值	P 值	估计值	P 值
_ *CONS*	-3.262	0.282	-13.076 ***	0.000	-6.375 **	0.038
ln*GDP*	0.812 ***	0.000	0.894 ***	0.000	0.805 ***	0.000
ln*WGDP*	0.342 ***	0.001	0.364 **	0.016	0.542 ***	0.000
SPR	0.088 **	0.027	0.024	0.613	0.124 **	0.012
ln*DIS*	-0.546 **	0.058	0.392	0.279	-0.599 ***	0.000
OECD	0.506 **	0.019	0.591 **	0.047	0.453 **	0.056
NAFTA	-0.091	0.725	0.189	0.662	-0.045	0.870
LAN	-0.133	0.268	-0.316 **	0.088	-0.154	0.296
*W*ln*GDP*	0.287	0.092				
*W*ln*WGDP*	-0275 **	0.025				
rho	0.115 *	0.075				
ρ			0.662 **	0.011		
λ					0.264 ***	0.000
lgt_ theta/phi	-1.345 ***	0.001	-1.676 ***	0.001	0.696	0.259
sigma_ e/ sigma2_ e	0.068 ***	0.006	0.070 ***	0.009	0.069 ***	0.006
Log - L 检验	-61.542		-72.127		-67.670	
观测值	312		312		312	
调整后的 R^2	0.832		0.768		0.803	

注：＊＊＊、＊＊、＊分别表示1%、5%、10%的显著性水平。

第二，在三个模型中，本国 GDP 对服务进口贸易的影响系数分别为 0.812、0.894 和 0.805，且在 1% 的显著性水平上通过了检验，表明一国内部市场规模扩大能显著地促进其服务进口贸易的发展；三个模型中的世界 GDP 对服务进口贸易的影响系数显著为正，说明随着全球经济增长，服务进口量会增加。而与空间杜宾模型和空间误差模型相比，空间自回归模型中的制度（*SPR*）对服务进口贸易的影响系数没有通过显著性检验，这与表 6 - 3 中的空间效应模型所得结果是一致的，究其原因，是贸易的顺利进行要求制度的一致性（张海伟，

2012)，但是空间效应[①]的存在使得制度的作用被弱化。空间杜宾模型(SDM)和空间误差模型(SEM)中的距离(ln*DIS*)对服务业进口贸易的影响系数分别在10%和1%的显著性水平上一致为正，由此可以认为距离对服务业进口贸易具有反向抑制作用，一国更倾向于从空间上相邻的国家进口服务品，然而空间自回归模型(SAR)中的距离(ln*DIS*)对服务进口贸易的影响系数没有通过显著性检验，相关解释与上文空间效应模型中的类似，此处不再赘述。三个模型中的OECD自贸区对服务进口贸易的影响系数显著为正，说明加入OECD自由贸易区有利于服务进口贸易的进行，这主要是中国的政策导向所致[②]，三个模型中的*NAFTA*对服务业进口贸易的影响系数均没有通过检验，且系数有正有负，可见加入NAFTA组织对服务进口贸易的影响尚不能确定。虽然空间杜宾模型(SDM)和空间误差模型(SEM)中的语言(*LAN*)对服务进口贸易的影响系数为负，但没有通过显著性检验，空间自回归模型中的语言对服务进口贸易的影响系数显著为负，在一定程度上说明贸易双方的语言一致性不利于服务贸易的进口，这与苏剑(2015)的研究结论[③]不一致，本章认为语言共通的国家更有可能相邻，而相邻国家的产品以及原材料更趋于同质性，故服务进口贸易不易发生。

此外，空间杜宾模型(SDM)中显示出服务贸易进口与国内GDP的滞后项(*W*ln*GDP*)正相关，但是其系数却不显著，意味着国内GDP对服务贸易进口不具有滞后效应。另外，世界GDP的滞后项(*W*ln*WGDP*)服务业进口贸易的影响系数在5%的显著性水平上通过了检验，系数值为-0.275，表明世界GDP对服务贸易进口具有滞后效应。

---

① 此处特指空间自回归模型中，相邻国家的服务贸易进口对本国服务贸易进口的影响。

② 我国于1995年7月与OECD正式建立对话合作关系，有关部委对与OECD的合作持十分积极的态度，详见http://news.xinhuanet.com/zhengfu/20010523/583522.htm.

③ 苏剑(2015)认为，通用语言能够降低交易成本，进而提高贸易效率。

五、结论及不足之处

随着国际分工的不断发展，服务贸易逐渐成为国际经贸竞争的新领域，服务贸易发展也成为衡量国家经贸竞争力和国际经济地位的重要指标，随着经济发展方式的转变，我国逐步将战略重点从外需转移到内需的构建上。本章从服务进口贸易的空间溢出效应出发，尝试利用空间计量模型探讨国内需求如何影响一个国家的服务进口贸易，在引力模型分析框架的基础上建立扩展模型，利用我国与 23 个 OECD 国家 2000—2012 年面板数据进行相应的实证检验，主要结论与启示如下：

第一，中国与 23 个 OECD 国家的服务进口贸易具有空间集聚特征，国家之间地理位置越临近，进口贸易就越集中，即服务进口国家之间具有较强的空间相关性。因此，各国应充分重视这种跨区域的空间关联，努力打破行政区划的制约和地理距离的束缚，通过加强区域间的经贸合作，逐步实现贸易开放的利益共享，同时也要注意缩短国家之间的交通运输路线，尽量选取周边相邻国家进口服务产品，以便节约贸易成本。

第二，服务贸易进口对本地市场需求规模和世界市场规模均具有显著的促进作用，说明无论是本地市场规模还是世界市场规模的扩大都会在较大程度上刺激服务进口贸易的发展。因此，在有效扭转我国服务贸易逆差的前提下，相关部门应对内需规模的扩张进行适度调节，在不加剧贸易逆差的前提下实施内需规模扩张战略。

第三，制度因素的影响系数仅在空间误差模型中显著为正，这是由诸如他国对外贸易政策、政局稳定性以及对国外产品的偏好等不可测制度因素对服务进口的影响造成的。在贸易制度方面，应完善服务贸易法律体系建设，加大政策性金融机构支持力度。

尽管本章以我国与 23 个 OECD 国家为分析样本，从实证层面考察了国内需求对服务进口的影响，并得到了一些有价值的研究结论和政策启示，但仍然存在一定的不足之处，需要在今后的研究中做进一步探索。概括而言，需在以下两个方面完善：一是扩大分析样本范围，尝试以新兴市场国家、金砖国家等为例，考察国内需求对服务进口的影响方向和程度，检验本章研究结论的一般性；二是拓展分析视角，以微观层面的企业为重点，借助定量分析和典型案例分析等方法，讨论国内需求影响服务进口及不同服务行业进口的微观作用机制，为政府调整和优化国家内需战略提供更有针对性的参考依据。

参考文献

[1] LEJOUR B, DE PAIVA VERHEIJDEN J W. services trade within Canada and the European Union [J]. Services Industries Journal, 2007, 27(4): 389 - 409.

[2] CHAN T, NOEL T, ZHU W H. China's export miracle: origins, results and prospects[M]. St. Martin's Press, 1999.

[3] FRANCOIS J, HOEKMAN B. Services trade and policy. Economics working papers[R]. Department of Economics, Johannes Kepler University Linz, Austria, 2009.

[4] WALSH K. Trade in services: does gravity hold? a gravity model approach to estimating barriers to services trade[R]. IIIS Discussion Paper, No. 183, 2006.

[5] KIMURA F, LEE H H. The gravity equation in international trade in services [R]. Paper presented at the European Trade Study Group Conference, 2004.

[6] LENNON C. Trade in services and trade in goods: differences and complete - entarities[J]. WIIW Working Papers 53, Vienna Institute for International Economic Studies, 2009.

[7] NUNN N. Realtionship - specificity, incomplete contracts, and the pattern of trade[J]. The Quarterly Journal of Economics, 2007, 122(2): 569 - 600.

[8] LORDE T, FRANCIS B, DRAKES L. Tourism services exports and economic growth in barbados[J]. The International Trade Joournal, 2001, 25(2).

[9] ULAANBAATAR. Impact of international air service liberalization on Mongolia[J]. Economic Policy Reform and Competitiveness Project, USAID, 2011.

[10] 陈启斐，王晶晶，岳中刚. 扩大内需战略能否扭转我国服务贸易逆

差——来自我国和23个OECD国家的面板数据分析[J]. 国际贸易问题,2014(2):86-95.

[11] 徐建军,汪浩瀚. 我国省域贸易开放和空间相关性及其驱动因素的实证分析[J]. 国际贸易问题,2013(8):107-118.

[12] 张海伟. 制度和制度变迁对国际贸易的影响研究[D]. 大连:东北财经大学,2012.

[13] 苏剑. 语言距离影响国际贸易的理论机理与政策推演[J]. 学术月刊,2015,47(12):59-64.

[14] 袁富华. 低碳经济约束下的中国潜在经济增长[J]. 经济研究,2010(8):79-89,154.

[15] 中国经济增长前沿课题组,张平,刘霞辉,袁富华,陈昌兵,陆明涛. 中国经济长期增长路径、效率与潜在增长水平[J]. 经济研究,2012(11):4-17,75.

[16] 裴长洪. 对未来经济发展取向和增长理念的若干分析——学习理解中央关于经济工作的新精神、新部署[J]. 经济学动态,2013(2):4-8.

[17] 陈宪. 服务贸易:国际特征与中国竞争力[J]. 财贸经济,2008(1):113-120.

[18] 李瑞琴. 服务贸易与货物贸易自由化对经济增长影响的差异性研究[J]. 财贸经济,2009(3):96-100.

[19] 蒙英华,黄宁. 中美服务贸易与制造业效率——基于行业面板数据的考察[J]. 财贸经济,2010(12):96-103.

[20] 方慧. 服务贸易技术溢出的实证研究[J]. 世界经济研究,2009(3):49-52.

[21] 朱福林. 中国服务贸易外溢效应研究[D]. 北京:中国社会科学院,2011.

[22] 孙艳. 服务贸易对中国经济增长的影响研究[D]. 兰州:兰州大学,2010.

[23] 吕萍. 服务贸易对我国经济增长的影响分析[D]. 镇江:江苏大学,2010.

第七章　市场需求、服务贸易逆差及空间溢出效应

一、问题的提出

伴随着经济全球化和贸易自由化的不断深化，世界经济的“服务化”特征愈加明显，服务贸易对世界各国经济发展的促进作用愈加突出（殷凤、陈宪，2009）。1980—2014 年，世界服务进出口额的年均增长率为 7.47%。其中，2014 年世界服务进出口额为 96020 亿美元，占对外贸易比重高达 20.6%（WTO 国际贸易统计数据库，2015）。一国服务贸易的发展水平已经成为衡量一国经济实力和国家竞争力的基本指标（王恕立、胡宗彪，2012；陈启斐等，2014）。同时，随着我国对外开放水平不断提高，我国服务贸易规模迅速扩大，服务贸易进出口额从 1982 年的 44 亿美元增长至 2014 年的 6043 亿美元，年均增长率为 16.09%。但是，隐藏在我国服务业蓬勃发展背后的问题是，我国服务贸易逆差进一步扩大。1997—2014 年，我国服务贸易逆差从 32.2 亿美元扩大到 1599 亿美元，增长了 48.66 倍，其高达 25.82% 的年均增长率远高于我国服务贸易总量的增长率。因此，当务之急是如何扭转我国的服务贸易逆差，实现可持续发展。

改革开放以来，我国经济增长主要依靠出口和投资拉动。2008 年金融危机后，我国经济增长动力结构发生深刻变化，内需逐渐成为主要动力。“十二五”规划纲要明确提出了扩大内需的发展战略，以扩大消费需求作为扩大内需的战略重点，促进经济增长向依靠消费、投资、出

口协调拉动转变。进入新常态后，我国供给和需求不平衡的矛盾日益凸显，单纯地扩大内需会导致我国经济增长长期徘徊在低水平阶段。在此背景下，我国提出了供给侧结构性改革，要求在适度扩大总需求的基础上，扩大有效供给，促进要素自由流动和资源优化配置，从而保障扩大内需战略的深化实施效果，探索经济发展新动力。

那么，在服务经济时代，扩大内需能否扭转一国的服务贸易逆差？在经济全球化影响下，一国的内需规模能否影响另一国的服务贸易进出口？各国的服务贸易进出口是否存在空间溢出效应？空间溢出效应是否有利于扭转一国的服务贸易逆差？在世界经济结构深化调整的背景下，对这些问题的探索和研究具有重要意义。既能厘清内需和服务贸易进出口之间的关系以及在服务贸易提升过程中的重要作用，为扭转一国服务贸易逆差提供新思路和新视角；又从空间维度解释了全球化背景下服务贸易发展的新趋势和新动力，为深化贸易开放和贸易自由化提供了理论依据，丰富了国际贸易理论。

本章的结构安排如下：第二部分是对现有文献进行归纳梳理；第三部分是构建理论模型，并给出变量说明及数据来源；第四部分是实证结果分析；最后是结论和政策建议。

二、文献综述

服务贸易的蓬勃发展越发凸显了理论上的空白，学者们多是从总量上对服务贸易进行研究（Hoekman，1997；Head 和 Ries，2001；Makusen 和 Davis，2005）。随着数据可得性的提高，尤其是 OECD 数据库开始公布双边服务贸易数据后，对国家之间双边服务贸易研究的文献逐步增多。Weinhold 和 Freund（2002）认为互联网的发展能够降低远程交易的成本，促进服务贸易在全世界范围内的发展。Grunfeld 和 Monnes（2003）采用 22 个 OECD 国家 1999 年的截面数据对服务贸易出口的影响因素进行实证分析，结果显示，区域一体化对服务贸易存在显著的促进作用，一国的服务出口量可以提升 30% ~50% 。Keith Walsh（2006）基于服务贸易总额以及各部分细分的服务贸易数据，研究发现贸易国双方的 GDP 以及共语言性都会对服务贸易规模产生显著影响。Kimura 和 Lee（2004）对服务贸易和货物贸易进行对比，发现国家之间的距离因素在服务贸易中的作用要大于货物贸易，即服务贸易需要更高的运输成本。Guillin（2011）在引力模型的基础上，利用 OECD 国家 1999—2007 年的面板数据进行研究，得出结论，认为区域一体化能够促进服务贸易的发展，但距离因素与服务贸易之间存在明显的负相关关系。

就我国服务贸易而言，相关学者也做了很多研究。郑吉昌、夏晴（2004）在波特竞争优势理论的基础上，结合服务贸易的特性对服务贸易的影响因素进行研究。单文婷、杨捷（2006）利用引力模型对中国与东盟的双边贸易的影响因素进行研究，发现贸易国的 GDP、人均 GDP 以及空间距离是影响双边贸易的主要因素。钟小平（2006）从供给和需求两个方面进行分析，证明 FDI 可以通过知识和技术的溢出效应对服务贸易的发展产生影响。在此基础上，杨丽（2009）指出 FDI 对服务贸易进出口的影响不仅包括知识和技术溢出效应，还包括国际资本的强化效应。健全的法律制度也能够促进服务贸易的发展。徐元国（2005）认为，由于服务贸易具有生产性和服务性相结合的特征，一国政府应该从司法的角度加强对服务贸易的监管。

针对我国服务贸易逆差的成因，很多学者从多个角度给出了研究结论，总结下来发现，我国服务贸易逆差出现的原因主要有中国服务贸易总量不足、服务业结构不合理、服务业管理体制缺失、新兴服务业发展滞后等（吕剑，2004；戴宏学、赵培红，2008；周燕、黄建忠，2009；刘丁有、程欢，2012；寇静等，2014）。以上学者的研究丰富了对服务贸易逆差的认识，但关于如何扭转我国服务贸易逆差的研究还不够深入，尤其是缺乏从内需角度的研究。Krugman（1980，1985）假设在一个存在运输成本，且生产规模报酬递增的世界里，产品的生产将会集中在具有较大需求的市场附近，这样生产者可以充分利用规模经济的优势，扩大生产规模，从而使得生产成本降低，出口量增加，即一国需求规模的扩大能够促进出口的增加。因此，一个拥有较大需求市场的国家将会成为该商品的净出口国，即该行业存在本土市场效应。Schumacher（2003）、Schumacher 和 Silivertove（2006）利用 OECD 国家 25 个制造业行业的贸易数据构建引力模型，实证结果显示，其中的 16 个行业存在本土市场效应。张帆、潘佐红（2006）在 Fijita 等（2000）模型的基础上，利用我国 19 个产业的需求和出口数据研究发现，至少有 7 个产业存在本土市场效应。张鹏辉、李若兰（2013）利用中国与 25 个 OECD 国家之间制造业的双边贸易数据，对中国制造业是否存在本土市场效应进行了检验。结果表明，中国制造业的出口存在显著的本土市场效应，本土市场效应的强弱程度则因行业特征的不同而有所差异。

以上研究表明，一国的需求规模是其对外贸易的重要驱动力量，但针对服务贸易的研究相对比较匮乏，且都没有考虑到各国之间服务贸易的空间溢出效应。但肯定的是，需求规模不仅能促进一国服务贸易出口的发展，也能促进一国服务贸易进口的发展。本章拟采用中国与 23 个 OECD 国家之间的服务贸易数据，研究扩大内需能否有效改善我国服务贸易逆差的情况，且将各国服务贸易之间的空间溢出效应考虑在内。若扩大内需对服务出口的影响系数大于服务进口，则认为扩大内需能扭转服务贸易的逆差；若小于，则认为不能扭转。与现有文献相比，本书具有以下创新点：一是视角上，从扩大内需角度分别研究其对服务贸易进口和出口的影响，进而结合我国服务贸易逆差的现状进行分析；二是方法上，随着服务贸易在全球范围内的发展，国家与国家之间的相互影响越来越大，本书在进行面板回归之后，运用空间计量的 SAR 和 SEM 模型将各国服务贸易之间的空间溢出效应考虑在内，从发展的角度来考察扩大内需能否改善服务贸易逆差的情况。

三、模型设定与变量选取

（一）模型设定

所谓空间自相关性，是指地理事物的某种特定属性在不同区域的相互关系。空间自相关性的产生主要取决于两方面的因素：一方面是空间单元边界的区分不明确、空间溢出以及空间单元的整合等导致系统的测量出现误差；另一方面是空间事物之间存在内在联系。

测量空间相关性时我们常用的指标是 Moran's I 指数，用它来解释空间邻接或者说邻近的区域单元属性值的相似程度。具体表达式为：

$$I = -\frac{n}{\sum_i \sum_j \omega_{ij}} \times \frac{\sum_i \sum_j \omega_{ij} (x_i - \bar{x})(x_j - \bar{x})}{\sum_i (x_i - \bar{x})^2} \tag{7-1}$$

ω 是 $n \times n$ 阶的空间权重矩阵，我们通常定义一个二元对称空间权重矩阵 W 来表达 n 个位置的空间的邻近关系，其形式如下：

$$W = \begin{bmatrix} W_{11} & \cdots & W_{1n} \\ \cdots & \cdots & \cdots \\ W_{n1} & \cdots & W_{nn} \end{bmatrix} \tag{7-2}$$

式（7-2）中，W_{ij} 表示区域 i 与 j 的临近关系，它可以依据特点的邻接标准或距离标准来度量，n 为观测地区的个数。本章采用空间反距离矩阵来表示空间权重，它的形式为

$$W_{ij}\begin{cases} d_{ij}{}^{-a}\beta_{ij}{}^{b}，当 i \neq j; \\ 0，当 i = j. \end{cases} \tag{7-3}$$

式（7-3）中的 a 是外生的距离摩擦系数，b 是边界共享效应系数；d_{ij} 表示空间 i 与 j 之间的距离；β_{ij} 是 i 与 j 之间的共享边界占总边界长度的比重，本章将外生的距离摩擦系数 a 取 1，边界共享效应系数 b 取 0。

对于该指数，可以用标准化统计量 Z 来检验是否存在空间自相关，

Z 的计算公式为：

$$Z = \frac{I - E(I)}{\sqrt{\mathrm{Var}(I)}} \tag{7-4}$$

当 Z 值为正并且显著时，即对应 $I \in (0, 1]$，表明存在正的空间自相关，即空间上相邻的国家服务出口（进口）的高值与高值相邻的情况；当 Z 值为负且显著时，即对应 $I \in [-1, 0]$，表明存在负的空间自相关，也即空间上相邻的国家出现服务出口（进口）的高值与低值相邻的情况；当 Z 值为零时，即对应 $I = 0$，表明不存在空间自相关，即观测值呈独立随机分布。

根据模型设定时对“空间”体现方法的不同，空间计量模型主要分为空间滞后模型（SAR 模型）和空间误差模型（SEM 模型）。空间滞后模型反映了因变量的影响因素会通过空间传导机制作用于其他地区；而空间误差模型则强调区域外溢是随机冲出的结果。

空间滞后通常被假定是空间自回归过程，因此空间滞后模型（SAR 模型）又称为空间自回归模型，其表达式如下：

$$y = \rho Wy + \beta X + \varepsilon \tag{7-5}$$

其中，y 是因变量，X 是解释变量，W 是空间权重矩阵，β 是参数向量，ρ 是空间滞后项 Wy 的参数，其衡量观测值之间的空间相互作用程度，ε 是白噪声干扰项。

空间误差模型（SEM 模型）的空间 AR（1）的形式：

$$\begin{cases} y = \beta X + \varepsilon \\ \varepsilon = \lambda W\varepsilon + \mu \end{cases} \tag{7-6}$$

式（7-6）中，W 是空间权重矩阵，ε 是回归残差向量，λ 是自回归参数，衡量了样本观察值之间的空间依赖作用，即相邻地区的观察值 y 与本地区观察值 y 之间的影响程度以及方向，当地区之间的相互作用因所处的相对位置不同而产生差异时，则采用这种模型。

实际上 SEM 模型还有其他更高阶的设定情况，但鉴于估计中的空间问题比较复杂，目前研究的一般空间计量模型都局限于一阶滞后模型、一阶自回归或一阶移动平均模型，且常用的比较多的是空间误差自相关，即 AR（1）的形式。

（二）变量选取

本章选取了2000—2012年23个OECD国家与中国的服务贸易数据进行研究，主要来源于中国统计年鉴、经济合作与发展组织数据库和世界银行统计数据库，部分数据来自于国研网和中经网。

1. 被解释变量

服务贸易出口额（*EX*）：表示从一国出口到另外23国的服务贸易额，该数值取对数后的最大值为12.64，最小值为6.6，可见各国出口存在较大差异。该数据来源于中国统计年鉴和OECD数据库。

服务贸易进口（*IM*）：中国与23个OECD国家的服务贸易进口数据，表示一国从其他23个国家进口的服务贸易额，具体情况见表7-1。数据主要来源于中国统计年鉴和OECD数据库。

2. 主要解释变量

需求规模。我们运用各国国民生产总值（*GDP*）来反映一国的国内需求规模状况，取对数后其最大值为16.6，最小值为10.76，可见24国的内需状况各不相同。不仅如此，还有全球整体的*GDP*，即文中的*WGDP*，该变量均值为17.72。该部分数据源于中国统计年鉴和世界银行统计数据库（The World Bank Statistics）。

距离变量（*DIS*）。[①] 本章运用一个国家到其他23国之间的平均距离来表示距离变量，该距离取对数后的均值为8.35。在国际贸易的一般情况下，两个国家距离与国家之间出口或者进口贸易额都呈现出反比关系。

① 数据来源可参见 www.timeanddate.com.

法律结构和产权保护（*SPR*）。该数据用于反映一国司法体系的完备程度，主要由产权保护、审判独立性、公正的法院、独立的司法体系、军事干预法制和政治进程、依法执行的合同数和对财产转让的规模显著数等多个部分组成。由表7-1不难看出，各国司法制度的完备性参差不齐。该部分数据来自中国统计年鉴和加拿大弗雷泽研究所全球经济自由化指数数据库（Economic Freedom of the World，EFW Index）。

3. 其他控制变量

共同贸易区（*OECD*、*NAFTA*）：本章选用欧盟和北美自由贸易区来观测加入同一个经济一体化组织能否促进服务贸易进出口的发展。如果是同一个一体化组织的成员则取1，否则取0。

共语言性（*LAN*）：该变量用来表示进行服务贸易进出口的国家之间是否使用相同的语言。相同则取1，不同则取0。

表7-1　统计性描述

变量	观测值	平均值	标准差	最小值	最大值
ln *EX*	312	10.40	1.03	6.60	12.64
ln *IM*	312	10.37	1.04	6.71	12.25
ln *GDP*	312	13.42	1.28	10.76	16.60
ln *WGDP*	312	17.72	0.28	17.31	18.12
ln *DIS*	312	8.35	0.44	8.02	9.63
W * ln *EX*	312	0.16	0.08	0.02	0.30
W * ln *IM*	312	0.16	0.08	0.02	0.30
SPR	312	7.49	1.09	4.90	9.60
OECD	312	0.96	0.20	0	1
NAFTA	312	0.08	0.28	0	1
LAN	312	0.21	0.41	0	1

注：ln*EX*、ln*IM*、ln*GDP*、ln*WGDP*、ln*DIS* 分别为 *EX*、*IM*、*GDP*、*WGDP*、*DIS* 的自然对数值，*W* * ln*EX*、*W* * ln*IM* 为加入空间权重的 *EX*、*IM* 的自然对数值，*EX*、*IM*、*GDP*、*WGDP* 的单位均为万美元，*DIS* 的单位为千米，*OECD*、*NAFTA*、*LAN* 为哑变量。

四、实证结果与分析

（一）空间相关性的检验结果

莫兰值指数（Moran's I）可以对地区间变量的空间相关性进行检验，该统计量最初用于单个截面模型的空间相关性检验，却不适用于空间面板数据模型①，后来学者将空间模型中的 $N \times N$ 维权重矩阵扩展成 $NT \times NT$ 维权重矩阵之后，这一问题便得到了解决。利用距离权重矩阵②，服务出口水平与进口水平的空间相关性检验结果见表 7-2。

表 7-2　2000—2012 年我国和 23 个 OECD 国家服务进出口水平的空间相关性检验

年份	服务出口		服务进口	
	Moran's *I*	*Z*	Moran's *I*	*Z*
2000	-0.447 ***	-0.152	-0.383 ***	4.530
2001	-0.355 ***	1.024	-0.365 ***	3.462
2002	0.312 ***	7.020	0.399 ***	9.421
2003	0.338 ***	7.352	0.290 ***	9.291
2004	0.428 ***	7.218	0.309 ***	9.537
2005	0.457 ***	6.317	0.367 ***	10.286
2006	0.468 ***	6.449	0.316 ***	9.622
2007	0.425 ***	5.907	0.348 ***	10.034
2008	0.448 ***	6.191	0.416 ***	10.913
2009	0.505 ***	8.206	0.562 ***	12.781
2010	0.533 ***	6.010	0.355 ***	10.165
2011	0.610 ***	6.988	0.512 ***	12.138
2012	0.614 ***	7.041	0.513 ***	12.158

注：根据 Stata13.0 中的相关命令运行结果整理所得，* 表示 10% 的显著性水平，** 表示 5% 的显著性水平，*** 表示 1% 的显著性水平。

① 熊灵，魏伟，杨勇. 贸易开放对中国区域增长的空间效应研究：1987—2009[J]. 经济学（季刊），2012，11（3）：1037-1058.

② 本章使用的是空间面板数据，基于距离的倒数构建出相应的空间权重矩阵。

表7－2显示，Moran's *I* 统计量均在1%的显著性水平上拒绝原假设，而且绝大部分年份 Moran's *I* 的统计量取值为正，可以认为中国和23个OECD国家的服务出口（进口）存在显著的相关性。具体来说，2000年和2001年的 Moran's *I* 值为负，表示空间上相邻国家的服务贸易不存在相似的属性；2002—2012年的 Moran's *I* 值大于0，说明空间上相邻国家的服务贸易存在正相关，这与吴玉鸣、陈志建（2009）的判断标准是相符的。

为了对比服务出口和服务进口的莫兰值变化情况，图7－1将2000—2012年的服务出口（进口）莫兰值以拆线图表示。从图7－1可以看出，服务出口和服务进口的莫兰值具有相同的变化趋势——先增加后稳定，但是服务进口的莫兰值要比服务出口的大，这意味着空间上相邻国家的服务进口相关性比服务出口的相关性要强。

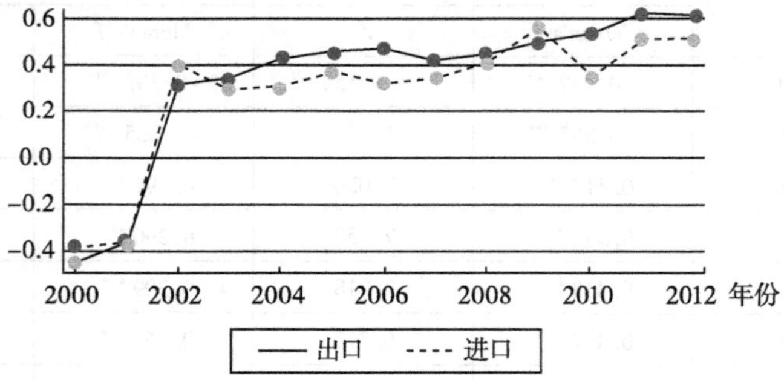

图7－1　服务出口与服务进口莫兰值的变化趋势

注：服务进口 Moran's *I* 稳定在0.35上下，服务出口 Moran's *I* 稳定在0.1上下。

（二）服务出口研究

表7－3显示，由模型1到模型2再到模型4，通过不断地加入变量，可以观察到 R^2 值越来越大，这说明随着变量的加入，模型估计的精度在提高。① 模型5是稳健性检验结果，和模型4大体上是一致的，意味着模型4是稳健的。所以，使用模型4作为估计结果。5个方程都

① 模型2与模型3起到对比作用，目的是分别探究 *NAFTA* 和 *LAN* 这两个哑变量对服务贸易出口的影响有何区别。

通过了 Wald 检验，可见，整体计量效果较好。

表 7－3　服务出口贸易普通面板回归和空间效应模型

变量	普通面板模型				空间效应模型
	模型 1	模型 2	模型 3	模型 4	模型 5
ln *GDP*	0. 788 *** (0. 000)	0. 821 *** (0. 000)	0. 812 *** (0. 000)	0. 826 *** (0. 000)	0. 793 *** (0. 000)
ln *WGDP*	0. 603 *** (0. 000)	0. 571 *** (0. 000)	0. 578 *** (0. 000)	0. 564 *** (0. 000)	0. 438 *** (0. 000)
SPR	－0. 060 (0. 148)	－0. 055 (0. 177)	－0. 060 (0. 147)	－0. 057 (0. 167)	－0. 050 (0. 218)
ln *DIS*	－0. 890 *** (0. 000)	－0. 766 *** (0. 001)	－0. 793 *** (0. 002)	－0. 749 *** (0. 002)	0. 379 (0. 353)
OECD	0. 877 ** (0. 067)	1. 050 ** (0. 023)	1. 029 ** (0. 042)	1. 083 ** (0. 027)	0. 858 ** (0. 098)
NAFTA		－0. 644 ** (0. 066)		－0. 602 (0. 132)	－0. 276 (0. 522)
LAN			－0. 266 (0. 329)	－0. 071 (0. 807)	－0. 145 (0. 638)
W * ln *EX*					6. 947 *** (0. 000)
_ *CONS*	－3. 831 (0. 128)	－4. 885 ** (0. 048)	－4. 601 ** (0. 083)	－4. 991 ** (0. 054)	－12. 671 *** (0. 000)
Wald 检验	750. 26 [0. 000]	762. 55 [0. 000]	750. 76 [0. 000]	758. 22 [0. 000]	794. 83 [0. 000]
观测值	312	312	312	312	312
调整后的 R^2	0. 7667	0. 7872	0. 7713	0. 7879	0. 7906
Hausman	0. 3529	0. 3281	0. 3892	0. 3908	0. 0003

注：普通面板模型采用广义最小二乘法估计，空间效应模型是对计量结果（模型 4）的稳健性检验；*、**和***分别表示 10%、5%和 1%的显著性水平；圆括号内显示的是稳健的 P 值；Wald 检验的原假设是变量为外生的（H_0：/athrho = 0），方括号中显示的是 Wald 检验的 P 值。

根据表 7－3 以及前文对变量的说明，我们可以得出如下结论：

（1）GDP 规模是一国服务出口最主要的推动力量。以模型 4 为例，一国 GDP 规模每增加 1%，会提升该国服务出口大约 0.826%。[①] 这说明，我国的扩大内需战略通过“溢出效应”（Spill－Over Effects）[②] 带动国内出口增加（孙晓琴、王秋雯，2011）。在经济全球化的浪潮中，一方面需要重视并利用本国的巨大市场来大力发展生产，另一方面务必营造一个良好的市场环境，为国外居民消费提供便利以最大限度地发挥“溢出效应”，从而拉动我国服务出口，提升服务出口竞争力，优化出口贸易模式，为国内产业结构的转型和升级打好基础。

（2）服务出口受制于贸易国之间的距离。在贸易国相邻的情况下，服务出口会显著提升（陈启斐，2014），因此边界相邻的国家之间的贸易往来较为频繁。[③] 众所周知，服务品的不可分割性[④]决定了服务出口无法获得商品出口的强流动性。所以，我国要走出服务贸易逆差的困境，就必须正确处理好与世界各国的贸易关系——不仅加强与世界各大经济体的贸易往来，而且要坚持睦邻友好，积极发展与周边国家的服务贸易。SPR 的系数为负但不显著，即法律结构与产权保护可能会阻碍国际贸易的进行，这可能与制度运行成本较高（张海伟，2012）有关。

（3）两大自由贸易区中，经济合作发展组织（OECD）对于服务出口的提高效果最佳，加入 OECD 可以拉动服务出口值上升 1.083 个百分点。值得说明的是，服务业以及服务贸易会随着人均收入的增加而变得越来越重要，这与 Francois（1996）的观点是相符的。从人均收入来看，本章中的 23 个成员国早在 2007 年就已经超过 1 万美元[⑤]，而且 OECD 内部的服务业比重已经超过了农业和制造业的比重之和，所以

---

① 0.826 的经济学含义是，一国服务出口的国内需求弹性。

② 具体是指，当一国国内消费增加时，其增加的消费商品中，一部分来自国内，一部分通过进口获得，这两部分均会增加供给，第一部分会促使厂家加大生产，第二部分会增加本国进口，即外国自主性出口增加，引起外国生产和就业的扩大，从而引起外国国民收入增加。这称作本国国内需求变动对外国经济的“溢出效应”。

③ 表 7－3 中的模型 4 表明，贸易国之间的距离每提升 1%，服务出口便会减少 0.749%。

④ 即生产和消费同时发生，不可分割开来。

⑤ http://blog.sina.com.cn/s/blog_4be311560100bnkp.html.

OECD 对服务出口具有如此之大的促进作用。

加入 NAFTA[①] 不利于开展服务出口，这与我们所设想的不一致。究其原因，样本国家中只有美国和加拿大是 NAFTA 成员，由于地理和历史因素而使得这两个国家的贸易隐性成本极高（Hummels，1999），本章的研究结果支持这一解释。

（三）服务进口研究

前面详细阐述了影响服务出口的因素，下面对服务进口的影响因素进行分析。实证模型和前面相同，依旧采用普通面板模型的计量结果来展开本章的主要结论。表示 7－4 显示，从模型 1 到模型 2 再到模型 4，不断加入解释变量，实证结果中的 R^2 值平稳上升，证明选取的解释变量能够对服务进口的特征进行合理阐释。此外，表 7－4 中的模型 4 和空间效应模型相比，方程基本一致，表明模型 4 的结果是稳健的。以表 7－4 中的普通面板模型 4 作为服务进口的估计结果，分析之后得出如下结论：

（1）在服务进口市场上，一国 GDP 的作用大于世界 GDP。参照上一小节的结果，有充分的证据显示，在双边服务贸易的影响因素中，本国 GDP 的作用高于世界 GDP。的确，经济的增长会带来国民收入水平的提高，这使得国民有能力进行消费尤其是对国外高端服务品的需求增加，值得一提的是，国内 GDP 对服务进口的拉动作用大约是世界 GDP 的 2 倍。[②]

仔细比较表 7－3 和表 7－4 中的模型 4 可以发现，尽管国内市场规模[③]的扩大能够在推动服务出口的同时刺激服务进口，但对后者的促进作用显然是高于前者的。具体而言，国内需求规模每提升 1%，服务出

① North American Free Trade Agreement 的简写，中文名称是北美自由贸易协定。

② 表 7－4 模型 4 中，ln*GDP* 的系数值为 0.911，ln*WGDP* 的系数值是 0.491，二者之比约是 1.855。

③ 本章中，国内 GDP 又称国内市场规模、国内需求规模。

口增加 0.826%，而服务进口增加 0.911%。这表明，伴随着一国需求水平的上升，服务进口量将会超过出口量，进而引起服务贸易逆差的不断增大。谭洪波、郑江淮（2012）的研究发现，发达国家和一些新兴经济体的服务业增加值占 GDP 的比重呈现逐年攀升趋势，但中国服务业的发展却滞后于国内整体经济的增长，国内服务业满足不了工业化的需要。所以，国内市场规模的扩张诱使我国加大对他国服务品的消费需求，鉴于此，扩大内需战略在很大程度上增加了服务进口，却难以对我国服务贸易逆差状况的改善提供帮助。

表 7-4　服务进口贸易普通面板回归和空间效应模型

变量	普通面板模型				空间效应模型
	模型 1	模型 2	模型 3	模型 4	
ln *GDP*	0.876 *** (0.000)	0.894 *** (0.000)	0.903 *** (0.000)	0.911 *** (0.000)	0.888 *** (0.000)
ln *WGDP*	0.529 *** (0.000)	0.510 *** (0.000)	0.500 *** (0.000)	0.491 *** (0.000)	0.370 *** (0.000)
SPR	0.020 (0.611)	0.018 (0.637)	0.018 (0.638)	0.016 (0.672)	0.025 (0.512)
ln *DIS*	-0.757 *** (0.001)	-0.718 ** (0.002)	-0.667 *** (0.006)	-0.663 *** (0.008)	0.400 (0.330)
OECD	0.609 (0.182)	0.683 (0.154)	0.763 (0.119)	0.785 (0.119)	0.580 (0.272)
NAFTA		-0.237 (0.512)		-0.102 (0.804)	0.195 (0.656)
LAN			-0.261 (0.322)	-0.235 (0.436)	-0.311 (0.321)
W * ln *IM*					6.647 *** (0.001)
_ *CONS*	-5.175 ** (0.030)	-5.439 ** (0.029)	-5.861 ** (0.022)	-5.838 ** (0.026)	-13.177 *** (0.000)
Wald 检验	870.84 [0.000]	868.85 [0.000]	871.06 [0.000]	867.67 [0.000]	907.29 [0.000]

续表

变量	普通面板模型				空间效应模型
	模型 1	模型 2	模型 3	模型 4	
观测值	312	312	312	312	312
调整后的 R^2	0.7826	0.7833	0.7858	0.7885	0.7894
Hausman	0.0016	0.0023	0.0028	0.0035	0.0001

注：普通面板模型采用广义最小二乘法估计，空间效应模型是对计量结果（模型 4）的稳健性检验；*、**和***分别表示 10%、5%和 1%的显著性水平；圆括号内显示的是稳健的 P 值；Wald 检验的原假设是变量为外生的（H_0：/athrho = 0），方括号中显示的是 Wald 检验的 P 值。

（2）贸易伙伴国之间的距离越大，服务进口活动就越少。表 7－4 中的模型 4 给出了相应的影响结果，即国家之间的距离每增加 1 个百分点，服务进口便下降 0.663 个百分点；相较于服务出口，距离对服务进口的阻碍作用更弱。也就是说，存在地理阻力的情况下，开展服务进口比服务出口要容易一些。可能的解释是，首先，一国的过剩劳动力流向低端服务生产行业，而在国际上对低端劳动密集型服务业的需求较低，使得服务出口受阻；其次，由于服务品本身具有不可分割性，生产服务业的企业不能够发挥规模经济效应（崔日明、张志明，2013），所以，服务出口的难度比服务进口更大。当贸易国内部的司法体系较为完善时，服务进口贸易量会增加，进而能够通过“后向关联”① 增强一国制造业的国际竞争力。

（3）对比两个自由贸易组织，实证结果和服务出口大致相似：OECD 的区域一体化对服务进口具有促进作用，而且 OECD 对服务进口的促进效果没有对服务出口的效果好。这说明，服务出口贸易从区域经济一体化进程中所获得的好处要多于服务进口贸易。NAFTA② 的经济一

① 陈启斐在《扩大内需战略能否扭转我国服务贸易逆差——来自我国和 23 个 OECD 国家的面板数据分析》一文中指出，服务品进口数量和种类的增加有利于改善制造业的生产投入，进而提高行业生产率和国际竞争力，这就是后向关联。

② 在服务进口模型中，*NAFTA* 的系数依然是负的，且不显著。

体化因边界效应的存在而未能对服务进口起到正向刺激效应，且NAFTA对服务进口的抑制作用要小于服务出口。

（四）空间计量模型

表7－5给出了Stata13.0软件计算得出的2000—2012年包括中国在内的24个国家服务进出口的Moran's *I*检验结果，具体介绍见前文，此处不再赘述。该结果显示出服务进出口具有较强的空间相关性，所以采用空间计量方法对扩大内需与服务进出口的关系进行研究得出的结论应当具有较高的可靠性。

借助Matlab R 2015b软件，对面板SAR模型和面板SEM模型进行估计，实证结果如表7－5所示。

从空间面板互动模型的估计结果来看，大部分系数都显著。本章的关注重点是变量系数的显著性，而不是将以上4个模型进行比较来选出最佳模型，[①] 之所以列出多个模型的实证结果，是为了模型彼此间进行佐证。从空间模型的检验结果来看，ρ 和 λ 系数都高度显著，表明数据中具有很强的空间相关性，在这种情形下，采取空间面板数据分析要比普通面板更具说服力。

综合上述模型分析结果，可以得到如下结论：

（1）一国GDP对服务进口的提升作用大于对服务出口的提升作用。在SAR模型中，服务出口的国内需求弹性为0.795，即国内市场规模扩大1%，该国服务出口就会上升0.795%；SAR模型中的服务进口弹性为0.894，即国内市场规模增长1%，该国服务进口能够上升0.894%，显而易见，0.894%＞0.795%。同理，从SEM模型中也能得出相同的结论。这意味着，随着国内市场规模的不断扩大，服务进口量与服务出口量的差距越来越大，也即服务贸易逆差继续变大。鉴于此，扩大内需

---

① 如果非要比较SEM模型和SAR模型的优劣，那么本书认为SEM模型的拟合效果比较好，这一点从Log似然值（或者 R^2）的大小比较中也可以看出。

战略更多的是促进了服务进口，服务贸易逆差的形成是无法避免的，这与我国存在服务贸易逆差的事实（刘海静，2015；何伟、何忠伟，2008）也是相符的。①

表7－5　服务进出口贸易的空间溢出与扩大内需关系的实证结果

变量	空间自回归模型（SAR）		空间误差模型（SEM）	
	出口	进口	出口	进口
_ *CONS*	－12.029 *** (0.000)	－13.076 *** (0.000)	－4.279 (0.250)	－6.375 ** (0.038)
ln *GDP*	0.795 *** (0.000)	0.894 *** (0.000)	0.754 *** (0.000)	0.805 *** (0.000)
ln *WGDP*	0.452 *** (0.003)	0.364 ** (0.016)	0.535 ** (0.017)	0.542 *** (0.000)
SPR	－0.049 (0.193)	0.024 (0.613)	0.025 (0.546)	0.124 ** (0.012)
ln *DIS*	0.281 (0.473)	0.392 (0.279)	－0.703 *** (0.000)	－0.599 *** (0.000)
OECD	0.873 *** (0.002)	0.591 ** (0.047)	0.842 *** (0.000)	0.453 * (0.056)
NAFTA	－0.303 (0.364)	0.189 (0.662)	－0.566 (0.158)	－0.045 (0.870)
LAN	－0.137 (0.474)	－0.316 ** (0.088)	－0.019 (0.936)	－0.154 (0.296)
ρ	6.335 *** (0.006)	6.618 ** (0.011)		
λ			24.492 *** (0.002)	26.433 *** (0.000)
lgt_ theta/phi	－1.464 *** (0.000)	－1.676 *** (0.001)	0.466 *** (0.138)	0.696 (0.259)
sigma_ e/sigma2_ e	0.081 *** (0.000)	0.070 *** (0.009)	0.080 *** (0.000)	0.069 *** (0.006)

① 普通面板模型中也得出了相同的结论。

续表

变量	空间自回归模型（SAR）		空间误差模型（SEM）	
	出口	进口	出口	进口
Log - L 检验	-90.092	-72.127	-89.053	-67.670
观测值	312	312	312	312
调整后的 R^2	0.766	0.768	0.799	0.803

注：*、**和***分别表示系数在10%、5%和1%的显著性水平上显著，括号内为P值。

（2）地理距离对服务贸易具有显著的负向抑制作用。在SEM模型中，无论对于服务出口和服务进口，距离的系数均是负的且都通过了1%的显著性检验，说明空间上相距较远的国家具有较少的贸易往来，这印证了前文中普通面板中结论的正确性。与SEM模型相反，SAR模型中的距离因素对服务贸易具有正向促进作用，这显然是不合常理的，另外，SAR模型中距离的系数值没有通过显著性检验。所以，我们有充分理由相信距离因素限制了服务贸易的进行。值得一提的是，距离对服务出口的阻碍作用大于对服务进口的阻碍作用，这也在一定程度上解释了我国的服务贸易为什么会存在逆差。

（3）从控制变量来看，加入经济合作与发展组织（OECD）有助于服务贸易的开展，这已成为广泛共识。一方面，OECD国家均是发达国家，成员国内部的服务业发展较为成熟，彼此之间的分工密切，贸易往来频繁；另一方面，组织内部的贸易壁垒比较低（林祺、林僖，2014），成员国家能够共享政策优惠，以上两个方面共同促使国家之间开展服务贸易。同样，法律制度作为服务贸易发展不可忽略的变量也得到了实证的检验（陈启斐、王晶晶、岳中刚，2014），法律制度的完善会显著提升一国服务进口贸易量，如SEM模型中显示，法治指数每提高1%，服务进口会增加约0.124%。最后，本章发现语言因素对服务贸易有反向影响，在一定程度上说明贸易双方的语言一致性不利于服务贸易的进口，一个可能的解释是，语言相似的国家在空间上更有可能相邻，双方国家的服务产品更趋于同质性，导致服务贸易不易发生。

五、结论及政策建议

本章从国内市场需求视角出发，在空间经济学框架下，构建了内需与服务贸易进出口规模的空间面板数据模型，运用空间计量方法分析2000—2012年中国与23个OECD国家扩大内需对服务贸易增长的空间效应。主要结论可概述为：一是服务贸易进出口的莫兰值在1%的水平上通过检验，且大部分显著为正，因此相邻国家之间的服务贸易呈现正的空间相关性。另外，服务进口与服务出口的莫兰值均表现出先增加后稳定的变化趋势，而服务进口莫兰值略大，即相邻国家进口相关性较服务出口大一些。二是市场需求规模是一国服务进口和服务出口的重要驱动因素，市场需求规模的扩张可以同时促进服务贸易进出口的发展。空间效应模型结果显示服务出口随市场需求规模扩大而增加的弹性系数大于服务进口的弹性系数，因此尽管服务贸易进出口都会随市场需求规模的扩大而增加，但服务贸易逆差并不会随之缓解。三是除市场需求规模以外影响服务贸易的关键因素中，距离因素的弹性系数显著为负，说明地理位置相距较远会阻碍国家之间服务贸易的发展，且表现为对服务出口的阻碍更大。此外，法律制度的完善也会促进服务贸易进口量的增加，而双边语言的不一致会对服务贸易进口产生抑制作用。

本章从实证上验证了扩大内需对我国服务贸易发展的正外部性，因此政策含义十分明显：

首先，通过分析我国服务贸易进程和现状，发现我国服务业相对落后制约了服务贸易的发展，低水平的内需成为制约服务贸易发展壮大的主要因素，针对近年来我国服务贸易逆差不断扩大的现象，政府应继续发挥好职能，在政策上加以引导，从全局上高度认识扩大服务内需的重要性，加快服务业的发展，以扩大内需为突破口，拓展服务贸易对经济社会发展的重要作用和意义。

其次，对于政策制定者而言，应充分利用国家领导人会晤和国际会议的机会，启动并落实各自的区域服务贸易协定，以此来有效促进贸易伙伴国之间的服务贸易发展，譬如，每年的“中国国际服务贸易交易会”就是一个很好的深化国家间经贸交流与沟通的契机。除经济制度外，进出口国家间还需要在法律、政治等领域增强交流与合作，为服务贸易发展创造良好的制度环境。

最后，对于服务型出口企业而言，在寻找国外贸易对象时，需要考虑与贸易伙伴国之间的制度环境差异、文化语言差异、地理位置以及法律完善程度等，在充分考虑这些因素的基础上慎重做出服务贸易出口的区位选择。另外，对于制度质量较低或者在制度上与本国存在较大差距的进口国，还需要签订相关区域服务贸易协定，以此扩大服务贸易的市场范围。

参考文献

[1]HOEKMAN B,CARLOS A,BRAGA P. Protection and trade in services[J]. Policy Research Working Paper in The World Bank,1997.

[2]FIJITA. Testing trade theories and predicting trade flows in handbook of international economics[J]. Service Industries Journal, 2000.

[3]FRANCOIS J. The next WTO round: North – South Stakes in new market access negotiations[M]. Adelaide: Centre for International Economic Studies, 1996.

[4]GRUNFELD,MOXNES. The intangible globalization: explaining patterns of international trade in services[R]. Norwegian Institute of International Affairs Paper, No.657,2003.

[5]HUMMELS. Trade in ideas patenting and productivity in the NAFTA[J]. Journal of International Economics,1999(4).

[6]GUILLIN. Trade policy transparency and investor confidence[J]. Review of International Economics, 2011,9(2).

[7]HEAD,RIES. North – South issues in trade service[J]. The World Economy, 2001(5).

[8]WALSH K. Trade in services: does gravity hold? a gravity model approach to estimating barriers to services trade[R]. IIIS Discussion Paper, No. 183, 2006.

[9]KRUGMAN P R. Scale economies, product differentiation, and the pattern of trade [J]. America Economic Review, 1980,70(5).

[10]KRUGMAN P R. Increasing returns, monopolistic competition and international trade[J]. Journal of International Economics,1985(9).

[11]KIMURA,LEE. The gravity equation in international trade in services[R]. Paper presented at the European Trade Study Group Conference, 2004.

[12]MAKUSEN,DAVIS. Knowledge – intensive services and urban innovativeness[J]. Urban Studies, 2002,39(5 –6).

[13]SCHUMACHER D. Home market and traditional effects on comparative advantage in a gravity approach[R]. DIW Discussion Paper 344,2003.

[14]SCHUMACHER D,SILIERSTOVE B. Home market effect and factor – endowment effects in a gravity approach[J]. Review of World Economics, 2006, 142 (2).

[15] WEINHOLD, FREUND. The generalized gravity equation, monopolistic competition, and the factor – proportions theory in international trade[J]. The Review of Economics and Statistics, 2002,71(1).

[16]吴玉鸣,陈志建. 居民消费水平的空间相关性与地区收敛分析[J]. 世界经济文汇, 2009(5):76 –89.

[17]孙晓琴,王秋雯. 扩大内需与促进出口关系的实证分析——基于国内消费视角[J]. 国际贸易,2011(10):27 –32.

[18]陈启斐,王晶晶,岳中刚. 扩大内需战略能否扭转我国服务贸易逆差——来自我国和23个OECD国家的面板数据分析[J]. 国际贸易问题,2014(2): 86 –95.

[19]林祺,林僖. 削减服务贸易壁垒有助于经济增长吗——基于国际面板数据的研究[J]. 国际贸易问题,2014(8):79 –89.

[20]熊灵,魏伟,杨勇.贸易开放对中国区域增长的空间效应研究:1987—2009[J].经济学(季刊),2012,11(3):1037－1058.

[21]张海伟.制度和制度变迁对国际贸易的影响研究[D].大连:东北财经大学,2012.

[22]谭洪波,郑江淮.中国经济高速增长与服务业滞后并存之谜——基于部门全要素生产率的研究[J].中国工业经济,2012(9):5－17.

[23]崔日明,张志明.服务贸易与中国服务业技术效率提升——基于行业面板数据的实证研究[J].国际贸易问题,2013(10):90－101.

[24]何伟,何忠伟.我国运输服务贸易逆差及其国际竞争力[J].国际贸易问题,2008(11):74－80.

[25]刘海静.中美服务贸易逆差成因及对策[D].石家庄:河北经贸大学,2015.

[26]殷凤,陈宪.国际服务贸易影响因素与我国服务贸易国际竞争力研究[J].国际贸易问题,2009(2):61－69.

[27]王恕立,胡宗彪.中国服务业分行业生产率变迁及异质性考察[J].经济研究,2012(4):15－27.

[28]郑吉昌,夏晴.服务贸易国际竞争力的相关因素探讨[J].国际贸易问题,2004(12):15－18.

[29]单文婷,杨捷.引力模型在中国与东盟贸易中的实证分析[J].亚太经济,2006(6):16－19.

[30]钟小平.日本服务贸易的发展状况及其影响因素分析[J].亚太经济,2006(3):46－48.

[31]杨丽.科技研发对服务贸易产生不同效应的实证研究[J].中央财经大学学报,2009(7):75－78.

[32]徐元国.发达国家服务贸易规制的比较分析与启示[J].国际贸易问题,2005(6):95－99.

[33]吕剑.我国国际收支中服务贸易逆差的实证研究[J].北方经贸,2004(1):43－44.

[34]戴宏学,赵培红.中国对外贸易顺差下的服务贸易逆差问题研究[J].

长春大学学报,2008(7):5－8.

[35]周燕,黄建忠. 服务贸易、货物贸易和劳动生产率变动:理论和实证——基于李嘉图连续统模型的贸易差额分析[J]. 国际商务,2009(4):54－60.

[36]刘丁有,程欢. 中国服务贸易:逆差、结构、竞争力问题分析及发展对策思考[J]. 西安财经学院学报,2012(2):18－25.

[37]寇静,皮思思,朱晓青. 我国服务贸易逆差不断扩大的原因及对策[J]. 新视野,2014(1):75－77.

[38]张帆,潘佐红. 本土市场效应及其对中国省间生产和贸易的影响[J]. 经济学(季刊),2006(5):307－323.

[39]张鹏辉,李若兰. 中国制造业出口贸易的本地市场效应研究[J]. 财贸研究,2013(5):86－93.

第八章　开放经济下的 ODI 逆向技术溢出效应研究

一、问题的提出

近年来，世界经济呈现出的重要特征之一在于各国对外直接投资（Overseas Direct Investment，ODI）规模的不断攀升，通过对外投资途径获取发达东道国的技术溢出已成为发展中国家 ODI 的重要动机。改革开放以来，我国积极拓宽空间，企业不断“走出去”，政府实施外商直接投资（FDI）与对外直接投资（ODI）的双轨驱动战略，推进外向型经济发展，我国对外投资呈现出快速增长的势头。2003—2016 年，中国对外直接投资流量由 28.5 亿美元跃至 1701.1 亿美元，经济体系已深度融入国际市场。但是，在目前全球价值链发生结构性变化的背景下，中国经济发展步入新常态，面临产能过剩以及产业升级困难等有待解决的难题。因而一些问题被学者们多次提及：ODI 的迅速扩张对中国经济增长产生了怎样的影响？由于经济增长不仅涵盖数量的要求，还包括质量的优劣，因而中国的经济增长质量能否经由 ODI 逆向溢出效应得到相应的提升？事实上，虽然中国已成为全球第二大经济体，但是经济增长质量的提升程度与经济数量的扩张幅度并不同步。“十三五”规划纲要也相应地提出要“开创对外开放新局面，形成对外开放新体制”，扩大产能合作，消化过剩产能。因此，深入研究开放经济条件下，ODI 逆向技术溢出对中国经济增长质量产生的影响，不仅具有一定的理论价值，也对促进我国经济增长、实现经济的可持续发展具有重大现实意义。

一些文献从不同角度研究了 ODI 的母国经济增长效应。首先，国内外多数学者认为 ODI 能够带动国内投资的增长，推动母国经济的发展，对国家经济增长具有显著的正向效应（Desai et al.，2005；Frank et al.,2006；Herzer，2010）。如张伟如（2012）、潘雄锋等（2016）认为 ODI 有效促进了中国经济的增长，且利用省级面板数据发现对东部地区的影响大于中西部地区。其次，随着发展中国家全球经济互通行为的逐渐增多，学者们开始从技术溢出的角度关注发展中国家 ODI 对该国带来的技术进步和经济增长（Kogut 和 Chang，1991；Lichtenberg，2000；David，2008；朱陈松等，2015）。再次，ODI 逆向技术外溢很可能因受到不同因素的影响而呈现出明显的差异。Siotis（1999）提出投资母国吸收能力、市场竞争等因素会影响技术外溢效应的显现；Orr Stott（1998）的研究证明影响技术吸收能力的因素包括研发能力、人力资本存量、政府政策等；李梅和柳士昌（2012）发现区域吸收能力的不同会使得逆向技术外溢出现差异。最后，尽管有不少文献探讨我国 ODI 规模的长期高速增长，然而学术界并未统一看法（Sachs et al.，1995，Megginson 和 Netter，2001，蔡昉，2013），而且近年来探讨 ODI 对经济增长影响的文献仍屈指可数，更遑论进一步研究 ODI 如何经由逆向技术溢出效应影响中国经济增长质量。

基于此，本章梳理了 ODI 逆向技术外溢与经济增长效应的相关研究，对我国 ODI 溢出效应与经济增长质量先后进行了理论机制、实证研究和门槛效应分析。与现有文献相比，本章可能在以下方面有所贡献：其一，基于企业、产业和国家三个层面揭示了 ODI 逆向技术溢出对母国经济增长质量的影响机制；其二，创造性地利用 31 项基础指标从增长效率、稳定性和可持续性三方面构建经济增长质量体系；其三，验证了人力资本、研发强度和技术差距三项吸收能力对母国经济增长质量的作用效果。所以，探究在吸收能力因素的作用下 ODI 逆向外溢对经济增长质量的影响，为充分释放我国对外直接投资的技术进步效应提供了理论上的支撑，并对促进中国经济增长质量的发展具有重要的现实意义。

二、机理分析

（一）ODI 逆向技术溢出影响经济增长质量的机制

ODI 及其逆向技术溢出影响一国技术进步与经济增长的研究已经得到了学术界的广泛关注。对于经济增长而言，数量扩张与质量提升不能等同，且学者们在对经济增长代理指标的选取等方面存在争议，尚未得到 ODI 逆向技术溢出促进经济增长质量提升的一致结论。Lichtenberg 和 Porterie（1996，1998，2001）指出，进行对外直接投资的国家可以获取东道国的技术溢出，并通过海外企业和母国企业之间的内部化机制，反向提高母国的技术水平。ODI 影响母国技术进步可概括为三个关键问题：一是对外投资企业在东道国的技术获取和吸收阶段，二是海外企业对母企业的逆向技术反馈阶段，三是母企业在国内的技术转移与扩散阶段。基于此，ODI 逆向技术溢出影响母国经济增长质量的影响机制最终可分为企业、产业和国家三个层面。

首先，企业层面的逆向技术溢出主要分为技术吸收与逆向技术反馈两个阶段，这也是逆向技术溢出提升母国经济增长质量的关键环节。第一阶段，ODI 企业主要采取绿地投资、跨国并购、建立企业战略联盟等方式嵌套到东道国的技术创新网络中，通过研发资源共享机制、产业关联机制、人才流动机制从东道国获取先进的信息资源和技术资源。第二阶段，ODI 子企业通过以上方式将其获取和吸收的知识技术和研发成果逆向反馈到母国企业，并通过内部化机制最终将逆向技术融入 ODI 企业的生产运营网络中。ODI 母企业既可以直接购买子企业的产品而获得生产或改善产品的相关知识，提高产品附加值（Cheung 和 Lin，2004；

Javorcik，2004)，更为重要的是通过子—母企业之间的人才流动以及建立ODI企业自己的技术创新网络可以更好地掌握从东道国获取的转移知识。由此，整个企业层面的逆向技术溢出就完成了。

其次，产业层面的逆向技术溢出同样可以分为两条不同的传导路径：第一条传导路径基于对同行业企业产生的示范效应和竞争效应而形成，第二条传导路径基于对关联行业企业的前向效应、后向效应和关联效应而形成。ODI母企业通过ODI逆向技术溢出实现技术进步带来的巨大收益不仅会对同行业企业产生示范效应，而且会给这些企业带来巨大的竞争压力，迫使这些企业通过各种途径进行技术创新。同时，由于ODI母企业处在一个复杂的生产网络中，因此ODI逆向技术溢出也可以间接影响产业链上相关企业进步与发展。

最后，国家层面ODI逆向技术溢出的传导路径与产业层面类似，主要是基于产业关联效应而发生。随着现代产业"精细化""扁平化"和"柔性化"趋势的不断加深，企业之间、产业之间的分工越来越细致而联系越来越紧密，知识、技术的外溢越发频繁深刻。ODI企业技术水平提高所引致的同类产业和关联产业的技术进步因产业链、价值链的作用，在更大范围内促使示范效应、竞争效应、前向效应、后向效应和关联效应的发生，从而在国家层面上形成了强大的技术创新动力和良性循环，全面促进母国技术进步，并最终带来母国经济增长质量的提升。

总而言之，ODI企业通过对外直接投资获得逆向技术溢出，其子公司嵌套在发达国家的R&D聚集地，通过各种联系获得先进的技术知识、信息资源等高端生产要素。随后海外子公司通过内部化机制对母企业进行技术反馈，由母企业将这些技术运用到生产网络中，并通过产业关联效益实现国家层面的进步与经济增长质量提升。具体ODI逆向技术溢出影响经济增长质量的传导机制见图8-1。

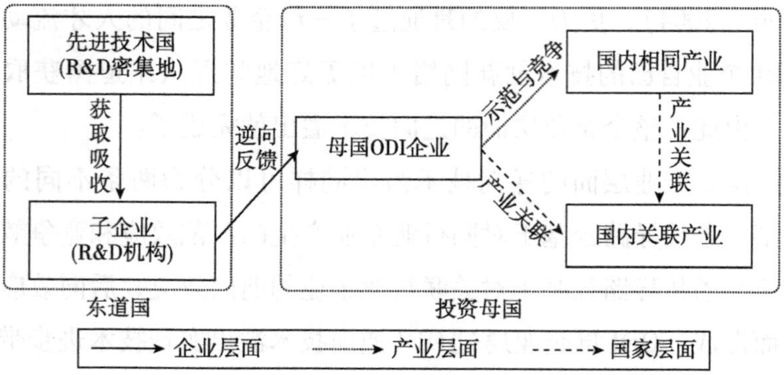

图 8-1 逆向技术溢出影响经济增长质量的传导机制

（二）制约 ODI 溢出效应影响经济增长质量的因素

ODI 企业通过逆向技术溢出提高母国经济增长质量的效应可能受到一些因素的影响。研究表明，企业吸收能力是影响 ODI 企业能否真正获得逆向技术溢出的关键要素，具体来说，企业吸收能力可细分为以下三个方面：第一，人力资本是 ODI 企业获取、吸收和内化发达国家先进技术后促进经济增长质量提升的前提条件，而整个产业或者国家的人力资本水平也会深刻影响 ODI 逆向技术的转移和扩散。需要注意的是，当一国的人力资本水平达到某一高度时，继续通过 ODI 获取他国先进技术的意愿就会有所降低，因而可能会对 ODI 产生一定的挤出，即 ODI 逆向技术溢出对提升经济增长质量的作用可能具有“阶段性”特征。第二，研发强度在一定程度上反映了 ODI 企业的自主创新能力和技术创新活动频繁程度。随着 ODI 企业研发投入的增加以及自主创新能力的逐渐提升，企业对逆向技术溢出的吸收能力会增强，但当企业的自主创新能力达到一定程度时，可能就会出现对 ODI 的挤出。第三，技术差距程度反映的是本地 ODI 企业的基础技术水平。与发达国家的技术差距越小说明 ODI 企业的基础技术水平越高，从而获取和吸收先进技术就越容易。但是从长期来看技术差距大也并非坏事。技术差距越大，落后国家的成长空间就越大，因而对逆向技术溢出是有益的。然而当技术差距缩小到某一范围时，可能会对 ODI 产生负面影响。

三、研究设计

（一）模型设定

为了尽可能合理且稳健地研究由 ODI 引致的逆向技术溢出效应与经济增长质量之间的作用关系，本章采用以下三个步骤分步搭建模型。

第一步，构建计量模型，探究 ODI 逆向技术溢出对经济增长质量产生的直接影响。借鉴 Coe 和 Helpman（1995）最早提出的验证技术外溢效应的国际 R&D 溢出回归方法，其基本形式为

$$\log F_{it} = \alpha_i^0 + \alpha_i^d \log S_{it}^d + \alpha_i^f \log S_{it}^f \qquad (8-1)$$

式（8－1）中，i 表示不同的地区，t 表示时间，F 表示全要素生产率，S_{it}^d、S_{it}^f 分别代表国内外的 R&D 资本存量。在此基础上，Lichtenberg 和 Van Pottelsbergh（2001）首次把对外直接投资作为溢出渠道引入该模型以检验逆向溢出效应，但仍使用 TFP 来衡量一国的技术进步。然而，经济增长核算理论中的 TFP 等于产出增长率与全部投入要素增长率加权和的差值，所以使用 TFP 存在一定的弊端，遗漏了多种因素对经济的影响（欧阳艳艳和郑慧欣，2013）。同时，由于本章将探讨 ODI 逆向技术溢出对母国经济增长质量的影响，因此在综合考虑后，将 TFP 融入经济增长质量指标体系中，并合理引入控制变量，该部分的经验模型基本形式最终设定如下：

$$\begin{aligned} \ln Eco_{it} = {} & \beta_0 + \beta_1 \times S_{it}^{ODI} + \beta_2 \times innov_{it} + \beta_3 \times open_{it} + \\ & \beta_4 \times NR_{it} + \beta_5 \times ind_{it} + \varepsilon_{it} \end{aligned} \qquad (8-2)$$

式（8－2）中，Eco 表示经济增长质量指标，S_{it}^{ODI} 代表 i 省 t 年通过 ODI 渠道的逆向技术溢出，$innov$ 代表创新程度，$open$ 代表对外开放度，NR 代表资源禀赋，ind 代表产业结构，下标 i 和 t 分别表示不同的省份和年份，ε_{it} 为随机项，i 为各省。

第二步，主要考察在控制吸收能力的情况下，ODI 逆向技术溢出又如何影响母国的经济增长质量。翻阅已有文献，有关吸收能力指标的研究也较多，如 Benhabib 和 Spiegel（1994）的研究表明，人力资本可通过影响国内技术创新效率和学习国外技术的速度来影响技术进步；Findly（1978）指出，在技术先进国与技术落后国之间存在着不同程度上的技术差距，但正是由于技术势差导致了技术从先进国向落后国的外溢；Keller（2001）指出，本国研发投入强度越大，吸收国际技术溢出的效果越好。于是本部分同样在借鉴 L－P 模型的基础上，考虑到人力资本、技术差距和研发强度等因素对逆向溢出的作用，采取引入指标交互项的形式来构建经验模型，设定如下：

$$\ln Eco_{it} = \beta_0 + \beta_1 \times S_{it}^{ODI} + \beta_2 \times HC \times S_{it}^{ODI} + \beta_3 \times RD \times S_{it}^{ODI} + \beta_4 \times TG \times S_{it}^{ODI} + \beta_5 \times innov_{it} + \beta_6 \times open_{it} + \beta_7 \times NR_{it} + \beta_8 \times ind_{it} + \varepsilon_{it} \quad (8-3)$$

式（8－3）中，HC 表示人力资本，RD 表示研发强度，TG 表示技术差距。$HC \times S_{it}^{ODI}$、$RD \times S_{it}^{ODI}$、$TG \times S_{it}^{ODI}$ 分别验证一个地区由于人力资本、技术差距和研发强度等因素存在差距导致 ODI 逆向技术溢出对该地区经济增长质量的影响。

第三步，继续考察在基于吸收能力的作用下，ODI 逆向技术溢出对经济增长质量的门槛效应。门槛变量选取是门槛回归模型建立的基础，以往研究通常结合吸收能力指标，将经济技术水平、环境支持度等指标设为门槛变量（朱陈松等，2015）。本章在前两步的基础上，借助 Hansen（1999）提出的非线性动态面板门槛模型，通过将人力资本、技术差距和研发强度分别设定为影响 ODI 逆向技术溢出对经济增长质量的异质性吸收能力的门槛变量，对该问题进行分析。依据式（8－2），本章先设定存在“单门槛效应”，故构建 ODI 逆向技术溢出偏向效应的单门槛模型如下：

$$\ln Eco_{it} = \beta_0 + \beta_1 \ln S_{it}^{ODI} + \beta_2 \ln innov_{it} + \beta_3 \ln open_{it} + \beta_4 \ln NR_{it} + \beta_5 \ln ind_{it} +$$

$$\gamma_1 \ln S_{it}^{ODI} I(q_{it} \leqslant \varphi) + \gamma_2 \ln S_{it}^{ODI} I(q_{it} > \varphi) + \varepsilon_{it} \quad (8-4)$$

式（8－4）中，S^{ODI} 为受到门槛变量影响的解释变量，q_{it} 为门槛变量，鉴于门槛变量外生性的假定，本章中 q_{it} 值均采用相应门槛变量取对数值来表示。φ 为待估的具体门槛变量值，$I(\cdot)$ 为指标函数，根据面板数据门槛回归理论，φ 越接近真实的门槛水平，回归模型的残差平方和 $S(\varphi)$ 越小，即最优门槛值应为 $\hat{\varphi} = \text{argmin}S(\varphi)$。$\gamma_1$、$\gamma_2$ 分别表示门槛变量在 $q_{it} \leqslant \varphi_1$ 以及 $q_{it} > \varphi$ 时解释变量对被解释变量的影响系数。此外，双重门槛及多重门槛效应模型均可以在式（8－4）的基础上扩展得到。

（二）变量定义与来源说明

由于缺失西藏地区的部分数据，本章选取全国 2004—2015 年 30 个省级面板数据为样本，数据均取自《中国统计年鉴》《中国科技统计年鉴》《中国六十年统计资料汇编》《中国对外直接投资统计公报》以及各省、直辖市的统计年鉴。依据已有的对 ODI 逆向溢出与经济增长质量测度的实证文献以及变量之间的因果关系，式（8－2）、式（8－3）中的解释变量可分为如下两类：

（1）核心解释变量：ODI 逆向技术溢出 S^{ODI}。为合理且有效地计算我国利用对外直接投资途径获得的技术溢出，采用公式为：$S_t^{ODI} = ODI_t/Y_t \times S_t$，其中，$ODI_t$ 代表我国对外直接投资额，S_t 和 Y_t 分别代表 t 年国内研发资本存量和生产总值。最终各省从对外投资中获得的逆向溢出按公式 $S_{it}^{ODI} = S_t^{ODI} \times (ODI_{it}/\sum_i ODI_{it})$ 计算，i 为省份。

（2）控制变量：包括吸收能力因素（人力资本 HC、研发强度 RD 和技术差距 TG）以及创新程度 $innov$、对外开放水平 $open$、资源禀赋 NR 和产业结构指标 ind。

①吸收能力指标：HC（人力资本）是影响逆向技术溢出的重要因素，参考 Barro 和 Lee（1993）提出的劳动力平均受教育年限方法来近

似计算人力资本水平；*RD*（研发强度）则使用国内研发经费支出与生产总值之比的方法来测算；本章在衡量 *TG*（技术差距）时，采用中国与他国之间的资本密集度之比，即 $TG_t = (K_t^d / L_t^d)/(K_t^f / L_t^f)$ 来衡量，其中，K_t^f、L_t^f 分别代表东道国的总体固定资本形成总额以及劳动力总人口。

②其他控制变量：*innov*（创新水平）采用各省每年的3种专利批准量与受理数之比表示；*open*（对外开放度）的计算公式为：$open_{it} = (IM_{it} + EX_{it})/GDP_{it}$，$IM_{it}$、$EX_{it}$ 分别表示 *i* 省 *t* 年的进、出口贸易量；*NR*（资源禀赋）对于经济增长质量具有重要的影响，根据数据的可得性，本章采用能源产出（万吨标煤）/国内生产总值（亿元）表示；不少文献认为 *ind*（产业结构）是影响经济增长质量的重要变量，通常使用第三产业产值与国内生产总值的比值进行衡量。

（三）经济增长质量指标的构建

经济质量的增长并非一个单一的概念，最近几年有关中国经济增长质量的研究层出不穷。随洪光（2013）提出高质量的经济增长应该是高效率增长模式下稳定且持续的增长，因此本章基于其观点，从增长的效率、稳定性和可持续性三个主要角度构建经济增长质量 *Eco*，具体评价体系构建如表8-1所示，共选取31项基础指标。此外，本章采用均值化方法对基础指标的各代理变量进行无量纲化处理以及使用主成分分析法对基础指标降维，以解决变量的不可通度性并求得 *Eco* 的综合指标。

其中，需要经过复杂处理的基础指标分别为资本生产率、全要素生产率以及泰尔指数。

（1）资本生产率采用各省GDP与该省相应年份的资本存量之比表示，而对资本存量的估算仍采用永续盘存法 $S_{it} = I_{it} + (1-\delta)S_{it-1}$。$S_{it-1}$ 是指资本存量的滞后1期，δ 为折旧率并沿用C-H模型使用的5%，I_{it} 指 *i* 省 *t* 年实际固定资本形成额，且以基年进行折算。2004年资本存量为 $S_{i2004} = I_{i2004}/(g_i + \delta)$，*g* 指样本期内各省固定资本投资的年均增长率。

（2）计算全要素生产率 *TFP* 以及技术效率变动 *EC*、技术变化 *TC*

时，利用了 DEAP 2.1 软件并视省份为单个生产决策单位。具体测算时，产出变量选用各省折算为 2004 年不变价格的实际 GDP 数据，资本投入量同样使用各省的资本存量，劳动投入量则采用各省年末总就业人数表示。

（3）泰尔指数的估算方程为：$dis = \sum_{i=1}^{2}(p_{it}/p_t)\times\ln[(p_{it}/p_t)/(z_{it}/z_t)]$，其中，$i$ 分别表示城镇和农村，z_t 表示 t 时期的总人口，p_t 表示 t 时期的总收入。

表 8－1　经济增长质量指标体系

方面指数	分项指标	基础指标	代理变量
经济增长效率	要素生产率	资本生产率	*GDP*/资本存量
		劳动生产率	*GDP*/从业人数
	生产组织效率	全要素生产率	*TFP*
		技术效率	*EC*
		技术变动	*TC*
	市场效率	工业化率	非农产业就业人数/总就业人数
经济增长稳定性	产业结构	第二产业比较劳动生产率	第二产业产值比/第二产业就业比
		第三产业比较劳动生产率	第三产业产值比/第三产业就业比
	城乡结构	二元对比系数	农业比较劳动生产率/非农业比较劳动生产率
		二元反差指数	|非农业产值比重－劳动力比重|
	投资消费结构	投资率	资本形成总额/*GDP*
		消费率	最终消费支出/*GDP*
	金融结构	存款余额占比	存款余额/*GDP*
		贷款余额占比	贷款余额/*GDP*
	经济稳定	经济波动率	|经济增长率变动幅度|
	城乡居民收入	农村居民家庭恩格尔系数	农村食品支出/消费支出
		城镇居民家庭恩格尔系数	城镇食品支出/消费支出
	就业波动	城镇登记失业率	城镇登记失业率
	成功分配	劳动者报酬占比	劳动者报酬/*GDP*
		泰尔指数	泰尔指数

续表

方面指数	分项指标	基础指标	代理变量
经济增长可持续性	环境污染	单位产出污水排放数（吨/万元）	工业废水排放总量/GDP
		单位产出固体废物排放数（吨/万元）	工业废物产生量/GDP
	资源消耗	单位地区生产总值电耗（千瓦小时/元）	电力消费量/GDP
	开放程度	进出口总额/GDP	进出口总额/GDP
		对外直接投资/GDP	对外直接投资/GDP
	公共服务	一般公共服务支出占比	一般公共服务支出/财政支出
		公共安全支出占比	公共安全支出/财政支出
	基础素质	铁路里程	铁路里程
		千米里程	千米里程
	科技与创新	科学技术支出占比	科学技术支出/财政支出
		各地区每年的三种专利批注量	每年的三种专利批注量

四、计量结果及分析

（一）面板数据的协整检验

在面板单位根检验的基础上，本章进一步采用了 Perdroni 协整检验方法，以确定经济增长质量、ODI 逆向技术溢出以及创新程度等变量之间是否存在长期的均衡关系。Pedroni 是针对异质面板数据的协整检验，原假设为变量之间不存在协整关系。它以 Engle 和 Granger 两步法的回归残差为基础，通过构造 4 个组内统计量和 3 个组间统计量来检验变量之间的协整关系。检验结果如表 8－2 所示。

从表 8－2 的检验结果来看，基于不同类型的检验结果不相一致。而考虑到本章数据的时间跨度仅为 12 年，样本期较小，因此在 Pedroni 检验中主要以 Panel ADF － stat 和 Group ADF － stat 为主要的判断标准，因为它们相较于其他统计量具有更好的小样本性质。表 8-2 中，Panel ADF-stat 和 Group ADF-stat 的伴随概率分别为 0.0004 和 0.0006，均在 1% 的显著性水平上拒绝了原假设，表明经济增长质量、ODI 逆向技术溢出以及创新程度等变量之间存在长期的均衡关系。在此基础上，本章将进一步考察 ODI 逆向技术溢出对经济增长质量的影响。

表 8-2　面板协整关系检验结果

检验方法				检验结果
Pedroni 基于残差的协整检验	组内统计量	$H_0:\rho = 1$ $H_1:(\rho_i = \rho) < 1$	Panel V-stat	-3.3274 (0.9996)
			Panel P-stat	4.9062 (1.0000)
			Panel PP-stat	-14.8797 *** (0.0000)
			Panel ADF-stat	-3.3384 *** (0.0004)
	组间统计量	$H_0:\rho = 1$ $H_1:(\rho_i = \rho) < 1$	Group P-stat	7.3666 (1.0000)
			Group P-stat	-20.1881 *** (0.0000)
			Group ADF-stat	-3.2357 *** (0.0006)

注：＊＊＊表示在 1% 的显著性水平上拒绝原假设而接受备选假设。

（二）ODI 逆向技术溢出对经济增长质量的直接影响检验

对模型（8-2）按照全样本和人力资本、研发强度、技术差距三个标准分组的子样本进行基础分析，结果如表 8-3 所示。全样本的检验表明，ODI 逆向技术溢出对经济增长质量具有不显著的提升作用。

按照人力资本分组进行检验，在本章的样本考察期内，两组样本中 ODI 逆向技术溢出的系数存在显著差异性。在人力资本较高的地区，ODI 逆向技术溢出的系数显著为正，在人力资本较低的地区，ODI 逆向技术溢出的系数具有不明显的负向趋势，说明人力资本较高地区的 ODI 企业能够有效地学习、吸收和转化应用东道国先进技术，人力资本较低的地区由于高技术人才的匮乏，很难进行 ODI 逆向技术溢出的传导。

按照研发强度分组进行检验，研发强度强的样本组 ODI 逆向技术溢出的系数显著为正，研发强度弱的样本组 ODI 逆向技术溢出的系数为正，但未通过显著性检验。这说明地区研发强度越高，越能充分学习和吸收东道国先进技术，对母国经济增长质量发挥积极的促进作用。

表 8-3　ODI 逆向技术溢出对经济增长质量影响的检验结果［模型（8-2）］

变量	全样本	人力资本高	人力资本低	研发强度强	研发强度弱	技术差距大	技术差距小
SODI	0.029 (0.129)	0.034 ** (0.035)	-0.029 (0.213)	0.031 ** (0.033)	0.010 (0.660)	0.007 * (0.084)	0.003 * (0.879)
innov	0.043 ** (0.025)	0.010 (0.722)	0.073 *** (0.004)	0.066 (0.120)	0.020 (0.400)	0.050 (0.161)	0.050 ** (0.028)
open	0.595 *** (0.000)	0.489 *** (0.000)	0.886 *** (0.000)	0.517 *** (0.000)	0.802 *** (0.000)	0.655 *** (0.000)	0.602 *** (0.000)
NR	0.146 ** (0.026)	0.038 (0.660)	0.135 ** (0.080)	0.122 (0.191)	0.074 (0.381)	-0.040 (0.731)	0.136 ** (0.063)
ind	1.584 *** (0.000)	2.347 *** (0.000)	-0.112 (0.862)	1.529 *** (0.009)	1.443 *** (0.001)	1.818 *** (0.001)	0.206 (0.733)
_ *CONS*	-1.320 *** (0.000)	-1.246 *** (0.000)	-0.928 ** (0.011)	-1.439 *** (0.002)	-1.063 *** (0.000)	-1.390 *** (0.003)	-0.827 ** (0.015)
R^2	0.6350	0.6968	0.3738	0.6055	0.6896	0.7187	0.3623
观测值	310	139	171	132	178	105	205
Wald 检验	235.6 [0.000]	305.63 [0.000]	43.78 [0.000]	125.43 [0.000]	215.03 [0.000]	252.96 [0.000]	52.47 [0.000]

注：*、**、***分别表示 10%、5%、1% 的显著性水平；小括号内为系数对应的 P 值，大括号内为 Wald 检验对应的 P 值。

按照技术差距分组进行检验，ODI 逆向技术溢出的估计系数均显著为正，其中技术差距大的样本组系数值较大，说明随着技术差距的扩大，ODI 逆向技术溢出对经济增长质量的正向效应也随之扩大。由以上检验结果可以初步得出一个结论，人力资本、研发强度和技术差距是影响 ODI 逆向技术溢出作用效果的重要因素，且随着人力资本的提高、研发强度的扩大以及技术差距的增大，ODI 逆向技术溢出对经济增长质量的正向效应也会变大。

（三）控制吸收能力的作用下 ODI 逆向技术溢出对经济增长质量的偏效应检验

对引入人力资本、研发强度、技术差距和 ODI 逆向技术溢出的连乘项的模型（8－3）进行检验，考察 ODI 逆向技术溢出对经济增长质量的偏效应，检验结果见表 8－4。全样本中，三种因素与 ODI 逆向技术溢出连乘项的系数估计均显著为正，且人力资本连乘项系数估计值最大，技术差距次之，研发强度最小。该结果一方面证实了人力资本、研发强度和技术差距是促使技术溢出内化的重要因素，另一方面说明相较于研发强度和技术差距而言，现阶段我国加大人力资本的投入更易吸收和转化技术溢出，促进经济增长质量的提高。

表 8－4　ODI 逆向技术溢出对经济增长质量的偏效应［模型（8－3）］

变量	全样本	人力资本高	人力资本低	研发强度强	研发强度弱	技术差距大	技术差距小
SODI	0.434 (0.310)	−1.460** (0.053)	−0.369 (0.207)	−0.695** (0.027)	−0.430 (0.197)	0.433 (0.317)	−0.683*** (0.006)
*HC * SODI*	0.372** (0.059)	1.457** (0.070)	0.280 (0.319)	0.473** (0.085)	0.464 (0.192)	−0.537 (0.217)	0.531** (0.029)
*RD * SODI*	0.017** (0.056)	0.033 (0.485)	0.011 (0.784)	0.040** (0.069)	−0.036 (0.319)	−0.029 (0.726)	0.026 (0.403)
*TG * SODI*	0.065** (0.093)	0.018 (0.841)	0.057 (0.294)	0.219*** (0.001)	−0.003** (0.094)	0.167** (0.023)	0.143*** (0.006)
innov	0.014** (0.052)	0.022 (0.512)	0.042** (0.021)	−0.002 (0.972)	0.013 (0.529)	0.043 (0.297)	0.023** (0.040)
open	0.596*** (0.000)	0.389*** (0.001)	0.865*** (0.000)	0.374*** (0.004)	0.862*** (0.000)	0.689*** (0.000)	0.566*** (0.000)

续表

变量	全样本	人力资本高	人力资本低	研发强度强	研发强度弱	技术差距大	技术差距小
NR	0.062 (0.257)	0.015 (0.864)	0.095 (0.205)	0.011 (0.892)	0.047 (0.467)	-0.000 (0.999)	0.045 (0.461)
ind	1.297 *** (0.000)	1.360 ** (0.033)	0.017 (0.980)	1.031 ** (0.042)	1.188 *** (0.003)	1.722 *** (0.003)	0.116 (0.843)
_ *CONS*	-1.327 ** (0.024)	-3.971 * (0.054)	-0.952 (0.261)	-0.356 (0.688)	-2.044 ** (0.036)	0.418 (0.765)	-0.433 (0.583)
R^2	0.6528	0.7104	0.4028	0.6538	0.6968	0.7245	0.4498
观测值	310	139	171	132	178	105	205
Wald 检验	450.97 [0.000]	318.96 [0.000]	53.85 [0.000]	232.26 [0.000]	388.31 [0.000]	252.45 [0.000]	99.02 [0.000]

注：①*HC*——人力资本；*RD*——研发强度；*TG*——技术差距。交互项是 ODI 逆向技术溢出和吸收能力的连乘项。

②*、**、和***分别表示10%、5%和1%的显著性水平。

分样本中，就人力资本而言，只有在人力资本较高、研发强度较强或技术差距较小的地区，人力资本的投入对 ODI 逆向技术溢出吸收和内化才显著。这说明人力资本对先进技术的吸收还与该地区的人力资本水平、政府对技术创新的态度以及与先进技术的差距相关。就研发强度而言，只有达到较高水平时才能促进技术溢出对该地区经济增长质量的正向效应，说明当地政府对技术创新的态度直接影响了逆向技术溢出的吸收内化作用。就技术差距而言，在技术差距分样本和研发强度强的分样本中，连乘项的系数估计均显著为正，且技术差距大样本组系数值为 0.167，大于技术差距小样本组的 0.143，在研发强度弱的分样本中，连乘项系数估计显著为负。这进一步证实了随着技术差距的扩大，对先进技术的边际吸收能力也在增强，而且得出了吸收能力水平的高低对 ODI 逆向技术溢出提升经济增长质量存在着很大的差异，吸收能力可能对 ODI 逆向技术溢出的作用效果存在门槛效应。

（四）在吸收能力作用下，ODI 逆向技术溢出对经济增长质量的门槛检验

为了验证人力资本、研发强度与技术差距是否影响 ODI 逆向技术溢出对经济增长质量的作用效果，分别以这三个指标作为代表影响 ODI 逆向技术溢出促进经济增长质量的异质性吸收能力的门槛变量，利用门槛回归模型进行检验和估计。

门槛检验结果表明，以人力资本、研发强度和技术差距分别作为门槛变量时，ODI 逆向技术溢出的单一门槛和双重门槛至少在 10% 的显著性水平上通过检验，因此，对于不同的门槛变量均采用双重门槛模型继续分析。各门槛模型的 F 统计量、相应的门槛值以及 95% 的置信区间见表 8－5。

表 8－5　门槛效应检验

门槛变量			门槛检验	门槛值	95% 置信区间
吸收能力	*HC*	单一门槛	5.671*** (0.000)	2.071	[2.018, 2.182]
		双重门槛	7.170** (0.043)	2.226	[2.124, 2.226]
		三重门槛	0.000 (0.270)	2.131	[2.124, 2.182]
	RD	单一门槛	6.975** (0.020)	0.027	[0.015, 0.070]
		双重门槛	3.403* (0.070)	0.067	[0.015, 0.116]
		三重门槛	−1.026 (0.473)	0.067	[0.049, 0.118]
	TG	单一门槛	7.080** (0.013)	0.005	[0.004, 0.010]
		双重门槛	13.795** (0.013)	0.016	[0.015, 0.016]
		三重门槛	0.000 (0.033)	0.010	[0.007, 0.011]

按照人力资本进行门槛检验，当人力资本水平较低时，技术溢出的系数显著为正，对经济增长质量的提高发挥积极的促进作用。这说明随着人力资本水平升高（$HC < 2.071$），ODI 逆向技术溢出对经济增长质量的影响不显著，但具有负向效应趋势；随着人力资本水平的不断提高（$2.071 \leqslant HC \leqslant 2.226$），ODI 逆向技术溢出的系数仍不显著，但由负向效应趋势转变为正向效应趋势；当人力资本超过一定水平后（$HC >$

2.226），ODI 逆向的不断投入，能够有效地吸收和内化先进技术。

按照研发强度进行门槛检验，当研发强度超过 0.067 或者低于 0.027 时，ODI 逆向技术溢出的系数值均为正数，但都未通过显著性检验，只有当研发强度处于 0.027 和 0.067 之间时，该地区 ODI 逆向技术溢出与经济增长质量才呈显著的正相关关系。这说明只有当研发强度处于适度水平时，研发强度才能充分扮演吸收能力的角色，对 ODI 逆向技术溢出进行吸收和内化，促进该地区经济增长质量的提高。

按照技术差距进行门槛检验，当技术差距较小（$TG < 0.005$）或者较大（$TG < 0.016$）时，ODI 逆向技术溢出对经济增长质量的提高具有显著的正向效应，且前者的系数值为 0.041，小于后者的系数值；当技术差距处于中等水平时（$0.005 \leqslant TG \leqslant 0.016$），ODI 逆向技术溢出的系数显著为负。这种结果进一步验证了前文的结论，即随着技术差距的扩大，ODI 逆向技术溢出对经济增长质量的正向效应也随之扩大，区别在于出现了中间过渡期，也就是说，该地区技术水平与东道国技术水平差距的逐步减小不利于 ODI 逆向技术溢出，进而对母国经济增长质量的提高产生负向效应。

表 8－6　ODI 逆向技术溢出对经济增长质量的门槛模型估计结果

变量	人力资本		研发强度		技术差距	
	系数值	P 值	系数值	P 值	系数值	P 值
innov	0.038**	0.049	0.047**	0.014	0.043**	0.028
open	0.501***	0.000	0.613***	0.000	0.651***	0.000
NR	0.147**	0.030	0.233***	0.003	0.187***	0.006
ind	1.186**	0.000	1.816***	0.000	1.0126**	0.020
区间 1	−0.027	0.233	0.014	0.582	0.041**	0.014
区间 2	0.022	0.423	0.064**	0.014	−0.041**	0.073
区间 3	0.090**	0.014	0.012	0.618	0.062**	0.037
CONS	−1.118***	0.00	−1.502***	0.000	−1.101***	0.000

续表

变量	人力资本		研发强度		技术差距	
	系数值	P 值	系数值	P 值	系数值	P 值
R^2	0.6381		0.6320		0.6530	
F 统计量	23.59 [0.0000]		32.81 [0.0000]		27.14 [0.0000]	
样本量	310		310		310	

注：＊＊＊、＊＊、＊分别表示1%、5%、10%的显著性水平。

以上结果均验证了表征吸收能力的人力资本、研发强度和技术差距会影响 ODI 逆向技术溢出效应的实现。并且得出了一个重要结论，即吸收能力只有处于一个合适的水平上，ODI 逆向技术溢出才能提升经济增长质量，否则会阻碍经济增长质量的提升。

（五）检验结果的解释

（1）人力资本、研发强度与技术差距所表征的逆向技术溢出吸收对于经济增长质量存在直接影响效应。人力资本水平高，意味着劳动者技能得到提升，区域内将存在更多参与国际竞争的劳动力，竞争活力的注入将带来制造创新的动机。此外，企业内的团体互动以及关联产业间的人际互动，将会带来知识、技能的分享与流动，并由于“人力资本外部性”产生知识溢出（Lucas，1988），促进技术的扩散从而使经济增长质量得到提高。而低人力资本水平可能会导致 ODI 渠道的技术反馈难以被吸收，因而阻碍经济增长质量的提高。研发强度的巩固将有助于促进其技术创新以及创新型国家战略的实施，通过技术创新提高创新效率、产业研发效率，由企业个体创新联动产业整体协同创新，从而达到经济增长的可持续，提高经济增长质量。此外，技术差距较大或较小都将使其本身的进一步提高显著促进经济增长质量。存在较大的技术差距时，我国 ODI 企业处于技术劣势，出于技术寻求的目的进行对外直接投资，建立在东道国的子公司或研发机构融入当地 R&D 聚集区域，随着与母公司间的人员流动与产品交流，在获得管理知识与经验的同时，也得到产品结构的优化（茹玉骢，2004），再通过母公司所在的创新网络将此溢出向母国关联产业及上下游扩散，从而促进经济增长质量提高。而较小的技术差距则可能激发我国 ODI 企业对于东道国类似企业的竞争，由竞争激励促使改进的发生，从而获得经济增长质量的提高。

（2）在控制吸收能力的情况下，三因素对于经济增长质量存在调节效应，且三者中人力资本相较而言对逆向技术溢出的吸收内化贡献最大。偏效应检验发现，地区本身的人力资本水平、研发强度及技术差距，将对技术反馈作用于经济增长质量的效果产生影响。在人力资本高的地区，进一步的人力资本投入将扩大技术溢出对于经济增长质量的促增作用，原因可能是，在信息经济的大环境下，劳动力的数量与创新力都具有关键作用，拥有高技能劳动力的地区再作出人力资本投入，将对地区内的创新活力存在一定的激发效果，从而改善经济增长质量。类似地，在研发强度高的地区内进一步进行研发投入，同样能够扩大技术溢出对于经济增长质量的促增作用。然而，在研发强度低的地区，技术差距的扩大则将抑制上述作用的效果。此中原因可能是，地区内 ODI 企业对于研发的轻视，将导致长期内所追求的可持续增长缺少创新助推，若在此条件下技术差距再一次扩大，则将使处于全球价值链底端的 ODI 企业被进一步俘获、控制。地区原本拥有高人力资本、高研发强度及较小技术差距的情况下，往往意味着区域内母国 ODI 企业将能更好地学习吸纳逆向技术反馈并且该地区也蕴含着良好的培育创新的环境，这都对经济增长质量的提升产生了正向促进作用。

（3）人力资本、研发强度与技术差距对 ODI 逆向技术溢出都具有双重门槛效应。人力资本在高水平区间内能够显著促进经济增长质量的提升，原因可能是，大力加强人力资本，重视人力资本的健康投资、教育投资，将使拥有专业技能的劳动者为产业转型升级的需求做出有力贡献，因而高水平的人力资本能够显著促进经济增长质量的提高，这与王弟海（2012）的研究结论一致。研发强度在达到中等水平区间内才能够促进经济增长质量，而较低、较高的强度都未显示显著促进经济增长质量。结合现实本书认为，ODI 企业在参与国际竞争的过程中面临着更紧迫的技术创新压力，此时研发投入的提高不仅有利于其海外竞争力的提高，也有利于造就 ODI 企业中技术领先者的诞生。上文门槛检验则说明，只有在达到一定的强度之后，研发强度的进一步提高才能够显著促进经济增长质量的提升。其中原因或许是，研发创新是一个具有积累性的长期过程，前期的研发投入能够带来一些实践经验，然而对于经济增长质量的作用并不明显，在达到阈值水平后才能产生显著效果。此外，过高的研发投入可能抢占了物质资本投入，从而对 ODI 造成“挤出效应”，而与其可能带来的正向作用发生抵消，表现为对经济增长质量不显著的作用。过大或过小的技术差距都将使其本身进一步提高，显著促进经济增长质量，而中等水平的技术差距将对经济增长质量的提高存在抑制作用。此中原因可能是，在存在过大技术差距的情况下，母国本身的技术基础较差，此时通过 ODI 企业切入全球价值链的低附加值环节，以大量的生产一线制造过程累积现场经验，能够获得隐形的工艺改良及材料改善等知识，从而得到有效的经济增长质量提升；技术差距过小时，ODI 企业的东道国与母国技术水平接近，此时可能存在良性的“同侪效应”，相似的水平易引发更激烈的竞争从而产生更强的创新激励，促进经济增长质量的提升；技术差距处于中等水平时，则可能因为母国与东道国间可观的技术差距导致 ODI 企业的海外竞争力较小，无法形成技术优势的情况下，本土吸收技术溢出的能力也较弱，此时便呈现出对经济增长质量的负向影响。

五、结论与政策建议

在“创新型国家”战略的推动下，为了实现“中国制造”向“中国创造”的突破，维持并提高经济增长质量，以技术创新引领对外直接投资从而保障经济增长的可持续性就变得格外具有实践意义。基于此，本章选取2004—2015年的30个省级面板数据，采用全样本和按人力资本、研发强度、技术差距三个标准分组的子样本分别进行检验，研究发现：①人力资本、研发强度与技术差距所表征的逆向技术溢出吸收对于经济增长质量存在直接影响效应，人力资本水平高、研发强度大以及无论技术差距大小的样本组内，该直接影响显著促增经济增长质量；②控制技术反馈吸收能力时，三因素对于经济增长质量存在调节效应，且其中人力资本相较而言对逆向技术溢出的吸收内化贡献最大；③三个因素对ODI逆向技术溢出都具有双重门槛效应。

从我国现状来看，出于获得可持续经济增长以及稳健经济增长质量的目标，产业升级迫在眉睫，为了实现价值链攀升并从“微笑曲线”的低谷走出，应当借助人力资本对经济增长质量的带动作用，大力发展知识、技能密集的生产者服务业，加强健康投资、教育投资，以人力资本的提高促进经济增长质量的稳健提升；应当在企业“走出去”的过程中重视研发投入，形成技术优势引领创新的情况下改变被价值链上端国家俘获的被动局面，获得参与国际竞争的主动权；应当缩小技术差距，以激烈竞争促使创新活力的激发，从而早日迈入创新型国家行列。

参考文献

[1]DESAI M C, FOLEY C F, HINES J R. Foreign direct investment and domestic activity[J]. NBER Working Paper 11717, 2005.

[2]FRANK S, HSIAO W. FDI, Exports, and GDP in East and Southeast Asia - Panel data versus time - series causality analyses[J]. Journal of Asian Economics, 2006(17):1082 - 1106.

[3]HERZER D. Outward FDI and economic growth[J]. Journal of Ecomomic Studies, 2010, 37(5):476 - 494.

[4]张伟如，韩斌，胡冰. 中国对外直接投资绩效与经济增长——基于省级面板数据的实证分析[J]. 经济问题，2012(11):54 - 56.

[5]潘雄锋,闫窈博,王冠. 对外直接投资、技术创新与经济增长的传导路径研究[J]. 统计研究,2016,33(8):30－36.

[6]KOGUT B,CHANG S J. Technological capabilities and Japanese foreign direct investment in the United States[J]. Review of Economics & Statistics, 1991, 73(3):401－413.

[7]LICHTENBERG F R. Sources of U. S. longevity increase, 1960—1997[J]. NBER Working Papers, 2000,405(12):369－389.

[8]DAVID A. Inflation uncertainty, asset valuations, and the credit spreads puzzle[J]. Review of Financial Studies, 2008, 21(6):2487－2534.

[9]朱陈松,张晓花,朱昌平,施昊哲. 对外直接投资逆向技术溢出与企业研发强度:基于门槛效应的研究[J]. 科技进步与对策,2015,32(15):75－80.

[10]SIOTIS D. The rehearsal of misunderstanding: three collections by contemporary Greek women poets: "The cake" by RHEA GALANAKI, "Tales of the deep" by JENNY MASTORAKI, "Hers" by MARIA LAINA[J]. Journal of Modern Greek Studies, 1999, 17(1):223－224.

[11]ORR B. Where will internet banking be in two years? [J]. Aba Banking Journal, 1998, 90.

[12]李梅,柳士昌. 对外直接投资逆向技术溢出的地区差异和门槛效应——基于中国省际面板数据的门槛回归分析[J]. 管理世界,2012(1):21－32,66.

[13]SACHS S,HI D B. How the society influences the firms competitive advantage and the scope of managerial discretion[J]. Journal of Economic Literature,1995(6):889－900.

[14]MEGGINSON W L,NETTER J M. From state to market: a survey of empirical studies on privatization[J]. Journal of Economic Literature, 2001, 39(2):321－389.

[15]蔡昉. 理解中国经济发展的过去、现在和将来——基于一个贯通的增长理论框架[J]. 经济研究,2013,48(11):4－16,55.

[16]LICHETNBERG F, VAN POTTELSBERGHE DE LA POLLERIE B. Does

foreign direct investment transfer technology across borders[J]. The Views of Economics and Statistics, 2001, 83(3):490 - 497.

[17]CHEUNG K, LIN P. Spillover effects of FDI on innovation in China: evidence from the provincial data[J]. China Economic Review, 2004, 15(1): 25 - 44.

[18]JAVORCIK B S. Does foreign direct investment increase the productivity of domestic firms? in search of spillovers through backward linkages [J]. American Economic Review, 2004, 94(3).

[19]COE D T, HELPMAN E. International R&D spillovers[J]. European Economic Review, 1995, 39(5):859 - 887.

[20]POTTELSBERGHE V B, LICHTENBERG F. Does foreign direct investment transfer technology across borders? [J]. The Review of Economics & Statistics, 2001, 83(3):490 - 497.

[21]欧阳艳艳,郑慧欣. 中国对外直接投资逆向技术溢出的境内地区差异性分析[J]. 国际商务(对外经济贸易大学学报),2013(1):85 - 94.

[22]BENHABIB J, SPIEGEL M. The role of human - capital in economic - development evidence from aggregat cross - country data[J]. Journal of Monetary Economics, 1994, 34(2):143 - 173.

[23] FINDLAY J N. Time and eternity[J]. Review of Metaphysics, 1978, 32(1):3 - 14.

[24]KELLER R T. Cross - functional project groups in research and new product development: diversity, communications, job stress, and outcomes[J]. Academy of Management Journal, 2001, 44(3):547 - 555.

[25]HANSEN B E. Threshold effects in non - dynamic panels: estimation, testing and inference[J]. Journal of Econometrics, 1999(93):345 - 368.

[26] BARRO R, LEE J W. International comparison of educational attainment [J]. Journal of Monetary Economics, 1993(3):363 - 394.

[27]随洪光. 外商直接投资与中国经济增长质量提升——基于省际动态面板模型的经验分析[J]. 世界经济研究,2013(7):67 - 72,89.

[28]LUCAS R E. On the mechanics of economic development[J]. Journal of

Monetary Economics, 1988(22):3 – 42.

[29]茹玉骢.技术寻求型对外直接投资及其对母国经济的影响[J].经济评论,2004(2):109 – 112,123.

[30]王弟海. 健康人力资本、经济增长和贫困陷阱[J]. 经济研究,2012(6):143 – 155.

第三篇

内需驱动与服务贸易出口的关系研究

第九章　内需驱动与服务贸易出口关系研究

一、问题的提出

在全球产业结构升级、调整以及中国经济开放程度不断加深的环境下，中国服务贸易尤其是出口服务贸易得到了“飞跃式”的发展。据统计，2015 年中国服务贸易的出口与进口增长速度均大幅高于全球水平，服务贸易总额位居全球第二。就国内而言，2015 年中国服务贸易占对外贸易总额（货物和服务进出口之和）的比重达 15.3%，比 2014 年提高 3 个百分点，其中服务贸易出口增长至 2881.9 亿美元，增长了 9.2%，其占总出口（货物贸易和服务贸易出口之和）的比重为 11.2%。无疑，服务贸易的迅猛发展为拉动就业、促进服务业转型升级提供了支撑，成为我国对外贸易的新动力。然而服务贸易规模迅速扩大的背后，隐藏着我国服务贸易“量”高“质”低的可持续发展危机（许和连、成丽红，2015）[1]，突出表现在两方面：一是传统服务贸易（旅游、运输服务和建筑服务）出口仍然占据“半壁江山”，其占比依旧高达 53.2%，且相较于 2014 年提高了 2.8 个百分点。二是新兴服务业发展良莠不齐，整体水平偏低。2015 年，出口方面发展最快的是知识产权使用费和文化服务，其次是电信、计算机和信息服务等，而金融服务和技术服务出口则有所下降。因此，要实现服务业“保量提质”发展，加快服务贸易升级转型势在必行。在此背景下，我国提出了扩大内需战略，强调建立扩大内需长效机制，把扩大消费需求作为扩大内需的战略重点，进一步释放国内消费潜力。这为提高我国服务贸易出口水平，增强服务贸易国际竞争力指明了新的方向。

基于上述事实，从国际贸易的角度看，中国服务贸易的出口规模快速扩张与产业结构亟须转型升级背后的作用路径是什么？无论是新贸易理论还是新新贸易理论都认为“市场需求规模”对一国出口有重要影响（Krugman，1980；Melitz，2003；陈启斐、刘志彪，2014）[2]~[4]。现有研究清晰地阐述了市场需求规模对一国出口的影响机制：一是存在运输成本时，企业选择在市场需求规模较大的国家或地区进行规模生产并形成专业化分工，改进生产率，从而提升该国出口水平（前向关联①，Forward Linkage）（毛艳华、李敬子，2015）[5]。二是企业集聚导致劳动者工资水平提高及劳动需求增加，进而吸引劳动力尤其是熟练工人的涌入，降低了厂商的劳动力和中间投入成本（后向关联②，Backward Linkage）（Krugman，1980、1991；Amiti，1998）[6][7]。因此，拥有较大市场需求规模的国家会形成净出口，即“本土市场效应”。

20 世纪 90 年代后，随着服务全球化和国际分工的不断深化，服务贸易在很大程度上突破了传统的“不可贸易”特征。特别是 ICT（InformationCommunications Technology）技术发展和科技创新直接推动了服务业的“可贸易性革命”，破除了服务业生产和消费在地域上的限制（Hill，1977；Freund 和 Weinhold，2002；江小涓，2008）[8]~[10]。现有研究表明，服务贸易具有不完全竞争、规模报酬递增和产品多样化等特征，服务消费具有结构趋同、需求多样化特点（Grevaisl 和 Jensen，2013[11]；毛艳华、李敬子；2015）。因此，基于不完全竞争、规模经济和需求多样化等假设的新贸易理论为解释我国出口服务贸易“量”高“质”低的现状提供了新的思路，为提升我国服务贸易发展水平提供了

① 前向关联是指某些产业因生产工序的前后，前一产业部门的产品为后一产业部门的生产要素，这样一直延续到最后一个产业的产品，即最终产品为止。

② 后向关联是指后续产业部门为先行产业部门提供产品，作为先行产业部门的生产消耗。

新的视角。

目前，关于服务业的市场需求规模与出口之间的关系研究主要集中于验证是否存在本土市场效应。具体来看，主要有两个途径：第一，采用“超常需求”计算本土市场效应，其关键是将比较优势从规模报酬递增中剔除。但 Davis 和 Weinstein（1996）[12]的研究得出，比较优势理论对 OECD 国家间贸易的解释力度高达 90%，而本土市场效应的解释力度仅为 5%。这说明基于要素禀赋的比较优势理论依旧是解释国际贸易的重要内容。第二，采用引力模型计算产业的相对出口与相对市场规模的弹性大小，若为正则说明存在本土市场效应。Schumacher（2003）[13]从引力模型中推导出了本土市场效应模型。Davis 和 Weinstein（2003）[14]扩展了引力模型，他们的研究认为，将经济规模、双边距离纳入引力模型的分析框架中会使本土市场效应的检验结果更加具有现实性。Nasir 和 Kalirajan（2013）[15]也对引力模型进行了扩展，将 GDP、共同语言、网络使用量等因素纳入其中，并得出 GDP、共同语言对服务出口具有正向显著影响。Kuimun 和 Lee（2006）[16]认为引力模型更适用于分析和预测服务贸易。他们以 10 个 OECD 国家的双边贸易（包括服务贸易和货物贸易）为样本，验证了 OECD 国家服务业存在本地市场效应。Hanson 和 Xiang（2004）[17]亦是利用倍差引力模型得出了本土市场效应存在且十分依赖于运输成本的结论。此外，现有文献还探讨了相对贸易成本、需求结构、技术水平等因素对服务出口数量与结构的影响，如 Head 和 Reis（2001）、Chen 和 Zeng（2014）、Fajgelbaum et al.（2011）、Huang et al.（2013）等[18]~[21]。

当然，不少国内学者也开始关注对服务业领域的本地市场效应研究，但研究成果相对较少且不深刻。如阚大学和吕连菊（2014）[22]对中国服务业本地市场效应进行了实证研究，但缺乏相应的理论模型支撑。刘志中（2015）[23]就中美服务贸易的本地市场效应的存在进行了验证，但其结论缺乏普遍性。综合国内外研究发现，以往对市场需求规模的研究均是从本土市场效应的视角出发，检验本土市场效应的存在性，对市场需求规模本身并没有深入的讨论。基于以上考虑，本章引入门槛效应，构建包括距离、法律、语言等因素在内的扩展的引力模型，探索需求规模与出口之间的影响关系。本章的创新之处在于：①基于本地市场效应理论解释中国服务贸易出口规模迅速扩大的深层次动因与动力机制，为服务贸易发展提供一个新的分析视角；②以中国和 23 个 OECD 国家的双边服务贸易为样本，基于扩展的引力模型，重点研究内需因素对服务贸易出口的影响，为我国实施内需扩大战略提供理论依据；③引入门槛效应，研究内需、世界 GDP、距离和制度的门槛效应，进一步分析在门槛值前后，内需增加对服务贸易出口的促进作用是否不同，从而更好地挖掘我国服务出口潜力。

二、模型设定与变量选择

对贸易数据进行定量研究常常要用到引力模型，这也是国际贸易中经常会用到的基础模型。自 Tinbergen（1962）[24]受牛顿万有引力定律的启发①，根据引力的自然界现象和逻辑关系来研究双边贸易的经济关系以来，引力模型已经在很多经济学领域的研究中得到了很好的应用，诸如空间经济、国际贸易、跨国投资等。由于引力模型能够非常好地拟合双边和多边贸易流数据，并且计算出来的估计参数的波动也在一个可接受的范围之内，所以在实证研究中得到了大量应用。

引力模型最基本的形式可以表示为：

$$X_{ij} = const \times \frac{Y_i Y_j}{D_{ij}} \tag{9-1}$$

其中 X_{ij} 表示两国间的贸易流量，与代表 i 国 j 国经济总量的 Y_i 和 Y_j

① 引力模型从牛顿万有引力定律演化而来，其将两个物体之间的引力与它们各自的质量和两者之间的距离联系起来。Tinbergen（1962）最早在国际贸易领域应用引力模型，认为两国的双边贸易流量与两国距离成反比，与两国经济规模成正比。

成正比关系，与代表 i 国 j 国地理距离的 D_{ij} 成反比关系。这是引力模型的一个最基本的形式，在后来的发展中，更多学者根据各自的研究内容，采取增设解释变量的方式，对原始模型进行了各种扩展，推动了引力模型的发展。

新增解释变量主要可以分成两种类型：一类是逻辑型，这种类型的新增解释变量主要是来自单一经济体的内部，通过挖掘经济体内部还有可能会对服务贸易产生影响的因素，并将其一步步纳入计量模型中来进行研究认证。另一类是外延型，即根据不同经济体的不同特征，寻找能从不同角度反映贸易双方差异性的虚拟变量，加入模型中进行研究。如 Kimura 和 Lee（2006）通过引入虚拟变量建立扩展的引力模型，从贸易双方是否拥有共同语言、在地域上是否接壤以及是否同处于一个区域经济一体化组织内等不同角度来考察对双边服务贸易的影响。一些新的解释变量因研究者各自不同的研究目的而被加入原模型中，这大大增强了贸易引力模型在实践过程中的解释力度。

尽管引力方程最早作为经验方程提出，但也有着深厚的微观理论基础做支撑。无论是基于垄断竞争的新贸易理论，还是基于完全竞争的比较优势理论和要素禀赋理论，都可以独立推导出特定形式的引力方程。

基于引力模型的经验研究，大多数学者都选择采用引力模型的对数形式。这主要是因为经济生活中各因素间的相互关系往往是几何形式而非算术形式的，这时候采用对数形式具有以下几个优势：使引力公式线性化、减少数据中的异常点、避免数据残差的非正态分布和异方差现象（张海森、谢杰，2008）[25]。根据本章的研究目的，通过引入新的解释变量得到如下扩展引力模型方程：

$$\ln EX_{ijt} = \beta_0 + \beta_1 \ln GDP_{it} + \beta_2 \ln WGDP_t + \beta_3 \ln DIS_{it} + \beta_4 OECD + \beta_5 OPEC + \beta_6 NAFTA + \beta_7 SPR_{it} + \beta_8 LAN_{ij} + \beta_9 BOR_{ij} + \varepsilon_{ijt} \quad (9-2)$$

式中因变量 $\ln EX_{ijt}$ 为 t 期经济体 i 对 j 的出口额的对数，β_0 为常数项，β_1，β_2，…，β_9 为待估参数，ε_{ijt} 随机扰动项。本章选取中国和 OECD 中 23

个代表性国家①作为样本。之所以选择这些国家做样本，是因为它们是中国最主要的贸易伙伴，而且其贸易额也占据了全球贸易的绝大部分，具有代表性。各个解释变量的含义及其数据来源详见表 9－1。

表 9－1　扩展引力模型中解释变量的含义及数据来源

解释变量	含义	数据来源
GDP_{it}	t 时期 i 国的国内生产总值	经合组织数据库
$WGDP_t$	t 时期全世界的国内生产总值	经合组织数据库
DIS_{ij}	国家 i 与国家 j 的物理距离	参见 www. timeanddate. com 网站
OECD	虚拟变量，表示国家 i、j 之间是否是该组织成员，是则取 1，不是则取 0	世界贸易组织的 RTA 数据库
OPEC		
NAFTA		
SPRIT	代表法律结构和产权，用来描述一国司法体系的完备程度	加拿大弗雷泽研究所全球经济自由化指数数据库（Economic Freedom of the World，EFW Index）
LAN_{ij}	虚拟变量，表示国家 i、j 之间是否有共同的官方语言，是则取 1，不是则取 0	相关的地理书籍获取
BOR_{ij}	虚拟变量，表示国家 i、j 之间是否接壤，是则取 1，不是则取 0	世界地图

三、普通面板模型实证分析

（一）普通面板回归分析

本章运用 Stata14.0，采用逐步回归法，利用可行的广义最小二乘法对每个方程进行回归。通过不断加入变量，我们可以发现，从模型 1 到模型 5 的 R^2 是逐渐增大的，说明随着解释变量个数的增加，回归方程的拟合优度不断改善。通过对比不难发现，模型 5 不仅拟合优度最

① OECD 国家都实行市场经济，目前成员国有 34 个，本章选取代表性较强的 23 个成员国，分别是：澳大利亚、奥地利、比利时、加拿大、捷克、丹麦、芬兰、法国、德国、希腊、匈牙利、爱尔兰、意大利、日本、韩国、荷兰、挪威、波兰、葡萄牙、西班牙、瑞典、英国和美国。

高，而且总体显著性较好，并且通过了 Wald 检验，因此以模型 5 的回归结果为基础来进行后面的实证分析更为合理。

表 9－2　普通面板模型实证回归结果

解释变量	广义最小二乘法				
	模型 1	模型 2	模型 3	模型 4	模型 5
ln*GDP*	0.716 *** (0.0236)	0.711 *** (0.0229)	0.716 *** (0.0246)	0.766 *** (0.0275)	0.792 *** (0.0268)
ln*WGDP*	0.667 *** (0.1029)	0.7245 *** (0.1001)	0.718 *** (0.1008)	0.662 *** (0.1001)	0.634 *** (0.0946)
ln*DIS*	－0.918 *** (0.0703)	－0.888 *** (0.0683)	－0.878 *** (0.0701)	－1.083 *** (0.0896)	0.013 (0.2978)
SPR		0.105 *** (0.0242)	0.107 *** (0.0244)	0.082 *** (0.0249)	0.092 *** (0.0264)
LAN			－0.0467 (0.0747)	－0.145 * (0.0780)	－0.103 (0.0956)
BOR				－0.719 *** (0.2024)	0.181 (0.2739)
OECD					0.566 *** (0.1475)
APEC					－0.844 *** (0.2858)
NAFTA					－0.214 (0.1517)
C	－3.315 * (1.9185)	－5.312 *** (1.9057)	－5.361 *** (1.9094)	－2.415 (2.0414)	－12.680 *** (3.1883)
Wald 检验	1132.64 [0.00]	1233.01 [0.00]	1233.85 [0.00]	1306.67 [0.00]	1527.15 [0.00]
观测值	301	301	301	301	301
Adj－R^2	0.7346	0.7482	0.7487	0.7567	0.7862

注：逐步加入变量进行回归，表中圆括号内部表示标准差，方括号内部表示 P 值；*、**和***分别表示 10%、5%和 1%的显著性水平。

由表 9－2 可知，市场的需求规模是一国服务贸易出口的重要驱动力。具体来看，本国的市场需求规模每扩大1%，服务贸易的出口量就会显著增加0.792%。这一结论说明内需驱动战略能够促进服务贸易的出口。同时，实证结果显示，全球市场需求规模每扩大1%会促进本国服务贸易出口额上升0.634%，参数的估计值通过了1%显著性水平的检验，因此我们认为全球市场需求规模的扩大会促进本国服务贸易的出口。

模型5中一国与贸易伙伴国之间距离变量的系数并不显著，而由模型1~4都可以看出一国同贸易伙伴国之间的距离与该国对其服务贸易出口的数量成反比，均通过了1%的显著性水平的检验。同时，良好的司法制度能够显著促进本国服务贸易出口的发展，制度指数每提高1个单位，本国服务贸易的出口额就会上升0.092%。这说明，良好的司法制度体系能够保障合约的有效执行，从而有助于促进服务业的出口，但就目前来说促进效果并不明显。正如Guillin（2011）[26]所认为的那样，较高质量的制度可以提供一套明确的价格信号，降低资源配置的扭曲和非生产性的耗费，从而通过降低与他国进行服务贸易的交易成本的方式促进国与国之间的服务贸易往来。目前的中国包括其他一些国家并未完全建立起这种高质量的制度，因此促进效果并不明显。

从表9－2并不能看出服务贸易是否更容易在语言相同、边界相邻的国家之间展开，但是否加入经济一体化组织显然会对一国服务贸易的出口产生影响，且影响的大小和方向是不同的。具体来看，贸易伙伴国加入OECD会使得本国的服务业出口额提升0.566%；加入APEC则会使本国双边服务贸易的出口额降低0.844%，这可能是因为本章主要研究的是中国与23个OECD国家的服务贸易，加入APEC可能会给中国与OECD国家进行服务贸易往来形成壁垒；而*NAFTA*的系数为负但并未通过10%的显著性水平检验。由于模型5中存在3个控制变量没有通过10%的显著性水平检验，于是接下来对涉及的控制变量进行了相关性检验，具体结果见表 9－3。

由表 9－3 可以得知控制变量之间的相关关系，通过对比可以发现 *LAN* 和 *NAFTA* 的相关性最高（达到了 0. 5878），同时 *APEC* 和 *NAFTA* 的相关性也很高（达到 0. 5222），即北美自由贸易区与共同语言和加入 APEC 都具有较强的正相关关系。因此我们可以认为 *NAFTA* 具有内生性，于是在接下来的部分中我们就用 *OECD* 和 *APEC* 这两个变量来作为 *NAFTA* 的工具变量进行稳健性检验。

表 9－3　控制变量之间的相关关系

控制变量	*BOR*	*LAN*	*OECD*	*APEC*	*NAFTA*
BOR	1. 0000				
LAN	－0. 4065	1. 0000			
OECD	－0. 0435	0. 1070	1. 000		
APEC	－0. 3612	0. 4146	－0. 3612	1. 0000	
NAFTA	0. 0629	0. 5878	0. 0629	0. 5222	1. 0000

（二）稳健性检验分析

由于三阶段最小二乘法相对于 OLS 来说可以提高估计效率，因此，本章将采用三阶段最小二乘法进行稳健性检验，检验结果见表 9－4 第 2 列，从表中可以看出，其拟合优度 R^2 与模型 5 一致（都为 0. 7862），整体上方程回归效果较好，且此方法的系数估计结果与模型 5 类似（符号和显著性并未改变），说明模型 5 得到的系数估计结果是稳健的，因此以模型 5 的回归结果为基础来进行分析是可靠的。

表 9－4 第 3 列采用系统 GMM 进行回归，第 4 列为迭代 GMM（IGMM）估计法，第 5 列则为有限信息极大似然法（LIML）[①] 估计的结果，最后一列是两阶段最小二乘法（2SLS）的系数回归结果。在本章的大样本数据下，我们发现 LIML 与 2SLS 估计法得到的系数是渐近等同的。

① 存在弱工具变量的情况下，LIML 的小样本性质可能优于 2SLS。

不难发现，后四种估计方法所得到的系数除了距离因素发生了符号的变化以及 OECD 和 APEC 的系数估计值被省略,[①] 其余估计结果与模型 5 的差别并不大。具体地，后四种方法估计的距离变量系数由正变为负，由不显著变为显著，此结果更符合一国服务贸易出口额与距离成反比的预期。

表 9 -4 稳健性检验结果（1）

变量	3SLS (1)	GMM (2)	IGMM (3)	IIML (4)	2SLS (5)
ln*GDP*	0. 805 *** (0. 0297)	0. 760 *** (0. 0307)	0. 762 *** (0. 0307)	0. 745 *** (0. 0322)	0. 753 *** (0. 0302)
ln*WGDP*	0. 698 *** (0. 0998)	0. 871 *** (0. 1243)	0. 844 *** (0. 1250)	0. 781 *** (0. 1284)	0. 765 *** (0. 1230)
ln*DIS*	0. 010 (0. 3318)	- 0. 594 *** (0. 1386)	- 0. 572 *** (0. 1391)	- 0. 777 *** (0. 2168)	- 0. 869 *** (0. 1449)
SPR	0. 072 ** (0. 0290)	0. 117 *** (0. 0348)	0. 106 *** (0. 0347)	0. 112 *** (0. 0429)	0. 098 *** (0. 0347)
LAN	- 0. 138 (0. 1060)	0. 183 (0. 1454)	0. 209 (0. 1473)	0. 201 (0. 2339)	0. 091 (0. 1463)
BOR	0. 071 (0. 3086)	0. 295 (0. 3359)	0. 3450 (0. 3363)	0. 026 (0. 5532)	- 0. 224 (0. 3490)
OECD	0. 623 *** (0. 1642)				
APEC	- 0. 841 *** (0. 3181)				
NAFTA	- 0. 183 (0. 1691)	- 0. 993 *** (0. 2989)	- 1. 087 *** (0. 298)	- 0. 800 (0. 5360)	- 0. 554 * (0. 3208)
C	- 13. 800 (3. 5377)	- 11. 344 *** (3. 1215)	- 11. 049 *** (3. 1375)	- 7. 794 * (4. 019)	- 6. 505 ** (3. 2187)
Wald 检验	1278. 37 [0. 00]	1491. 61 [0. 00]	1464. 17 [0. 00]	1563. 34 [0. 00]	1587. 37 [0. 00]

① 表 9 -4 中的稳健性检验，除了三阶段最小二乘法检验之外，其他四个检验均用到了工具变量，即用变量（*OECD*、*APEC*）作为 *NAFTA* 的工具变量。

续表

变量	3SLS (1)	GMM (2)	IGMM (3)	lIML (4)	2SLS (5)
观测值	301	301	301	301	301
Adj - R^2	0.7862	0.7731	0.7684	0.7845	0.7901

注：表中圆括号内部表示标准差，方括号内部表示 P 值；*、**和***分别表示 10%、5%和 1%的显著性水平。

表 9 - 5 是用广义最小二乘法[①]进一步对模型进行稳健性检验的结果。从表中我们可以看出，在只有国内市场需求规模的样本组中（表 9 - 4第 2 列），国内市场需求规模对一国服务贸易出口额的影响在 1%的水平上显著为正，这表明国内市场需求规模每增加 1%，会显著促进本国服务贸易出口额提升 0.846%。在既有国内市场需求规模又有世界市场需求规模的样本组中（表 9 - 4 第 3 列），国内市场需求规模和世界市场需求规模对一国服务贸易出口额的影响均通过了 1% 显著性水平检验，可以发现一国市场规模每扩大 1%，会拉动该国服务贸易出口额增加 0.729%；同时，世界市场需求规模越大越可以促进服务贸易出口，数据显示，世界市场需求规模每提高 1%，服务贸易出口额会上升 0.634%。

表 9 - 5　稳健性检验结果（2）

变量	模型 1	模型 2	模型 3	模型 4
ln*GDP*	0.846 *** (0.0271)	0.792 *** (0.0268)		
ln*WGDP*		0.634 *** (0.0946)		
*L*ln*GDP*			0.284 *** (0.0571)	0.183 *** (0.0548)

① 广义最小二乘法是一种常见的消除异方差的方法，它的主要思想是为解释变量加上一个权重，从而使得加上权重后的回归方程方差是相同的。因此在 GLS 方法下我们可以得到估计量的无偏和一致估计，并可以对其进行 OLS 下的 t 检验和 F 检验。

续表

变量	模型 1	模型 2	模型 3	模型 4
LlnWGDP				1.395 *** (0.1867)
ln*DIS*	−0.067 (0.3159)	0.013 (0.2978)	0.228 (0.6472)	0.307 (0.6011)
SPR	0.067 ** (0.0277)	0.092 *** (0.0264)	0.188 *** (0.0567)	0.228 *** (0.0529)
LAN	−0.203 * (0.1003)	−0.103 (0.0956)	1.389 *** (0.1835)	1.353 *** (0.1700)
BOR	−0.017 (0.2887)	0.181 (0.2739)	2.877 *** (0.5723)	2.840 *** (0.5339)
OECD	0.604 *** (0.1565)	0.566 (0.1475)		
APEC	−0.886 *** (0.3035)	−0.844 *** (0.2858)	−0.201 (0.6344)	−0.035 (0.5892)
NAFTA	−0.160 (0.1607)	−0.214 (0.1517)	−0.899 *** (0.3236)	−0.942 *** (0.3008)
C	−1.142 (2.8322)	−12.680 *** (3.1883)	0.448 (6.0273)	−23.924 *** (6.5201)
Wald 检验	1298.63 [0.00]	1527.15 [0.00]	99.01 [0.00]	173.32 [0.00]
观测值	301	301	288	288
Adj − R^2	0.7812	0.7862	0.2504	0.2752

注：表中圆括号内数值表示标准差，方括号内数值表示 P 值；*、**和***分别表示 10%、5%和 1%的显著性水平；*LlnGDP* 和 *LlnWGDP* 指滞后 1 期的 ln*GDP* 和ln*WGDP*。

虽然我们控制了贸易国的地理距离、制度因素、区域组织特征等对一国出口贸易的影响，但这并不能有效地消除国内市场需求规模和服务贸易出口之间以及世界市场规模与服务贸易出口之间由于逆向因果关系导致的内生性。在如今的国际贸易中，服务贸易出口越大的国家越容易具备较大的国内市场规模，并且对世界生产总值的贡献也越大。据此，我们考虑国内市场需求规模和世界市场需求规模变量的滞后 1 期，将它们放入模型重新进行回归，回归结果见表 9－5 的第 4 列和第 5 列。通过对比模型 1 和模型 3 以及模型 2 和模型 4 可以得出：在仅有国内市场规模的子样本组中，与当期相比，滞后 1 期国内市场规模的系数发生较大变化，显著性未发生变化，这说明国内市场规模对服务业进口的促进效应并不稳健；从既有国内市场规模又有世界市场需求规模的样本组来看，显著性水平没有发生变化，但两者系数发生了较大变化（国内市场规模系数从 0.792 变成 0.183，世界需求规模系数由 0.634 变为 1.395），也可以发现原模型并不稳健，这可能是由于模型设定不准确。接下来，我们将对原模型进行门槛回归。

四、面板门槛模型实证分析

以上实证结果显示，国内市场规模、世界生产总值、距离以及制度等因素对一国服务业出口量大小具有显著影响。那么，一国的服务业出口是否具有门槛特征呢？如国内市场规模在达到阈值之前对一国出口是否具有促进作用，促进效果与达到阈值之后相比如何？为了回答上述问题，我们借鉴 Hansen（2000）[27] 的研究方法，构建门槛效应模型，具体设定如下：

$$\ln EX_{ij} = \beta_0 + \beta_1 \ln GDP_i \cdot I(q_i \leqslant \gamma) + \beta_2 \ln GDP_i \cdot I(q_i > \gamma) + \sum_{n=1}^{5} \alpha_n X_{ij} + \mu_{ij} + \varepsilon_{ij} \tag{9-3}$$

其中，q_i 为门槛变量，此处分别选择国内市场规模、世界生产总值、距离和制度作为门槛变量；γ 为未知门槛值，β_1 和 β_2 分别表示门槛变量在 $q_i \leqslant \gamma$ 和 $q_i > \gamma$ 时的系数；X_{ij} 为其他解释变量及控制变量①，α_n 是其

① 其他解释变量是世界生产总值（$\ln WGDP$）和距离（$\ln DIS$），控制变量是制度（SPR）、相同语言（LAN）、共同边界（BOR）以及经济合作与发展组织（$OECD$）、亚太经济区（$APEC$）、北美自由贸易区（$NAFTA$）等共同贸易区因素。

他变量的对应系数。门槛模型的分析逻辑是：先运用组内去均值的方法去除式（9－1）中个体效应的影响，再对任一给定的门槛值 $U_i = H_i^{1-u}D_i^u$，采取 POLS 方法和格栅搜索法分别得到式（9－1）中相应参数的估计值与相关变量的门槛值。

表 9－6　面板门槛模型回归：以 ln*EX* 为因变量

门槛变量	ln*GDP*	ln*WGDP*	ln*DIS*	*SPR*
门槛值	12.248	17.336	8.902	8.613
最小残差平方和	0.1563	0.0366	0.1985	0.1212
ln*GDP*	0.535 *** (12.73)	0.714 *** (20.00)	0.831 *** (29.41)	0.722 *** (20.48)
ln*EGDP*	0.429 (1.28)	1.676 * (1.81)	0.903 (1.50)	0.173 (0.24)
ln*DIS*	－0.336 (－1.09)	－0.0905 (－0.27)	1.405 *** (3.80)	－0.00998 (－0.03)
SPR	0.0635 ** (2.29)	0.0935 *** (3.20)	0.124 *** (4.50)	0.180 *** (5.18)
OECD	0.602 *** (4.04)	0.566 *** (3.48)	0.231 (1.46)	0.450 *** (2.86)
APEC	－0.351 (－1.18)	－0.633 ** (－1.98)	4.915 *** (4.03)	－0.697 ** (－2.30)
NAFTA	0.240 (1.44)	0.0991 (0.55)	－6.957 *** (－5.59)	0.148 (0.86)
LAN	0.0361 (0.37)	－0.0203 (－0.19)	0.00598 (0.06)	－0.0285 (－0.28)
BOR	0.275 (0.97)	0.242 (0.79)	1.722 *** (4.87)	0.435 (1.47)
ln*GPDI*（$q \leq r$）	0.061 *** (4.61)	0.713 *** (21.23)	－0.028 *** (－4.97)	－0.006 (－0.44)
ln*GPDI*（$q > r$）	0.090 *** (6.49)	0.743 *** (23.29)	－0.500 *** (－5.81)	－0.038 *** (－3.03)
C	－3.905 (－0.59)	－12.900 * (－1.77)	－30.530 *** (－2.73)	－4.124 (－0.32)

续表

门槛变量	ln*GDP*	ln*WGDP*	ln*DIS*	*SPR*
Adj - R^2	0.831	0.800	0.822	0.815
样本数	290	290	290	290

注：*、**、***分别表示10%、5%和1%的显著性水平。

（一）单重门槛回归分析

表9-6给出了分别以国内市场规模（ln*GDP*）、世界生产总值（ln*WGDP*）、距离（ln*DIS*）和制度（*SPR*）为门槛变量的回归结果。从中可以看出，这四个门槛变量都存在阈值，即一国服务业的出口存在门槛特征。具体来看：

1. 国内市场规模（ln*GDP*）

本章使用一国的国内生产总值来表示其内部市场规模。国内市场规模就越大，其进行大规模生产并取得高效率的可能性就越大，在满足内部需求的同时还能进行出口（Krugman，1980；Weder，1995）[28][29]。

由表9-6可知，当国内市场规模超过12.248时，服务业出口的国内需求弹性可以达到0.090，而当国内需求规模低于这一水平时，服务业出口的需求弹性则为0.061。显然，12.248是国内市场规模的一个阈值，且国内市场规模在阈值水平处对服务业出口的促进作用最大。这说明，我国需要培育起自己的本土市场，运用巨大的国内需求吸引企业的投资，最优化市场需求规模，提高服务业出口绩效。

另外，模型的调整 R^2 是0.831，说明模型的估计精度较高。此外，如图9-1（a）所示，国内市场需求规模的阈值所对应的最小残差平方和（0.1563）明显小于临界值7.35，所以，我们认为所得阈值估计是真实有效的。

2. 世界生产总值（ln*WGDP*）

世界生产总值是影响一国服务业出口大小的另一个重要因素，较小的世界生产总值表明产品的整体需求不足（肖文等，2014，陈启斐等，

2014），这必然会导致服务业产品的生产规模减小，最终服务业出口额下降。

表9－6显示，当世界生产总值[①]超过17.336时，国内市场规模每扩张1个百分点，一国服务业出口额便上升0.743个百分点；而世界生产总值低于17.336时，国内市场规模每增加1%，则一国服务业出口增长0.713。可见，17.336是世界生产总值的一个阈值。但是在阈值前后，服务业出口随着国内市场规模的变化幅度不是很明显（从0.713到0.743，上升了0.42%），这说明整体的经济环境较为稳定，世界总体需求变化不大。我国应该积极利用这一和平的经济环境，大力挖掘国内服务业需求潜力，充分拉动我国服务业的出口。

此外，图9－1（b）表明，世界生产总值的阈值所对应的最小残差平方和（0.0366）小于临界值7.35，说明世界生产总值对一国服务业出口存在明显的门槛特征。

3. 距离[②]（ln*DIS*）

贸易国家之间的距离越大，相应的贸易活动就越难开展，这正是国际贸易多发生在距离较近的国家之间的原因所在。

从表9－6可以看出，当贸易伙伴之间的距离小于8.902时，服务业出口的国内需求弹性的绝对值为0.028，这意味着在贸易伙伴国之间的距离变小的情况下，国内需求规模增加1%，服务业出口会上升0.028%；当贸易伙伴之间的距离跨过8.902这个阈值的时候，服务业出口的国内需求弹性的绝对值为0.500，即在贸易伙伴之间的距离不断减小到8.902的过程中，国内需求规模每变大1个百分点，服务业出口就会提升0.5个百分点。基于此，我国有必要积极发展周边外交关系，与邻国建立起长期的贸易伙伴关系，实现服务业产品的近距离出口。

① 本章中如不加说明，则生产总值都是指经过对数化处理的生产总值。

② 距离是指经过对数化处理的距离。

另外，从模型中的调整 R^2 为 0.831 可以得出，模型的估计精度较高。而且，从图 9－1（c）可以看出，距离的阈值对应的最小残差平方和（0.1985）在临界值 7.35 之下，我们认为距离对一国服务业出口也存在显著的门槛现象。

4. 制度（*SPR*）

良好的制度环境以及贸易合同的执行能力有助于促进服务业的出口，这一点和 Nunn（2007）[30] 的研究是一致的。比较优势理论认为，相对于劳动和资本要素而言，合约的实施能力更加重要。也就是说，制度环境越完善，贸易的进行越顺利。

表 9－6 告诉我们，当制度环境值低于 8.613 的时候，服务业出口的需求弹性绝对值为 0.006，但是这一弹性并不显著。一个可能的解释是，当服务业贸易处于发展初期的时候，贸易伙伴国之间的服务业贸易额较小，制度因素对贸易活动的影响可以忽略。在制度环境值到达 8.613 这个阈值之后，服务业出口的需求弹性绝对值显著增加为 0.038，具体地，在制度环境逐渐趋向于 8.613 的过程中，随着国内市场规模的扩大，服务业的出口会以 0.038% 的幅度增加①。因此，制度环境存在一个最佳点，服务业贸易在该点之上最易发生。

我们注意到，模型的调整 R^2 为 0.815，表明模型的估计具有相对较高的精度。相应地从图 9－1（d）能够看出，制度的阈值对应的最小残差平方和在临界值水平 7.35 之下，可以相信，制度对一国服务业的出口同样具有门槛效应。

---

① 即国内需求上升 1%，服务业出口增加 0.038%。

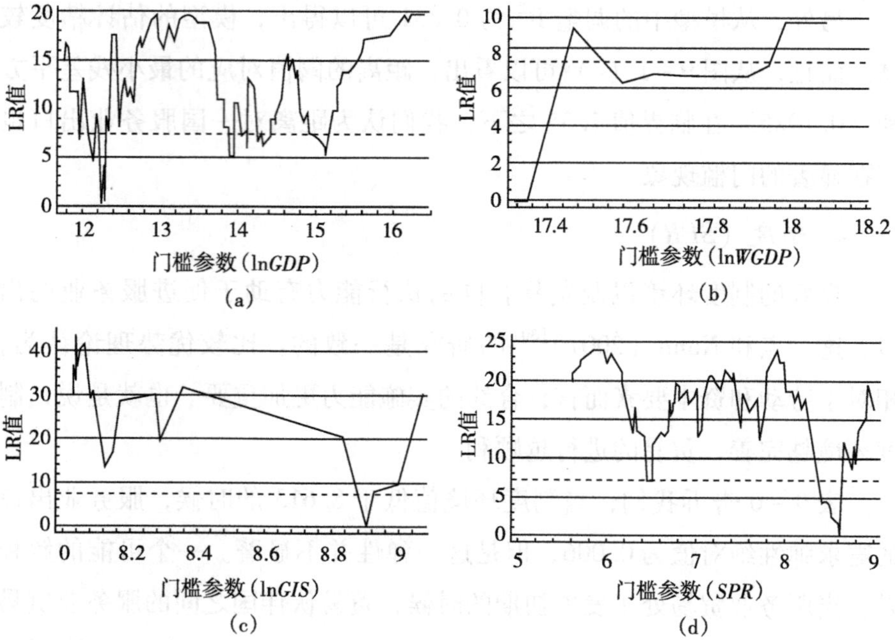

图 9－1 各变量的门槛估计值

（二）双重门槛回归分析

本章重点考察内需对一国服务业出口的影响，因此，有必要详细分析国内市场需求对一国服务业出口的门槛特征。门槛效果自抽样检验回归结果如表 9－7～表 9－9 所示。

1. 确定双重门槛模型

从表 9－7 可以看出，国内市场需求在 1% 的显著性水平上接受了双重门槛模型和三重门槛模型，但是在 10% 的显著性水平上拒绝了单一门槛模型。值得注意的是，为了提高门槛估计值的准确度，本章对单一门槛模型、双重门槛模型和三重门槛模型都进行了 300 次的 Bootstrap[①]。

① Bootstrap 次数即 BS 次数，是估计门槛模型时所使用的一种保证估计结果准确性的方法。

表 9－7　门槛效果自抽样检验

模型	F 值	P 值	BS 次数	临界值		
				1%	5%	10%
单一门槛	28.248	0.333	300	36.622	36.622	57.360
双重门槛	19.370 ***	0.000	300	15.257	15.257	15.257
三重门槛	0.000 ***	0.000	300	0.000	0.000	0.000

注：＊＊＊表示1%的显著性水平。

表 9－8 给出了门槛估计值以及相应估计值对应的置信区间。具体而言，双重门槛模型得出的两个阈值分别为 12.248 和 11.594，它们在 95% 的置信水平上的置信区间分别是 [12.161，12.579] 和 [11.594，11.740]；而三重门槛模型给出的第三个阈值在 95% 的置信水平上的置信区间为 [11.770，12.183]。可以发现，置信区间跨度较小，表明阈值的估计精度较高。

表 9－8　门槛估计值和置信区间

模型		门槛估计值	95% 置信区间
单一门槛模型（g_1）		11.594	[11.594，15.138]
双重门槛模型	Ito1（g_1）	12.248	[12.161，12.597]
	Ito2（g_2）	11.594	[11.594，11.740]
三重门槛模型（g_3）		11.983	[11.770，12.183]

注：$g_{\#}$代表第#个门槛值，#＝1，2，3。

结合图 9－2 可以看出门槛模型对阈值的估计过程。图 9－2 中的 (a) 和 (b) 的图形分别对应 12.248 和 11.594 这两个阈值，而图 9－2 中的整个残差平方和变化曲线都处于临界值虚线之下，这显然不合理。所以，综合考虑表 9－7、表 9－8 和图 9－2，本章最终选取双重门槛模型来进行分析。

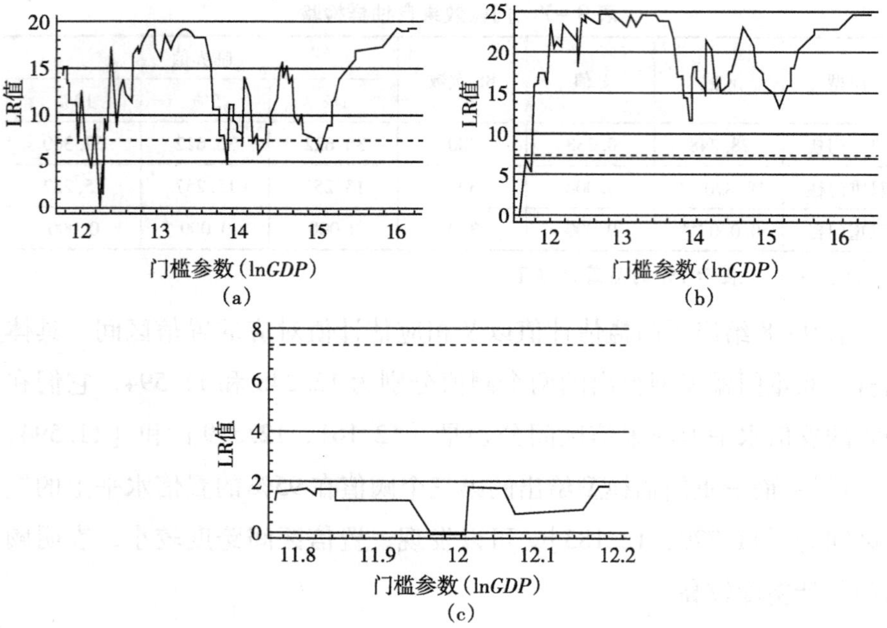

图 9-2　ln*GDP* 的门槛估计值

2. 双重门槛模型回归结果

从表 9-9 中可以得出，双重门槛模型的估计精度最高①，这也证实了前面的分析结果，所以我们认为国内市场需求规模具有 2 个阈值，分别是 11.594 和 12.248。仔细观察表 9，可以发现：

首先，一国的国内市场需求规模在达到第一个阈值 11.594 之前，刺激国内需求对服务业出口没有影响。究其原因，一方面，国内对服务业的需求量较大，使得国内企业生产的服务全部在当地被消费；另一方面，在服务业发展初期，其市场规模还不够大，难以产生规模经济性和高效率。中国作为发展中的大国，需要综合考虑本国内部的服务业需求水平和自身服务业所处的发展阶段来制定贸易战略，在需求水平较高的欠发达地区以国内贸易为主（蒙慧，2005）[31]，充分发挥内需驱动的优

---

① 三个模型之中，双重门槛模型的调整 R^2 是最高的。

势，实现服务业生产和消费的本地化；在需求水平较高的发达地区以国际贸易为主，积极向世界其他国家出口本国的服务业产品，进而发挥本土市场效应的核心作用（陈启斐，2013）[32]。

表 9-9　门槛模型系数估计结果

变量	单一门槛	双重门槛	三重门槛
ln*GDP*	0.625 *** (16.56)	0.536 *** (12.67)	0.535 *** (12.59)
ln*WGDP*	0.752 (0.82)	0.690 (0.78)	0.305 (0.52)
ln*DIS*	-0.386 (-1.21)	-0.336 (-1.08)	-0.360 (-1.15)
SPR	0.075 *** (2.61)	0.064 ** (2.29)	0.058 ** (2.07)
OECD	0.620 *** (4.02)	0.603 *** (4.03)	0.602 *** (3.97)
APEC	-0.326 (-3.55)	-0.350 (-3.11)	-0.347 (-3.03)
NAFTA	-0.345 *** (-1.05)	-0.663 *** (-1.17)	-0.649 *** (-1.15)
LAN	0.016 (0.15)	0.037 (0.37)	0.031 (0.31)
BOR	0.113 (0.38)	0.252 (0.87)	0.236 (0.82)
ln*GDP*_ 1	0 (.)	0 (.)	0 (.)
ln*GPD*_ 2	0.069 *** (5.11)	0.061 *** (4.58)	0.063 *** (4.72)
ln*GDP*_ 3		0.090 *** (6.43)	0 (.)
ln*GDP*_ 4			0.092 *** (6.57)

续表

变量	单一门槛	双重门槛	三重门槛
C	-10.130 (-0.61)	-8.524 (-0.53)	-1.455 (-0.14)
Adj - R^2	0.817	0.828	0.822
样本数	290	290	290

注：**表示5%的显著性水平，***表示1%的显著性水平。

其次，一国的国内市场规模跨过第一个阈值11.594之后，到达第二个阈值12.248之前，国内需求每上升1%，该国服务业出口将会增长0.061%。也就是说，服务业出口的国内需求弹性在第一个阈值和第二个阈值所形成的区间之内属于缺乏弹性①，即便如此，一国服务业从先前的不发生出口贸易转变为出现出口贸易，这说明本土市场效应开始发挥作用。因此，大力挖掘本国内部需求潜力，跨越国内市场规模的阈值是新兴贸易国家实现本土市场效应（桑百川等，2014；任保全，2016）[33][34]的一个有效途径。

最后，一国的国内市场规模达到第二个阈值12.248之后，服务业出口的国内需求弹性为0.090，即国内需求每增加1个百分点，服务业出口则上升0.090个百分点。此时的服务业出口的国内需求弹性仍然处于低弹性的状态，但是与0.061的弹性相比，上升了大约0.5倍。这意味着，国内需求越过第二个阈值之后，本土市场效应得到了更大程度的发挥。鉴于此，我国务必牢牢把握内需驱动这一战略基点，利用产业集聚形成生产的规模经济性（周圣强等，2013，朱江丽，2015）[35][36]，推动国内市场需求规模的再次飞越，最终强化服务业的出口市场绩效。

① 即服务业出口量变动百分数小于国内需求变动百分数，也叫作服务业出口的国内需求弹性小于1。

五、结论与政策建议

随着我国经济发展方式的转变，逐步将战略重点从外需转移到内需的构建上。本章利用中国与 23 个 OECD 国家 2000—2012 年的数据，在传统引力模型的基础上加入法律制度以及语言等控制变量，运用普通面板模型回归与门槛效应模型回归两种方法探究了国内需求与服务出口之间的内部联系，所得结论如下：

普通面板广义最小二乘回归结果显示：国内需求与世界总需求均对一国服务贸易出口具有显著的促进作用，即服务业出口规模伴随国内需求与世界总需求的增长而扩大。除此之外，控制变量司法制度和虚拟变量自由贸易区 *OECD* 与 *APEC* 的弹性系数也显著为正，这说明良好的司法制度能够有效促进服务贸易出口的发展，加入经济一体化组织也会对一国的服务贸易出口产生积极影响。

在门槛效应模型回归中：①国内市场需求、世界市场需求、距离因素和制度因素 4 个门槛变量均存在阈值，即一国服务业的出口存在门槛特征，且阈值分别为 0. 061、17. 336、8. 902、8. 613。②具体来看国内需求的门槛效应，双重门槛模型回归结果显示国内市场需求存在 11. 594 和 12. 248 两个阈值，当国内市场需求规模达到阈值 11. 594 之前时，刺激国内需求对服务业出口没有影响；当国内市场规模跨过第一个阈值 11. 594 且到达第二个阈值 12. 248 之前，这个区间的国内需求系数虽缺乏弹性，但本土市场效应已开始发挥作用；而当国内市场规模达到第二个阈值 12. 248 之后，服务出口的国内需求弹性仍处于低水平状态，但较前者有所提高，本土市场效应的作用逐步凸显。

根据本章的实证结果，为促进中国对外服务贸易的发展，我们提出如下政策建议：

第一，扩大服务消费，拉动内需。国内服务需求的扩大，能够同时促进中国经济总量和服务出口量的同时增长。挖掘国内服务市场的潜力，促进居民消费，大力培育本土市场，实施内需驱动战略，使本国的内部需求达到最佳点，利用广阔的内需规模发挥逆向“虹吸效应”，吸收国外先进的生产技术和管理方法，以此增加新兴服务业出口规模，优化产业结构，提高国际竞争力。

第二，继续加大与 OECD 和 APEC 成员国的贸易往来。服务贸易具有区域特征，在相邻国家和具有共同语言的国家之间更容易展开，加强与周边国家和地区的贸易不仅可以降低交易成本、放松贸易出口流动性限制，还能提高服务贸易出口效率，因此增加与 OECD 和 APEC 成员的服务贸易，是另一条增加服务贸易数量、提高服务贸易质量的路径。

第三，有针对性地创造良好的司法制度环境。相关部门应重视培育良好的服务贸易环境，完善市场机制，建立法律体系，提高司法效率，为服务出口的顺利进行提供司法保障和制度保障。

参考文献

[1]许和连,成丽红. 动态比较优势理论适用于中国服务贸易出口结构转型吗——基于要素结构视角下的中国省际面板数据分析[J]. 国际贸易问题,2015(1):25 - 35.

[2][28] KRUGMAN P R. Scale economies, product differentiation, and the pattern of trade[J]. The American Economic Review,1980,70(5): 950 - 959.

[3]MELITZ M J. The impact of trade on intra - industry reallocations and aggregate industry productivity[J]. Econometrica, 2003, 71(6):680 - 1196.

[4]陈启斐,刘志彪. 需求规模与服务业出口:一项跨国的经验研究[J]. 财贸经济,2014(7):82 - 94,36.

[5]毛艳华,李敬子. 中国服务业出口的本地市场效应研究[J]. 经济研究,2015(8):98 - 113.

[6] KRUGMAN P R. Increasing returns and economic geography[J]. Journal of Political Economy,1991(99): 483 - 499.

[7] AMITI MARY. Inter – industry trade in manufactures: does country size matter? [J]. Journal of International Economics,1998(44):231 –255.

[8] HILL T P. On goods and services[J]. Review of Income and Wealth, 1977, 23(4):315 –338.

[9] FREUND C, WEINHOLD D. The internet and international trade in services [J]. American Economic Review, 2002,92(2):236 –240.

[10] 江小涓. 服务全球化的发展趋势和理论分析[J]. 经济研究,2008 (2):4 –18.

[11] GREVAISL, JENSEN. Inter – industry trade in manufactures: does country size matter? [J]. Journal of International Economics,2013(44):231 –255.

[12] DAVIS D R, WEINSTEIN D E. Does economic geography matter for international specialization? [J]. National Bureau of Economic Research,1996,5706.

[13] SCHUMACHER D. Home market and traditional effects on comparative advantage in a gravity approach [R]. DIW Discussion Paper, No. 344 , 2003.

[14] DAVIS D R, WEINSTEIN D E. Market access, economic geography and comparative advantage: an empirical test [J]. Journal of International Economics, 2003, 59(1): 1 –23.

[15] NASIR S, KALIRAJAN K. Export performance of South and East Asia in modern service[J]. ASARC Working Paper, 2013(19):1 –19.

[16] KIMURA F, LEE H. The gravity equation in international trade in services [J]. Review of World Economics, 2006,142(1):92 –121.

[17] HANSON G H, XIANG C F. The home market effect and bilateral trade pattern [J]. American Economic Review, 2004,94(4):1108 –1129.

[18] HEAD K, REIS J. Increasing returns versus national product differentiation as an explanation for the pattern of US – Canada trade[J]. American Economic Review, 2001,91(4):858 –876.

[19] CHEN C M, ZENG D Z. The home market effect: beyond the constant elasticity of substitution[J]. Tohoku University Working Paper,2014.

[20] FAJGELBAUM P, CROSSMAN G M, HELPMAN E. Income distribution,

product quality, and international trade[J]. Journal of Political Economy, 2011,119(4):721 –756.

[21]HUANG Y Y,LEE C T,HUANG S. Home market effects in the Chamberlain – Ricardian world[J]. Bulletin of Economic Research, 2013,66(3): 25 –49.

[22]阚大学,吕连菊. 中国服务贸易的本地市场效应研究——基于中国与31个国家(地区)的双边贸易面板数据[J]. 财经研究,2014(10):71 –83.

[23]刘志中. 中美服务贸易本地市场效应实证研究[J]. 经济问题探索,2015(7):92 –98.

[24]TINBERGEN. Home market effects in the Chamberlain – Ricardian world[J]. Bulletin of Economic Research,1962,66(3):25 –49.

[25]张海森,谢杰. 中国—东欧农产品贸易:基于引力模型的实证研究[J]. 中国农村经济,2008(10):45 –50.

[26]GUILLIN A. Trade in services and regional trade agreements: do negotiations on services have to be specific? [R]. Available at SSRN 1737107,2011.

[27]HANSEN B E. Sample splitting and threshold estimation[J]. Econometrica, 2000(3): 575 –603.

[29]WEDER R. Linking absolute and comparative advantage to intra – industry trade theory[J]. Review of International Economics, 1995 (3): 342 –354.

[30]NUNN. Relationship – specificity, incomplete contracts, and the pattern of trade[J]. The Quarterly Journal of Economics,2007, 122(2): 569 –600.

[31]蒙慧. 国内区际贸易与西部地区经济增长[J]. 云南社会科学,2005(5): 62 –65.

[32]陈启斐. 扩大内需与出口贸易:基于中国省级数据的分析[J]. 中国经济问题,2013(4): 3 –11.

[33]桑百川,杨立卓,邵莹雪. 新兴市场国家服务贸易竞争力的国际比较[J]. 亚太经济,2014(3): 82 –86.

[34]任保全,刘志彪,王亮亮. 战略性新兴产业生产率增长的来源:出口还是本土市场需求[J]. 经济学家,2016(4): 13 –23.

[35]周圣强,朱卫平. 产业集聚一定能带来经济效率吗:规模效应与拥挤

效应[J]. 产业经济研究,2013(3):12-22.

[36] 朱江丽. 政府主导式集聚经济的规模与效率——企业异质性假设下制造业省级面板数据的解释[J]. 中国地质大学学报（社会科学版）,2015,15(5):79-90.

第十章　国内市场需求、服务出口以及空间溢出效应

一、问题的提出

目前，世界服务贸易发展迅猛，世界经济服务化程度不断提高。统计资料显示，服务贸易在国际贸易中的重要性日益增加。全球服务贸易总额从1980年的8434.31亿美元快速飙升至2014年的98006.9亿美元，增长了10.61倍。到2009年，服务贸易额占全球贸易总额的27%。与此同时，随着中国经济结构的不断调整和升级，服务业进入快速发展时期，服务贸易规模迅速扩大。整体而言，中国服务贸易的进出口总额从2007年的2509亿美元攀升至2014年的6043.4亿美元，增长了1.5倍。此外，随着供给侧结构性改革的提出，外贸改革要着力将过剩产能转化为优势产能，未来中国服务贸易在对外贸易总额中的比重将会进一步上升。毋庸置疑，服务贸易已经成为衡量一国经济实力和国家竞争力的重要指标之一，成为新一轮推动经济增长的重要产业。

伴随着经济全球化的全面深化，服务业不再是传统意义上具有本地化、不可贸易特征的产业。尤其是在信息技术的支持的背景下，服务业已经具有强烈的全球化倾向（Hoekman，1997）[1]，其生产消费与全球需求建立了密切联系。已有研究表明需求规模对一国出口有重要影响（Krugman，1980；Melitz，2003）[2][3]。新经济地理认为，一国市场需求规模的稳定和扩大所带来的规模生产和生产率提高能够促进出口，使该国成为净出口国，即形成“本土市场效应”。那么，需求规模的扩大

能否使一国服务业造就新的比较优势？本地市场规模扩大，即扩大内需，是否可以对服务贸易出口产生促进作用？

此外，新经济地理学重视空间因素的作用。空间效应不仅会影响一国或地区的经济增长、产业布局及贸易结构，还会对 FDI、人力资本等要素的空间流动产生影响（Anselin、Florax，1995；Rey 等，2006；LeGallo,2006；何兴强等，2008；袁冬梅等，2012）[4]-[8]。因此，在服务贸易蓬勃发展的大背景下，继续忽视研究服务贸易的空间问题是无法容忍的。那么，一国服务业发展是否具有空间效应？服务业的空间效应能否促进服务贸易的出口？对上述问题的回答不仅可以探索全球化背景下服务业发展的动态演变轨迹，对一国的服务贸易进行准确定位，形成以扩大内需为主要框架的新需求格局，探索中国对服务贸易可持续发展的新出路；还能从空间角度解释服务贸易增长的新动力，丰富国际贸易理论体系，对我国服务贸易发展方向以及未来服务业空间布局提供依据和建议，具有重大的理论价值和现实意义。

本章其他部分的结构安排如下：第二部分是相关文献梳理；第三部分是研究方法介绍及相关变量的统计性描述；第四部分是对模型的回归结果进行分析；第五部分为研究结论与政策启示。

二、文献综述

近年来，服务贸易在世界范围内得到蓬勃发展，由于服务贸易数据的不可得，学者们多是以各国服务贸易总量为切入点，对相关问题进行研究。但随着双边服务贸易数据的获得成为可能，研究相关主题的文献逐渐增多。现阶段，同时从内需和空间效应层面考察服务出口贸易的探索性研究极少，多数学者的研究集中在服务出口贸易的影响因素和扩大内需对服务出口贸易的影响等方面。本章通过梳理现有服务贸易相关文献的研究脉络，来归纳扩大内需对服务出口贸易的空间溢出效应的可能作用机制。

就服务出口贸易的影响因素而言，很多学者从不同方面进行研究。Francois（2001）[9]开创性地将引力模型运用到服务贸易研究中，得出结论，认为贸易双方的人均 GDP 和距离会对两国之间的服务贸易发展产生显著的促进作用。在此之后，Kimura 和 Lee（2004）[10]应用引力模型测度了各因素对服务贸易和商品贸易的影响程度，实证结果显示，以 GDP 表示的双方需求规模对服务贸易的作用要大于货物贸易，且距离因素会对服务贸易规模产生显著影响。随后，Keith Walsh（2006）[11]采用服务贸易各部门细分的数据进行研究，结果表明需求规模、共语言等因素都会对服务贸易的规模产生显著的影响。综合多个学者的研究结论可知，GDP、距离、共语言、共边界等对服务出口贸易的发展产生的影响显著（Grunfeld和 Moxnes，2003；Lejour 和 De Paiva Verheijden，2004；Kox 和 Lejour，2005）[12]-[14]。

近年来，国内学者也开始采用引力模型分析中国双边贸易的决定因素，研究表明，GDP、空间距离、国土面积以及贸易政策等都会对中国的双边贸易产生显著影响（林玲、王炎，2004；张昱、唐志芳，2006；单文婷、杨捷，2006）[15]-[17]。当然，也有学者进行相关研究，并得出了相反的结论。如 Lejour 和 De Paiva Verheijden（2007）[18]对加拿大和欧盟之间的服务贸易进行研究发现，贸易伙伴国之间的距离在服务贸易中的作用并没有在商品贸易中显著。同时，Lennon（2009）[19]以 28 个 OECD 国家之间的双边贸易数据为基础进行研究，得出了相同的结论。

对于扩大内需对服务出口贸易的影响，很多学者从不同角度给出了相关研究结论，但多数仍是基于本土市场效应研究视角进行分析。Krugman（1980）[20]假设某一世界产品的生产符合规模报酬递增的规律，且存在运输成本。在这一世界里，产品的生产将会集中在具有较大需求的市场附近，这样生产者就可以充分利用规模经济的优势，扩大生产规模，从而使得生产成本降低，出口量增加，即一国需求规模的扩大能够促进出口的增加。因此，一个拥有较大需求市场的国家将会成为该商品的净出口国。Schumacher（2003）[21]、Schumacher 和 Silierstove（2006）[22]利用 OECD 国家 25 个制造业行业的贸易数据构建引力模型，实证结果显示其中的 16 个行业存在本土市场效应。Domeque 等（2011）[23]采用西班牙制造业行业的数据进行分析，实证结果证明了本土市场效应的存在。就我国而言，邱斌和尹威（2010）[24]、张鹏辉和李若兰（2013）[25]分别采用中国制造业 28 个细分行业的出口数据和中国与 25 个 OECD 国家之间制造业的双边贸易数据进行实证分析，结果发现中国制造业出口在总体上存在本土市场效应，即国内市场需求的增加能够有效促进我国制造业的出口。在服务出口贸易方面，阚大学、吕连菊（2014）[26]利用 1992—2011 年中国与 31 个国家的双边服务贸易的面板数据，验证了中国服务贸易的本地市场效应，结论认为需求规模以及相对需求结构均能促进中国服务的出口。而涂远芬（2015）[27]则利用 2000—2011 年中国与主要贸易伙伴的双边服务贸易数据进行实证分析，得出了相反的结论，结论显示，中国服务贸易整体上并不存在显著的本土市场效应，但本国的市场需求仍是促进中国服务贸易出口的主要因素。

综上所述，我们可以发现现有文献为理解扩大内需与服务贸易出口的关系提供了丰富的理论和实证基础，但相关研究都是以静态面板数据为基础，并没有考虑到各国在空间上的相互作用。本章拟采用中国与 23 个 OECD 国家之间的服务贸易数据，在扩展的引力模型基础上研究扩大内需能否有效促进服务出口贸易的扩张以及服务贸易出口是否存在空间溢出效应。与现有文献相比，本章具有以下创新点：一是研究视角，在现有文献对服务贸易影响因素研究的基础上，重点考察扩大内需对服务出口贸易的影响，并且加入了空间因素；二是实证方法，基于服务贸易出口的区域性特征，本章分别采用 SAR 和 SEM 模型对服务出口贸易的空间溢出效应进行研究，以期能为我国服务出口贸易的发展提供理论依据。

三、空间模型介绍及变量的统计性描述

（一）空间相关性的测定

空间经济学主要研究空间的经济规律现象、生产要素的空间布局以及经济活动的空间区位，该理论认为距离越近的经济要素联系越紧密。空间相关主要通过对经济变量在区域空间分布特征的描述来探索经济系统空间发展的状况。若不同区域的经济变量间存在空间相关性，则这些经济变量在空间分布中将呈现出非随机的规律性。

一般我们采用 Moran's I 指数来测度空间相关性。Moran's I 指数的定义如下：

$$I = \frac{n}{\sum_i \sum_j \omega_{ij}} \times \frac{\sum_i \sum_j \omega_{ij} (x_i - \bar{x})(x_j - \bar{x})}{\sum_i (x_i - \bar{x})^2} \tag{10-1}$$

式（10－1）中，ω 是 $n \times n$ 阶的空间权重矩阵，n 为观测地区的个数，若 i 和 j 不相邻，此时 $\omega_{ij} = 0$；当 i 与 j 相邻时，则 $\omega_{ij} = 1$。

本章采用空间反距离矩阵，即假设空间效应的强度由距离决定，其一般表达式为

$$W_{ij} = \begin{cases} d_{ij}^{-a} \beta_{ij}^{b}, & \text{当 } i \neq j; \\ 0, & \text{当 } i = j. \end{cases} \tag{10-2}$$

式（10－2）中的 a 和 b 分别为外生的距离摩擦系数和边界共享效应系数；d_{ij} 表示空间 i 与 j 之间的距离；β_{ij} 是 i 与 j 之间共享边界的长度占样本 i 总边界长度的比重，本章将边界共享效应系数 b 设为0。

当 $I \in [-1, 0]$ 时，表示变量空间负相关，其值越小，表明空间差异越大；当 $I \in (-1, 1]$ 时，表示变量空间正相关，其值越大，表明空间相关性越明显；而当 $I = 0$ 时，则说明变量之间无空间相关性，即空间分布具有随机性。

（二）空间面板数据模型

空间计量模型主要是用于测度复杂的空间相互作用以及空间依存性的一种模型。我们应该知道单纯地描述同一个经济变量在不同区域中的空间相关性是远远不够的，这些经济变量还会同其他变量存在作用关系，无论其他变量是源自某区域内还是某区域外。我们把这种影响称为空间效应。

本章采用了空间计量模型中的两种基本结构，即 SAR 模型（空间自回归模型）和 SEM 模型（空间误差模型）。其中，空间自回归模型主要用于探索相邻地区被解释变量对本地区该被解释变量的影响，即空间溢出效应；空间误差模型则主要用来探讨相邻区域被解释变量的误差影响，也就是相邻区域之间的不可观测因素对本区域被解释变量的影响。

关于空间线性模型的表达式，一般形式如下：

$$\begin{cases} y = \rho W_1 y + \beta X + \varepsilon; \\ \varepsilon = \lambda W_2 \varepsilon + \mu; \\ \varepsilon、\mu \sim N\ (0,\ \sigma^2 I_n) \end{cases} \tag{10-3}$$

式（10-3）中，y 是被解释变量的 n 维向量，X 是 $n \times k$ 维的解释变量矩阵，W_1 和 W_2 都是 $n \times n$ 维的空间权重矩阵，主要由各国之间距离的倒数组成；β 为解释变量的系数，是（$k \times 1$）向量，反映解释变量对于被解释变量的影响程度；ρ 为空间自回归系数，主要用于体现样本观测值之间的空间依赖作用，用于衡量该地区以外的被解释变量对该区域的溢出效应；λ 则是空间自相关系数，ε 和 μ 为随机误差项，I_n 是 n 阶单位矩阵。

模型（空间自回归模型），即 $\rho \neq 0$，$\lambda = 0$ 时，式（10-3）变为：

$$y = \rho W y + \beta X + \varepsilon \tag{10-4}$$

模型（空间误差模型），即 $\rho = 0$，$\lambda \neq 0$ 时，式（10-3）转变为：

$$y = \beta X + \varepsilon$$
$$\varepsilon = \lambda W \varepsilon + \mu \qquad (10-5)$$

（三）变量选取与数据来源

本章采用2000—2012年包括中国与23个OECD国家在内的24国服务出口贸易的样本数据进行研究，原始数据主要来源于中国统计年鉴、经济合作与发展组织数据库（OECD Statistics）、世界银行统计数据库等。

1. 被解释变量

服务贸易出口额（*EX*）：表示从一国出口到另一国的服务贸易额，该数据来源于中国统计年鉴和OECD数据库。

2. 主要解释变量

市场需求规模：本章使用一国的国内生产总值（*GDP*）来衡量该国的市场需求规模，包括本国和世界的*GDP*，分别用*GDP*和*WGDP*表示。数据来源为中国统计年鉴和世界银行统计数据库。

距离变量（*DIS*）：运输成本是国与国之间进行贸易的关键因素。一般来说，两国距离越远，运输成本越高，那么，贸易额也就越小。本章采用一个国家到其他23国之间的平均距离来表示距离变量，数据主要来源于www. timeanddate. com网站。为了降低异方差的影响，在代入计量模型时，笔者对以上变量进行了对数处理。

制度变量（*SPR*）：本章利用法律系统和产权保护（Legal System & Propertyright）这个数据来衡量制度因素。该数据用来描述一国司法系统的完整性，包括对一国审判的独立性、法院的公正性、司法体系的独立性、产权保护度、法制及政治的军事干预程度、合同的依法执行度、警察的可靠性以及犯罪的经济成本等多个方面的评估，数值越大表明该国的司法体系越完善，最大值为9.6。该数据来源于加拿大弗雷泽研究所全球经济自由化指数数据库（Economic Freedom of the World Project）。

3. 其他控制变量

（1）共同贸易区（*OECD*、*NAFTA*）：本章选用这三个变量（欧盟、亚太经合组织、北美自由贸易区）来考察加入同一个经济一体化组织是否能促进双边服务贸易的发展。如果是同一个一体化组织的成员则取值为1，否则记为0。

（2）共语言性（*LAN*）：该变量用来表示进行双边服务贸易的两个国家是否使用相同的官方语言。相同则取值为1，不同则取值为0。

（3）共边界性（*BOR*）：该变量用来表示两个贸易伙伴国之间是否具有相同的边界。如果有，则取值为1，没有则取值为0。

各个变量的统计特征如表10-1所示：

表10-1　变量的统计特征

变量	观测值	平均值	标准差	最小值	最大值
ln*EX*	312	10.40	1.03	6.60	12.64
ln*GDP*	312	13.42	1.28	10.76	16.60
ln*WGDP*	312	17.72	0.28	17.31	18.12
ln*DIS*	312	8.35	0.44	8.02	9.63
W * ln*EX*	312	0.16	0.08	0.02	0.30
SPR	312	7.49	1.09	4.90	9.60
OECD	312	0.96	0.20	0	1
NAFTA	312	0.08	0.28	0	1
LAN	312	0.21	0.41	0	1
BOR	312	0.96	0.20	0	1

注：ln*EX*、ln*GDP*、ln*WGDP*、ln*DIS*分别为*EX*、*GDP*、*WGDP*、*DIS*的自然对数值，*W* * ln*EX*为加入空间权重的*EX*的自然对数值，*EX*、*GDP*、*EGDP*的单位均为万美元，*DIS*的单位为千米；*OECD*、*NAFTA*、*LAN*、*BOR*均为哑变量。

四、实证结果

本章使用Moran's *I*来判断地区变量之间是否存在空间相关性。如果Moran's *I*的绝对值比较大，那么接受检验的变量的空间相关性就越强。有关 Moran's I 指数的计算可参考式（10－1），此处不再介绍。利用距离权重矩阵[1]，对服务业出口的空间相关性进行检验，结果如表 10－2 所示：

表 10－2　我国和 OECD 23 国服务出口水平的空间相关性检验

年份	Moran's I	Z
2000	－0.447 ***	－0.152
2001	－0.355 ***	1.024
2002	0.312 ***	7.020
2003	0.338 ***	7.352
2004	0.428 ***	7.218
2005	0.457 ***	6.317
2006	0.468 ***	6.449
2007	0.425 ***	5.907
2008	0.448 ***	6.191
2009	0.505 ***	8.206
2010	0.533 ***	6.010
2011	0.610 ***	6.988
2012	0.614 ***	7.041

注：*、**、***分别表示 10%、5%和 1%的显著性水平。

表 10－2 显示，包括中国在内的 24 个国家[2]的整体服务业出口具有明显的空间相关性，Moran's I 值的绝对值在 0.5 左右。其中，2000 年和 2001 年的 Moran's I 值为负数，表明服务业出口呈现出空间负相关，即空间上相邻的国家出现服务出口高值和出口低值相邻的情况。究其原因，在于各国服务业所处的发展阶段不尽相同，例如，中国加入世界贸易组织（WTO）[3] 之后，其服务出口贸易才得以快速发展，但仍然停留在低端服务业出口层面，而 OECD 成员国的服务出口贸易逐步趋于高端

① 本章基于距离的倒数构造出空间权重矩阵。

② 24 个国家分别是中国、澳大利亚、奥地利、比利时、加拿大、捷克、丹麦、芬兰、法国、德国、希腊、匈牙利、爱尔兰、意大利、日本、韩国、荷兰、挪威、波兰、葡萄牙、西班牙、瑞典、英国和美国。

③ 中国于 2001 年加入世界贸易组织（WTO）。

化。因此，2000 年和 2001 年会出现 Moran's I 值为负值的情况。

进一步地，图 10-1 从直观上描述了 2000—2012 年服务业出口水平的空间相关性情况。从整体上看，这种相关性呈现出逐步增加的趋势，服务业的出口越来越具有地区效应，例如，随着服务业的快速发展，中国对一个 OECD 成员国的出口会显著影响其对另一个 OECD 成员国的出口，而且这种作用在逐渐增强。

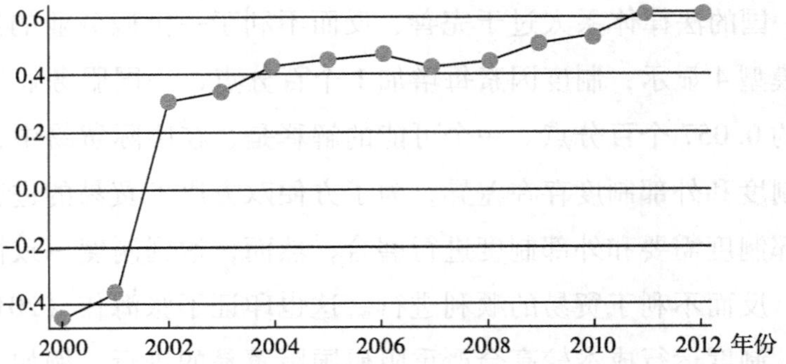

图 10-1　2000—2012 年我国服务出口水平的空间相关性趋势图

（一）普通面板分析

综合运用 Stata14.0 和 MatlabR2015b 软件，分别对普通面板模型和空间效应模型进行估计。模型 1 到模型 4 属于普通面板，其中，模型 2 是在模型 1 的基础上加入 *NAFTA*（北美自由贸易区）这个变量，模型 3 是在模型 1 的基础上加入 *LAN*（共同语言）这个变量，模型 4 是在模型 1的基础上加入 *NAFTA* 和 *LAN* 这两个变量。而空间效应模型是在模型 4 的基础之上引入空间变量，即空间权重矩阵和出口对数值的交叉项 $W*\ln EX$。上述 5 个模型都通过了 Wald 检验，且 R^2 都处于 0.8 左右，可见模型的拟合效果都比较好。

（1）国内市场规模的系数显著为正，即服务业出口的国内需求弹性为正，这说明国内市场的扩大能够在较大程度上提升服务业的出口。例如，模型 4 显示，国内需求每增加 1 个百分点，一国服务业出口就会增加 0. 826 个百分点。世界市场规模的系数在上述 5 个模型中的系数也显著为正，即服务业出口的世界需求弹性为正，这说明世界市场的扩大可以带动服务业的出口，如模型 4 中显示，世界总需求增加 1%，可以带动一国服务业出口 0. 564%。可见，国内需求和世界总需求都能够显著增加一国服务业的出口。

（2）而制度因素（*SPR*）对一国服务业出口的影响为负面的，即如果一国的法律体系太过于完善，反而不利于一国服务业的出口。例如，模型 4 显示，制度因素每增加 1 个百分点，一国服务业出口就会减少约 0. 057 个百分点。一个可能的解释是，在国际贸易中，一国的内部制度和外部制度存在差异，为了方便双方服务贸易的进行，一国的内部制度需要和外部制度进行磨合，然而，达到制度一致性的成本较高，反而不利于贸易的顺利进行。这也印证了张海伟（2012）[28] 的观点，制度运行成本较高会严重阻碍国际贸易的进行，例如，中美贸易之所以会出现摩擦，主要是因为中、美在制度等意识形态上存在较大的差异。

表 10 -3　服务出口贸易普通面板回归和空间效应模型

变量	普通面板模型				空间效应模型
	模型 1	模型 2	模型 3	模型 4	
ln*GDP*	0. 788 *** (0. 000)	0. 821 *** (0. 000)	0. 812 *** (0. 000)	0. 826 *** (0. 000)	0. 793 *** (0. 000)
ln*WGDP*	0. 603 *** (0. 000)	0. 571 *** (0. 000)	0. 578 *** (0. 000)	0. 564 *** (0. 000)	0. 438 *** (0. 000)
SPR	－0. 060 (0. 148)	－0. 055 (0. 177)	－0. 060 (0. 147)	－0. 057 (0. 167)	－0. 050 (0. 218)
ln*DIS*	－0. 890 *** (0. 000)	－0. 766 *** (0. 001)	－0. 793 *** (0. 002)	－0. 749 *** (0. 002)	0. 379 (0. 353)
OECD	0. 877 * (0. 067)	1. 050 ** (0. 023)	1. 029 ** (0. 042)	1. 083 ** (0. 027)	0. 858 * (0. 098)

续表

变量	普通面板模型				空间效应模型
	模型 1	模型 2	模型 3	模型 4	
NAFTA		-0.644* (0.066)		-0.602 (0.132)	-0.276 (0.522)
LAN			-0.266 (0.329)	-0.071 (0.807)	-0.145 (0.638)
W * ln*EX*					0.6947*** (0.000)
_ *CONS*	-3.831 (0.128)	-4.885** (0.048)	-4.601* (0.083)	-4.991* (0.054)	-12.671*** (0.000)
Wald 检验	750.26 [0.000]	762.55 [0.000]	750.76 [0.000]	758.22 [0.000]	794.83 [0.000]
观测值	312	312	312	312	312
调整后的 R^2	0.7667	0.7872	0.7713	0.787	0.7606
Hausman	0.3529	0.3281	0.3892	0.3908	0.0003

（3）对于距离因素（*DIS*），其系数在模型 1 到模型 4 中显著为正。从普通面板模型中可以看出，贸易双方的距离每增加 1 个百分点，一国服务业出口量一般会减少 0.8 个百分点。这表明，贸易国之间距离的扩大直接带来了运输成本的增加，不利于贸易的开展，此外，陈启斐(2014)[29]的实证研究表明，与货物贸易相比，服务业的流动性较弱，这使得距离比较近的国家更容易开展服务业贸易。这一现象从中国服务业出口的数据中也可以看出，2000 年中国对日本的服务业出口额为 41.13 亿美元，而对美国的服务业出口为 4.43 亿美元，不难发现，中国与日本相距较近，而与美国相距较远，这导致中美贸易量远远低于中日贸易量，可见，距离因素对国际贸易有消极影响。

但是，在空间效应模型中，距离越远反而越有利于服务业出口。之所以出现服务业出口与距离正相关的情形，主要原因在于，交通运输条件的改善在一定程度上产生了“溢出效应”，即服务品的覆盖面得到了扩大，从而导致经济效应与运输成本之间的关系发生变化，进而推动服务业出口的增长。另外，区域内的国家分工协作比较密切，服务业的发展趋于相近，在区域内部很少存在服务业的贸易往来，服务业只能向区域外部寻求市场。以生产性服务业为例，宣烨、余泳泽（2014）[30]研究了长三角地区38个城市的生产性服务业数据后发现，生产性服务业具有层级分工的特点，即级别高的城市生产高端生产性服务业，如金融业、商务服务业，而级别低的城市提供低端生产性服务业，如餐饮服务业、仓储物流业。由此可见，如果两个国家的经济发展程度相同，那么从世界总体分工格局来看，这两个国家的服务业分工处于同一层次，提供的服务业比较相似，它们之间进行服务业贸易的必要性就会降低。

（4）考虑到贸易区因素，加入OECD国家有利于服务业的出口。模型4显示，加入OECD能够使一国的服务业出口量增加1.083%。OECD组织内部的成员国全都是发达国家，服务业成为组织内部经济的主体部分，可见，服务贸易有成为主流贸易形式的趋势。Francois (1996)[31]提出，服务业贸易与人均收入存在相关的关系，即人均收入的提高会促进服务贸易的进行，这在一定程度上支持了本章的结论。

NAFTA的系数为负，系数值为-0.602，这说明加入北美自由贸易区反而抑制了服务业的出口贸易。为什么会出现这样的结论？由于本章的样本国家中只有美国和加拿大是NAFTA的成员，这两个国家之间存在较大的“边境效应”，即存在较大的隐性成本。边界效应的存在限制了国家之间的贸易流量，边界效应较大时，贸易流量较小；边界效应较小时，贸易流量较大。

（5）空间变量$W*\ln EX$对服务业出口的影响显著为正。一般来说，出口具有“惯性”①，即从长期来看，如果一国向另一国的出口量较大，那么一国会继续向另一国大量出口；如果进口国集中在一个区域，那么一国会继续向该区域的国家出口。

① 刘若鸿(2009)[32]研究发现,外国消费水平和习惯——“外需惯性”——对中国出口的影响较大,故可认为出口也具有“惯性”。

（二）空间模型分析

本章的空间效应模型分为三个部分，分别是空间杜宾模型（SDM）、空间自回归模型（SAR）、空间误差模型（SEM）。这三个模型的拟合效果均比较好，因为回归模型的 R^2 都在 0.8 左右，而且均通过了 Log－L 检验。

表 10－4　服务出口贸易的 SDM 模型、SAR 模型和 SEM 模型

变量	SDM 模型		SAP 模型		SEM 模型	
	估计值	P 值	估计值	P 值	估计值	P 值
_ *CONS*	－2.435	0.421	－12.029 ***	0.000	－4.279	0.250
ln*GDP*	0.760 ***	0.000	0.795 ***	0.000	0.754 ***	0.000
ln*WGDP*	0.357 **	0.028	0.452 ***	0.003	0.535 **	0.017
SPR	0.007	0.833	－0.049	0.193	0.025	0.546
ln*DIS*	－0.567 *	0.081	0.281	0.473	－0.703 ***	0.000
OECD	0.852 ***	0.000	0.873 ***	0.002	0.842 ***	0.000
NAFTA	－0.590	0.182	－0.303	0.364	－0.566	0.158
LAN	－0.008	0.969	－0.137	0.474	－0.019	0.936
W * ln*GDP*	0.295 **	0.045				
W * ln*WGDP*	－0.279 ***	0.009				
rho	0.116 *	0.086				
j			0.634 ***	0.006		
ω					0.245 ***	0.002
lgt_ theta/phi	－1.297 ***	0.000	－1.464 ***	0.000	0.466 ***	0.138
sigma_ e/ sigma2_ e	0.077 ***	0.000	0.081 ***	0.000	0.080 ***	0.000
Log－L 检验	－79.5751		－90.092		－89.053	
观测值	312		312		312	
调整后的 R^2	0.819		0.766		0.799	

（1）对于 SDM 模型，国内市场需求、世界市场需求均对服务业出口有显著的正向影响，这与普通面板回归模型所得结论一致。距离因素的系数为负，即贸易双方距离越远，贸易越不容易进行。加入贸易区也

有利于贸易的进行，这主要体现在，加入 OECD 组织之后，服务业出口量会增加 0.852%。空间变量 $W*\ln GDP$ 对出口的影响显著为正，空间变量 $W*\ln WGDP$ 对服务业出口的影响显著为负，这是因为国内需求的不断增加使得服务业得以快速发展从而产生规模经济性，带动服务业的出口；而加入空间因素的世界总需求较为复杂，每个国家对服务业的需求各不相同，这使得出口国难以将各种要素集中到特定的服务业领域进行生产，不能产生规模经济性，进而导致出口国服务业出口的总体水平偏低。

（2）对于 SAR 模型，其主要关注的是空间上各地区的被解释变量对本地区被解释变量的影响，本章的 SAR 回归结果显示，ρ 的系数值为 6.335，即一国的服务业出口存在显著的空间溢出效应。举例来说，OECD 成员国的服务业出口会影响中国的服务业出口，其影响机理在于，OECD 成员国向中国的服务业出口会在中国产生技术、知识的溢出，通过“学习效应”增加了中国的服务业出口能力。此外，空间自回归模型也显示，国内市场每增加 1%，可以使一国服务业出口提高 0.795%；世界市场每增加 1%，能够使得一国服务业出口增加 0.452%；加入 OECD 组织能够使一国服务业的出口提升 0.873%。

（3）对于 SEM 模型，其要解决的是空间上相邻地区的不可观测因素对本区域被解释变量的影响，本章的 SEM 回归结果表明，λ 的系数值为 0.2449，中国的服务业出口存在显著的空间误差效应。可以想象，邻国内部的不可观测因素如政府官员对本国持有的贸易态度，邻国何时会发生地震、海啸等都会显著影响本国的服务业出口。因此，本国的服务业出口要想顺利进行，在出口之前必须充分考虑出口国的不可观测因素的影响。类似于普通面板模型，空间误差模型也显示，国内需求每增加 1%，能够显著促进一国服务业出口量提升 0.754%，世界需求每增加 1%，可以显著推动一国服务业出口量增加 0.535%；贸易双方的距离对服务业出口具有反向影响，即距离每增加 1%，一国服务业出口量会减少 0.703%；加入 OECD 组织可以使一国服务业的出口提升0.842%。

五、结论及政策建议

随着信息技术的发展，服务品逐步成为可贸易、可运输的一种商品。本章通过引入服务出口国家之间的空间效应因素，构建了中国与23个OECD国家服务贸易空间效应引力模型，论证了内需规模在服务出口中发挥的核心作用。同时，本章提出一个融合市场需求规模、贸易国之间距离以及制度等因素的扩展检验模型，在此扩展模型的基础上，利用包含我国在内的24国2000—2012年服务贸易面板数据，采用普通面板模型（固定效应模型、随机效应模型）和空间面板数据模型（SDM、SEC、SAR）两种实证方法检验了内需规模在服务贸易出口中的作用，并对两种实证结果进行对比分析。主要结论如下：

（1）市场需求规模能够显著促进服务贸易出口，服务业出口的国内需求弹性和世界需求弹性均为正，这意味着，国内和国际需求市场的扩大对服务出口量的增加具有带动作用。另外，实证结果显示中国对OECD国家的服务出口更加便利，这与进出口国家的贸易政策导向有关。

（2）地理位置因素对服务出口的影响方向具有不确定性，不考虑相邻贸易国之间的空间效应时，贸易国之间距离的增加会阻碍服务出口规模的增长，而加入服务出口的空间效应后，距离因素对服务出口的影响并不显著，但如果考虑到其他地区不可测因素对本国服务出口的影响，两国之间的距离又对服务出口呈现出显著的负相关性。

（3）制度因素、共同语言和中国对北美自由贸易区三个因素对服务出口的影响系数并不显著，这一结果说明现阶段服务出口受制度、语言和贸易区因素的影响作用并不大。

《服务贸易发展“十二五”规划纲要》提出扭转服务贸易逆差与扩

大服务出口规模是中国当前应着力解决的服务贸易战略问题，根据本章结论提出如下政策建议：

第一，培养内需市场，发挥服务出口的规模经济效应，把促进医疗、教育和公共服务等服务业发展放在重要位置，在服务全球化背景下积极鼓励内需增长规模以及增长速度，以此带动服务业出口、扭转我国不断增加的服务贸易逆差情况，进而促进服务贸易的良好发展，有效提升我国服务业的国际竞争力。

第二，在当前存在的经济一体化组织中，尤其是要加强与 OECD 成员国之间的服务贸易，一方面是由于 NAFTA 等贸易区国家有较高的贸易壁垒，另一方面，OECD 国家的需求对服务贸易的激励作用高于非 OECD 国家，在生产性服务业贸易中的差距尤为明显。因此，政府应出台一些鼓励服务业企业倾向于与 OECD 国家合作的政策。

第三，服务业是一个具有较高区域特征的产业，相关部门应激励企业加大与周边国家的服务贸易，这是因为贸易国之间的地理位置越邻近，两国的文化、消费习惯以及语言等越接近，因此服务贸易在相邻国家之间更容易展开，从节约交易成本的角度考虑，消费者或企业更愿意从相邻国家或地区选择替代服务。

参考文献

[1] HOEKMAN B. Competition policy and global trading system[J]. The World Economy, 1997, 78(4): 35 - 54.

[2] KRUGMAN P R. Scale economies, product differentiation, and the pattern of trade[J]. American Economic Review, 1980, 70(5): 105 - 119.

[3] MELITZ M J. The impact of trade on intra - industry reallocations and aggregate industry productivity[J]. Econometrica, 2003, 71(6): 255 - 258.

[4] ANSELIN L, FLORAX R. New directions in spatial econometrics[M]. Berlin: Springer - Verlag, 1995.

[5] REY S, BORIS D. Convergence in the presence of spatial effects[J]. Journal of Regional Science, 2006, 86(2): 126 - 132.

[6] LE GALLO, JULIE, SANDY D. Evaluating the temporal and spatial heterogeneity of the European convergence process 1980—1999[J]. Journal of Regional Science, 2006, 46(2): 334 - 358.

[7] 何兴强,王利霞. 中国 FDI 区位分布的空间效应研究[J]. 经济研究, 2008, 5(11): 137 - 150.

[8] 袁冬梅,魏后凯,于斌. 中国地区经济差距与产业布局的空间关联性——基于 Moran 指数的解释[J]. 中国软科学,2012, 7(12): 90 - 102.

[9] FRANCOIS J F. Trade policy transparency and investor confidence[J]. Review of International Economics, 2001, 9(2): 502 - 510.

[10] KIMURA, LEE. The gravity equation in international trade in service[J]. European Trade Science, 2004, 37(3): 103 - 121.

[11] WALSH K. Trade in services: does gravity hold? a gravity model approach to estimating barriers to services trade[J]. IIIS Discussion, 2006, 18(3): 256 - 279.

[12] GRUNFELD, MOXNES. The intangible globalization: explaining patterns of international trade in services[J]. Research of International Economics, 2003, 65(7): 343 - 368.

[13] LEJOUR, DE PAIVA VERHEIJDEN. Services trade within Canada and the European Union: what do they have in common? [J]. CPB Discussion, 2004, 42(9): 102 - 117.

[14] KOX, LEJOUR. Regulatory heterogeneity as obstacle for international service trade[J]. CPB Discussion, 2005, 4(9): 290 - 297.

[15] 林玲,王炎. 贸易引力模型对中国双边贸易的实证检验和政策含义[J]. 世界经济研究, 2004, 2(7): 54 - 58.

[16] 张昱,唐志芳. 贸易引力模型: 来自中国的实证与启示[J]. 经济经纬, 2006, 12(4): 44 - 47.

[17] 单文婷,杨捷. 引力模型在中国与东盟贸易中的实证分析[J]. 亚太经济, 2006, 8(6): 16 - 19.

[18] LEJOUR J W, DE PAIVA VERHEIJDEN. Services trade within Canada and the European Union [J]. Services Industries Journal, 2007, 27(4): 243 – 269.

[19] LENNON C. Trade in services and trade in goods: differences and complementarities [J]. Vienna Institute for International Economic Studies, 2009, 5(13): 132 – 144.

[20] KRUGMAN P R. Scale economies, product differentiation, and the pattern of trade [J]. America Economic Review, 1980, 70(5): 950 – 959.

[21] SCHUMACHER D. Home market and traditional effects on comparative advantage in a gravity approach [J]. DIW Discussion, 2003, 34(4): 219 – 230.

[22] SCHUMACHER D, SILIERSTOVE B. Home market effect and factor – endowment effects in a gravity approach [J]. Review of World Economics, 2006, 142(2): 26 – 32.

[23] DOMEQUE N, ET AL. The home market effect in Spanish industry, 1965—1995 [J]. The Annals of Regional Science, 2011, 46(2): 47 – 59.

[24] 邱斌，尹威. 中国制造业出口是否存在本土市场效应[J]. 世界经济，2010，10(7)：45 – 63.

[25] 张鹏辉，李若兰. 中国制造业出口贸易的本地市场效应研究[J]. 财贸研究，2013，9(5)：86 – 93.

[26] 阚大学，吕连菊. 中国服务贸易的本地市场效应研究——基于中国与31个国家(地区)的双边贸易面板数据[J]. 财经研究，2014，8(10)：71 – 83.

[27] 涂远芬. 中国服务贸易的本地市场效应研究——基于面板协整模型的分析[J]. 经济问题探索，2015，12(5)：100 – 106.

[28] 张海伟. 制度和制度变迁对国际贸易的影响研究[D]. 大连：东北财经大学，2012.

[29] 陈启斐，王晶晶，岳中刚. 扩大内需战略能否扭转我国服务贸易逆差——来自我国和23个OECD国家的面板数据分析[J]. 国际贸易问题，2014(2)：86 – 95.

[30] 宣烨，余泳泽. 生产性服务业层级分工对制造业效率提升的影响——基于长三角地区38城市的经验分析[J]. 产业经济研究，2014(3)：1 – 10.

[31] FRANCOIS J. The next WTO round: North - South stakes in new market access negotiations[M]. Adelaide: Centre for International Economic Studies, 1996.

[32] 刘若鸿. 汇率变动和退税率调整对中国出口影响的实证分析[J]. 经济理论与经济管理, 2009(9): 44 - 50.

第十一章 内需驱动与服务贸易出口潜力的经验研究

一、问题的提出

近年来，我国的服务业得到了蓬勃的发展，服务业规模持续扩张，2013 年服务业增加值的 GDP 占比首次超过制造业，成为国民经济的一大支柱。与此同时，我国的服务贸易得以迅猛发展，对外贸易总额从 1982 年的 44 亿美元增加到了 2013 年的 5396 亿美元，其中出口为 2106 亿美元，进口为 3291 亿美元。服务贸易总量在世界范围内的排名也从 34 名跃居到了第 3 名。但是，由于我国服务贸易发展的起步较晚，不仅同货物贸易发展相比显得滞后，而且同发达国家的服务贸易发展水平相比更是存在不小的差距。

2008 年金融危机之后，全球经济迈进了深度调整的时期，欧美发达国家为了保护本国市场，恢复本国经济秩序，频繁调整进口贸易政策，进而阻碍我国出口贸易的发展。在这种国际背景下，政府宣布实施扩大内需的发展战略，以化解国内传统产业的产能过剩，实现中国与世界经济的平衡（刘志彪，2012）[1]。此后，政府实施了包括加强基础设施建设、实行结构性减税、提高城乡居民收入、加快服务业发展等一系列扩大内需的政策。其中，作为中国经济从出口推动到内需拉动转变的主力军，服务业获得了政府的特别关注。2014 年 3 月公布的《国务院办公厅关于加快发展服务业若干政策措施的实施意见》，要求各级政府相关部门要合理规划我国服务业的发展，不断完善我国产业发展体系，深化服务领域的改革，以推动我国服务业的提升，促进服务贸易的发展。

因此，在内需驱动战略的影响下，我国服务贸易出口额会随着国内需求市场的扩张而提升吗？从理论上讲，这种可能性是存在的。虽然服务业的发展不同于货物贸易的发展，但根据 Krugman（1980）[2] 提出本土市场效应，相关研究表明，服务业发展也呈现出了规模报酬递增的特点（Markusen，1989）[3]。内需扩大将使得产品呈现出多样化的特征，产品出口价格由于本地市场规模不断扩大将呈现下降趋势，然后会逐步形成产业的竞争优势，最终呈现出口扩张的情况。据此，本章将扩大内需战略作为研究背景，利用我国及 23 个 OECD 国家之间的双边贸易数据对服务业的出口是否会受内需驱动影响以及服务业出口是否存在本土市场效应进行研究既有理论价值，又具有现实意义。

近年来，世界范围内的服务贸易蓬勃发展，由于服务贸易数据的不可得，学者们多是以各国服务贸易总量为切入点，对相关问题进行研究。随着贸易国之间双边服务贸易数据的获得成为可能，相关研究的文献逐步增多。有相当部分的学者通过构建引力模型对贸易问题进行相关研究。Keith Walsh（2006）采用总服务贸易以及各类细分部门的服务贸易数据进行实证分析，结果表明进口国和出口国的人均 GDP 以及共同语言都会对服务贸易的规模产生显著影响。[4] Kimura 和 Lee（2004）构建引力模型对服务贸易和商品贸易的影响因素以及影响程度进行了估算，实证结果表明，在服务贸易中两国之间距离因素的作用比在商品贸易中更大，即服务贸易需要更高的运输成本。[5] 但也有学者进行相关研究，并得出了相反的结论。例如，Lejour 与 Verheijden（2007）利用引力模型对加拿大与欧盟之间的服务以及商品贸易进行研究，结论表明，贸易国之间的距离在服务贸易中的作用没有在商品贸易中显著[6]。同样地，Lennon（2009）采用 28 个 OECD 国家及其贸易伙伴国之间的数据进行实证，并得出了相同的结论。[7]

以上学者扩展了服务贸易的研究领域，丰富了我们对服务贸易的认识。但是，很少有学者从扩大内需的角度对服务贸易进行相关研究。Krugman（1980）假设在一个存在运输成本，且生产规模报酬递增的世界里，产品的生产将会集中在具有较大需求的市场附近，这样生产者可以充分利用规模经济的优势，扩大生产规模，从而使得生产成本降低，出口量增加，即一国需求规模的扩大能够促进出口的增加。[8]因此，一个国家如果拥有较大的需求市场，那么它将会成为该商品的净出口国。Davis 与 Weinstein（1996）通过构建“超常需求”（Idiosyncratic Demand）指标，首次通过实证分析检验本土市场效应，但检验结果并不支持本土市场效应，实证结果表明要素禀赋所能决定的 OECD 国家制造业贸易模式的比例高达 90%，本土市场效应只有 5%，即 OECD 国家制的造业贸易不存在本土市场效应。[9] Davis 和 Weinstein（2003）在 Davis 和 Weinstein（1996）的基础上将市场准入因素纳入实证模型，证明了 OECD 各国确实存在本土市场效应。[10] Domeque et al.（2011）采用西班牙制造业行业的数据进行分析，实证结果证明了本土市场效应的存在。[11]也有很多学者利用引力模型，通过出口产品的相对需求弹性来判断本土市场效应是否存在。例如，Schumacher（2003）、Schumacher 和 Silierstove（2006）利用 OECD 国家 25 个制造业行业的贸易数据构建引力模型，实证结果显示其中的 16 个行业存在本土市场效应。[12][13]

国内学者也对本土市场效应进行了大量的研究。一些学者研究了我国各省份之间是否存在本土市场效应，如张帆、潘佐红（2006）利用 1997 年中国 31 个省份 19 个产业的数据进行了实证分析，结果发现本土市场效应在中国省份间的生产模式和贸易模式中都十分显著。[14]冯伟和徐康宁（2012）利用中国 2004—2009 年 22 个产业的省际数据进行研究，实证结果表明在省际层面上中国产业发展并没有出现本土市场效应，而在分省层面上出现了本土市场效应。[15]还有一些学者利用中国与主要贸易伙伴国之间的双边贸易数据检验中国的出口是否存在本地市场效应。例如，邱斌、尹威（2010）对中国制造业28个细分行业的出口数据进行实证分析，结果发现总体上本土市场效应在中国制造业的出口项中比较明显，同时，本土市场效应与贸易方式的关系紧密。[16]邓慧慧（2012）也验证了在中国的工业制成品出口中，不同行业间本土市场效应的作用强度差异显著。[17]张鹏辉、李若兰（2013）利用中国与25个OECD国家之间制造业的双边贸易数据，对中国制造业是否存在显著的本土市场效应进行了检验分析。[18]结果表明中国制造业出口的本土市场效应十分显著，本土市场效应的程度因行业的特征各异而存在差异。

综上所述，我们可以发现现有文献为理解本土市场效应提供了丰富的理论和实证基础。本章拟采用中国与23个OECD国家之间的双边服务贸易数据，以扩展的引力模型为基础，分别利用简单面板回归和面板分位数回归的实证方法，研究扩大内需能否对我国服务贸易的发展产生积极影响以及中国的服务贸易是否存在本土市场效应。与现有文献相比，本章具有以下创新点：一是现有相关文献主要关注本土市场效应对制造业生产和贸易模式的影响，而较少涉及服务业的本土市场效应，本章则以服务贸易的本土市场效应为切入点，研究扩大内需战略能否促进服务贸易出口的发展；二是在扩展的引力模型基础上，利用面板分位数回归方法对样本数据回归，由此可以在服务贸易发展的不同阶段上，扩大内需战略对服务业出口的影响以及服务贸易是否存在本土市场效应进行判断，使得研究结论更具有现实意义。

二、模型设定和变量选择

（一）模型设定

Bergstrand（1989）在研究双边贸易的影响因素时，从国家的需求规模、距离和一些特质因素（如是否有共同的边界、共同的语言，是否加入相同的一体化组织等）等角度考虑，[19]给出了如下方程：

$$M_{ij} = A_0(Y_i^{\alpha_1} Y_j^{\alpha_2} / Y_w^{\alpha_3}) d_{ij}^{\alpha_4} U_{ij} \quad (11-1)$$

其中，M_{ij}表示双边贸易额，Y_i表示本国的市场需求规模，Y_j表示贸易国的市场需求规模，Y_w表示世界总体的市场需求规模，d_{ij}表示两国之间的距离，U_{ij}表示其他影响两国双边贸易量的因素。

为了便于回归，将方程（11－1）两边同时取对数，得到如下方程：

$$\ln X_{ij} = \alpha_0 + \alpha_1 Y_i + \alpha_2 Y_j - \alpha_3 Y_w + \alpha_4 d_{ij} + \alpha_5 F_{ij} + \varepsilon_{ij} \quad (11-2)$$

其中，$\alpha_0 = \ln A_0$，$\varepsilon_{ij} = \ln U_{ij}$，方程中用$F_{ij}$代表反映异质性的虚拟变量，如果两国相同，则取值为1，不相同，则取值为0。本章将以上述扩张的引力模型为研究框架，对方程（11－2）进行简单转换，得到有关服务贸易出口量的方程如下：

$$\ln X_{ij} = \alpha_0 + \alpha_1 Y_i + \alpha_2 Y_j - \alpha_3 Y_W + \alpha_4 d_{ij} + \alpha_5 COMBOR_{ij} + \alpha_6 COMLAN_{ij} + \varepsilon_{ij} \quad (11-3)$$

在此方程中，X_{ij}代表服务贸易的出口额。鉴于国土不相邻和没有共同的官方语言的贸易国之间可能存在较高的服务贸易成本，因此在方程（11－3）中加入和 *COMBOR* 和 *COMLAN* 两个虚拟变量。*COMBOR* 用来表示两个贸易国是否拥有共同边界，如果有则取值为1，没有则取值为0。*COMLAN* 表示两个贸易国的官方语言是否相同，相同则值为1，不同则值为0。

二战后，以北美自由贸易区（NAFTA）、亚太经济合作组织（APEC）和经济合作与发展组织（OECD）为代表的区域经济组织蓬勃发展。为了考察区域经济一体化能否有效促进服务贸易的发展，本章将 *OECD*、*APEC*、*NAFTA* 作为三个虚拟变量引入方程中，方程如下：

$$\ln X_{ij} = \alpha_0 + \alpha_1 Y_i + \alpha_2 Y_j - \alpha_3 Y_W + \alpha_4 d_{ij} + \alpha_5 COMBOR_{ij} + \alpha_6 COMLAN_{ij} + \alpha_7 OECD + \alpha_8 APEC + \alpha_9 NAFTA + \varepsilon_{ij} \quad (11-4)$$

Nunn（2007）从制度角度对双边贸易量的影响因素进行了考察，研究结果表明具有完善司法制度的国家能够保证企业较好地履行合约，进而提高贸易量。[20] 为了分析一国制度的完善能否促进服务贸易的发展，在方程（11-4）中加入制度因素 SPR，得到：

$$\ln X_{ij} = \alpha_0 + \alpha_1 Y_i + \alpha_2 Y_j - \alpha_3 Y_W + \alpha_4 d_{ij} + \alpha_5 COMBOR_{ij} + \alpha_6 COMLAN_{ij} + \alpha_7 OECD + \alpha_8 APEC + \alpha_9 NAFTA + \alpha_{10} SPR_i + \varepsilon_{ij} \quad (11-5)$$

（二）数据与变量

本章采用2000—2012年23个OECD国家之间以及中国与这些国家之间的双边服务贸易的样本数据进行实证研究，原始数据主要来源于经济合作与发展组织数据库（OECD Statistics）、世界银行统计数据库等。由于OECD数据库中只有23个OECD国家与我国的双边服务贸易数据，因此，本章选择了我国与澳大利亚、奥地利、比利时等23个OECD国家以及它们之间的双边数据。

（1）双边服务贸易出口额（X_{ij}）：表示从 i 国出口到 j 国的服务贸易额，该数据来源于OECD数据库。

（2）市场需求规模（Y）：本章使用一国的国内生产总值（GDP）来衡量该国的市场需求规模，包括本国和贸易伙伴国的GDP以及全球的GDP，分别用 Y_i、Y_j、Y_w 表示。数据来源为世界银行统计数据库。

（3）距离变量（d_{ij}）：运输成本是制约国际贸易的关键因素。一般来说，两国距离较远说明运输成本较高，那么，双边贸易额也就越小。本章采用各国首都间的距离来衡量距离变量，数据主要来源于www.timeanddate.com网站。为了降低异方差的影响，在代入计量模型时，笔者对以上变量进行了对数处理。

（4）制度变量（SPR_i）：本章利用法律系统和产权保护（Legal System&Property Right）这个数据来衡量制度因素。该数据用来描述一国司法系统的完整性，包括对一国审判的独立性、法院的公正性、产权保护度、法制及政治的军事干预程度、司法体系的独立性、合同的依法执行度、不动产转让的监管限制、警察的可靠性以及犯罪的经济成本等9个方面的评估，数值越大表明该国的司法体系越完善，最大值为10。该数据来源于加拿大弗雷泽研究所全球经济自由化指数数据库（Economic Freedom of the World Project）。

（5）其他控制变量

共边界性（$COMBOR_{ij}$）：该变量用来表示两个贸易伙伴国是否具有共同的边界。如果有，则取值为1，没有则取值为0。

共语言性（$COMLAN_{ij}$）：该变量用来表示进行双边服务贸易的两个国家是否使用相同的官方语言。相同则取值为1，不同则取值为0。

共同贸易区（*OECD*、*APEC*、*NAFTA*）：本章选用这三个变量用来考察加入同一个经济一体化组织能否促进双边服务贸易的发展。如果是同一个一体化组织的成员则取值为1，否则记为0。

各个变量的统计特征如表11－1所示：

表11－1　变量的统计特征

变量	样本数	均值	标准差	最小值	最大值
$\ln X_{ij}$（百万美元）	5960	6.577534	1.785798	－1.731967	11.07663
$\ln Y_i$（百万美元）	7176	13.42422	1.27391	10.76025	16.59825
$\ln Y_j$（百万美元）	7176	13.42422	1.27391	10.76025	16.59825
$\ln Y_w$（百万美元）	7176	17.72335	0.28255	17.3144	18.12014
$\ln d_{ij}$（千米）	7176	7.920794	1.12102	174	9.801344
SPR_i	7176	7.494872	1.08702	4.9	9.6

注：表中数据均是经过对原始数据的处理得到。

三、面板模型回归结果分析

为了能够直观地了解各解释变量对双边服务贸易出口额的影响，接下来给出服务业出口和GDP、服务业出口和司法系统制度指数的散点图。具体参见图11－1。从图中我们可以发现，随着市场需求规模的不断扩大以及司法制度的不断完善，一国的服务贸易出口额是显著增加的。

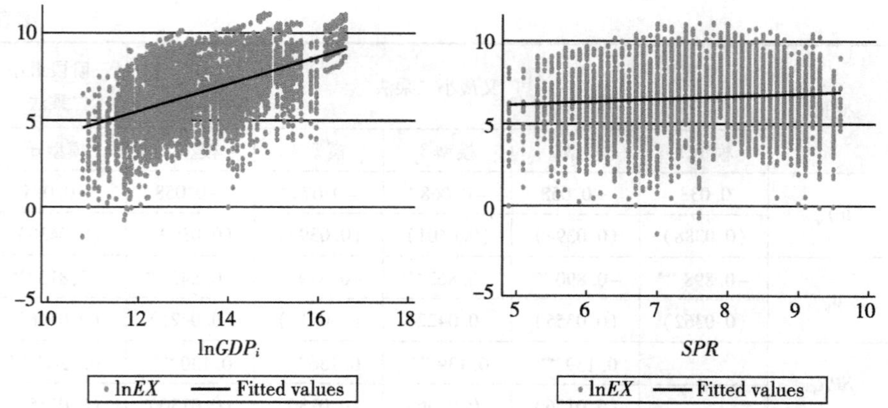

图 11－1　服务业贸易出口额与 *GDP*、*SPR* 之间的散点拟合图

本章以 Stata 12.0 为操作平台，采用逐步回归法，利用可行的广义最小二乘法对每个方程进行回归，在不断加入变量的过程中我们可以看到，模型 1 到模型 5 的 R^2 是逐渐变大的，说明随着变量数量的增加，回归方程拟合结果的优度在不断提高。由于三阶段最小二乘法相对于 OLS 来说可以提高估计的效率，因此，本章将采用三阶段最小二乘法对回归结果进行稳健性检验，检验结果在模型 6 中给出。6 个模型均通过了 Wald 检验，说明在整体上方程回归的效果是好的。通过对模型 5 和模型 6 的回归结果进行比较，可以发现两个模型的回归结果基本一致，由此可以说明模型 5 是稳健的，因此以模型 5 的回归结果为基础来进行后面的实证分析，实证结果如表 11－2 所示：

表 11－2　简单面板实证回归结果

变量	广义最小二乘法					三阶段最小二乘法
	模型 1	模型 2	模型 3	模型 4	模型 5	模型 6
$\ln Y_i$	0.811***	0.780***	0.775***	0.773***	0.788***	0.856***
	(0.0249)	(0.0248)	(0.0250)	(0.0248)	(0.0246)	(0.0105)
$\ln Y_j$	0.959***	0.971***	0.966***	0.960***	0.958***	0.880***
	(0.0242)	(0.0239)	(0.0242)	(0.0240)	(0.0235)	(0.0096)

续表

变量	广义最小二乘法					三阶段最小二乘法
	模型 1	模型 2	模型 3	模型 4	模型 5	模型 6
$\ln Y_w$	0.033	-0.058	-0.068*	-0.074*	-0.058	-0.094
	(0.0388)	(0.0394)	(0.0401)	(0.0399)	(0.0399)	(0.0439)
d_{ij}	-0.898***	-0.890***	-0.862***	-0.879***	-0.842***	-0.813***
	(0.0362)	(0.0355)	(0.0422)	(0.0416)	(0.0421)	(0.0146)
SPR_i		0.139***	0.139***	0.136***	0.130***	0.120***
		(0.0136)	(0.0136)	(0.0136)	(0.0136)	(0.0115)
$COMBOR_{ij}$			0.167	0.009	0.095**	0.115***
			(0.1383)	(0.1400)	(0.1375)	(0.0383)
$COMLAN_{ij}$				0.699***	0.690***	0.684***
				(0.1509)	(0.1483)	(0.0407)
OECD					0.761***	0.785***
					(0.1344)	(0.0529)
APEC					0.488***	0.456***
					(0.1723)	(0.0451)
NAFTA					-2.594***	-2.437***
					(0.6000)	(0.2665)
CONS	-9.628***	-12.10***	-12.38***	-12.27***	-13.11***	-13.77***
	(0.4911)	(0.5415)	(0.5888)	(0.5845)	(0.6001)	(0.7959)
Wald 检验	11746.14 [0.000]	12063.87 [0.000]	12067.17 [0.000]	12146.15 [0.000]	12336.09 [0.000]	20047.13 [0.000]
P 值	0.00	0.00	0.00	0.00	0.00	0.00
观测值	5960	5960	5960	5960	5960	5960
调整后的 R^2	0.7285	0.7369	0.7376	0.7469	0.7663	0.7708
贸易伙伴组	509	509	509	509	509	509

注：***、**、*分别表示 1%、5%、10% 的显著性水平；圆括号内显示的是稳健的标准差；Wald 检验的原假设是变量为外生的（H_0：/athrho = 0），方括号中显示的是 Wald 检验的 P 值。

由表 11 - 2 的显示结果可以得出以下结论：

（1）市场的需求规模是一国服务贸易出口的重要驱动力，但不存在本土市场效应。具体而言，一方面，一国市场需求规模每扩大 1%，服务贸易的出口量就会显著增加 0.788%。这一结论说明内需驱动战略能够通过产业的集聚促进服务贸易的出口，与陈启斐等（2014）得出了相同的研究结论。[20] 另一方面，贸易伙伴国市场需求规模的扩大也能促进一国服务贸易出口额的增加。贸易伙伴国市场规模每扩大 1%，本国服务业的出口额就会上升 0.958%。虽然实证结果显示全球市场需求规模每扩大 1% 会导致本国服务贸易出口额下降 0.058%，但参数的估计值是不显著的，因此我们不能认为全球市场需求规模的扩大会抑制本国服务贸易的出口。由于 0.788 < 0.958，所以可以认为一国服务贸易的出口不存在显著的本土市场效应。

（2）贸易伙伴国之间距离的扩大会抑制一国服务贸易的出口。贸易伙伴国之间的距离每增加 1%，本国的服务贸易出口额就会下降 0.842%。当两国拥有共同边界时，一国的服务业出口会上升 0.095%。由此可知，在距离较近或毗邻的国家之间服务贸易更易展开，即服务贸易具有区域化特征。当贸易伙伴国使用相同的官方语言时，本国服务业的出口状况也会得到改善，提升幅度约为 0.690%。

（3）良好的司法制度能够显著促进一国服务贸易出口的发展，制度指数每提高 1%，一国服务贸易的出口额就会上升 0.130%。这说明，良好的司法制度体系能够保障合约的有效执行，从而有助于促进服务业的出口。正如 Nunn（2007）的研究结论，对于服务贸易的发展，合约的有效执行与物质资本、人力资本相同，是一国比较优势的重要来源之一。[21]

（4）加入经济一体化组织会对一国服务贸易的出口产生显著影响，但影响的大小和方向是不同的。具体来看，贸易伙伴国同时加入 OECD 或 APEC 会使本国双边服务贸易的出口额分别提高 0.761% 和 0.488%，而 *NAFTA* 的系数则显著为负，即两国同为 NAFTA 的成员国会使本国的服务业出口额降低 2.594%。Francois（2001）研究发现，对于达到中等人均收入水平的国家，服务业的发展和服务贸易变得更加重要。[22] OECD

是全球最发达的区域一体化组织，组织内的服务业占比已超过50%，人均收入也超过了1万美元，因此其成员国之间主要的贸易方式为服务贸易。*NAFTA* 的系数显著为负意味着加入北美自由贸易区会抑制成员国之间服务贸易的发展。本章为认为 NAFTA 与 OECD、APEC 的研究结论之所以相反，是因为美国和加拿大之间存在所谓的“边境效应”①。McCallum（1995）在用引力模型对加拿大各省间以及加拿大各省与美国各州之间的贸易量分别进行回归时发现，加拿大各省之间的贸易量相当于加拿大各省和美国各州之间贸易量的22倍，并解释正是由于美、加的“边境效应”导致了这一结果。[23]在此之后，大量的文献对这一问题进行了深入研究，并得出一致的结论，即各国之间的双边贸易流量都会存在一定的边境效应，只是对各国贸易量的影响大小不同。本章的研究得出相似的结论，表明美国和加拿大之间的服务贸易的确存在显著的边境效应。

四、面板分位数估计结果分析

为了验证简单面板回归模型得出的实证结果是否具有可靠性，在此，将面板分位数方法估计得出的结果作为对照，具体分析扩大内需战略能否促进一国服务贸易的发展，以及服务业的对外贸易是否存在本土市场效应。表 11－3 中第 2 列为利用随机效应模型得出的估计结果，后面 5 列分别为 10%、25%、50%、75%、90% 分位数下得出的回归结果：

表 11－3 面板分位数实证回归结果

解释变量	RE	10%	25%	50%	75%	90%
$\ln Y_i$	0.856***	0.995***	0.918***	0.836***	0.757***	0.693***
	(0.0103)	(0.0129)	(0.0111)	(0.0127)	(0.0119)	(0.0158)

① 本章的样本中不包含墨西哥，因此 NAFTA 的成员国只有美国和加拿大。这里的边界效应和前文的 *COMBOR* 系数并不一样，前者指国家间贸易的隐形成本，后者指相对于不相邻国家，共边界性的积极作用。

续表

解释变量	RE	10%	25%	50%	75%	90%
$\ln Y_j$	0.880 ***	0.958 ***	0.929 ***	0.870 ***	0.828 ***	0.812 ***
	(0.01000)	(0.0115)	(0.0106)	(0.0124)	(0.0116)	(0.0147)
$\ln Y_w$	0.0938 **	-0.0995 **	-0.0386	-0.0270	0.113 **	0.214 ***
	(0.0444)	(0.0488)	(0.0459)	(0.0548)	(0.0521)	(0.0710)
d_{ij}	-0.813 ***	-1.023 ***	-0.922 ***	-0.776 ***	-0.674 ***	-0.614 ***
	(0.0141)	(0.0172)	(0.0150)	(0.0174)	(0.0157)	(0.0200)
SPR_i	0.120 ***	0.0790 ***	0.102 ***	0.131 ***	0.112 ***	0.144 ***
	(0.0107)	(0.0131)	(0.0117)	(0.0132)	(0.0120)	(0.0158)
$COMBOR_{ij}$	0.115 ***	-0.242 **	-0.0896 *	0.119 **	0.176 ***	0.235 ***
	(0.0439)	(0.0485)	(0.0457)	(0.0543)	(0.0510)	(0.0686)
$COMLAN_{ij}$	0.684 ***	0.809 ***	0.622 ***	0.681 ***	0.643 ***	0.603 ***
	(0.0470)	(0.0589)	(0.0515)	(0.0580)	(0.0533)	(0.0689)
OECD	0.785 ***	1.086 ***	0.780 ***	0.623 ***	0.635 ***	0.650 ***
	(0.0427)	(0.0558)	(0.0471)	(0.0528)	(0.0493)	(0.0654)
APEC	0.456 ***	0.626 ***	0.599 ***	0.420 ***	0.347 ***	0.314 ***
	(0.0557)	(0.0677)	(0.0604)	(0.0688)	(0.0629)	(0.0808)
NAFTA	-2.437 ***	-3.450 ***	-3.303 ***	-1.268 ***	-1.286 ***	-1.407 ***
	(0.188)	(0.214)	(0.204)	(0.228)	(0.211)	(0.250)
CONS	-13.77 ***	-12.57 ***	-12.45 ***	-11.42 ***	-12.37 ***	-13.41 ***
	(0.777)	(0.916)	(0.828)	(0.960)	(0.893)	(1.198)

注：*、**、***分别表示10%、5%和1%的显著水平，括号内为通过Bootstrap得出的系数标准误，Bootstrap次数为400次，该结果使用Stata12.0软件得出。

这里首先关注本国市场需求规模以及贸易伙伴国市场需求规模水平对服务贸易出口量的影响系数，无论是随机效应模型还是各分位数水平上的本国和贸易伙伴国的市场需求规模的系数都为正，且通过了1%的显著性水平检验，这意味着无论是本国需求规模的扩大还是贸易伙伴国需求规模的扩大都能有效促进一国服务贸易出口量的增加。通过观察各分位数水平上两国需求规模系数的变化趋势，不难发现，随着服务贸易出口额的不断上升，需求规模对服务贸易出口的程度是越来越小的。对比二者的系数我们可以看出，从整体上看，服务贸易的出口是不存在本土市场效应的。但在10%分位数水平上，本国市场需求的系数是大于贸易伙伴国的，因此可以认为服务贸易出口额较小时，一国服务贸易的出口是存在本土市场效应的，随着服务贸易出口规模的不断扩大，本国需求规模的系数缩减的程度大于贸易伙伴国需求规模的系数，即本土市场效应逐渐消失。

就全球市场需求总规模而言，系数在25%和50%的分位数水平上是不显著的，当一国服务贸易的出口较小或达到一定程度以后，全球市场需求总规模能够有效促进服务贸易出口的发展，这与随机效应模型的估计结果恰好相反。在各分位数水平下，距离变量的系数是不断减小的，这说明当一国服务贸易出口发展到一定水平后，距离因素对服务贸易出口规模的影响是逐渐降低的。而制度因素的系数则是不断变大的，这说明随着服务贸易的不断发展，制度因素的作用越来越显著，因此，当服务贸易出口额达到一定水平后，良好的司法制度体系更能保障合约的有效执行，从而有助于促进一国服务业的出口。

在其他控制变量中，共边界性变量在10%和25%分位数水平上的系数为负，可以认为共边界不利于服务业出口的发展，随着服务贸易出口的增加，共边界性变量的系数显著为正，这与随机效应模型估计的系数符号相同。共语言性变量在各个分位数水平上的系数是逐渐变小的，这说明随着服务贸易的发展，贸易国之间是否拥有共通的语言对服务贸易的影响是越来越弱的。用来描述两国是否在同一个贸易区的 *OECD* 和 *APEC* 这个变量的系数是随着服务贸易的发展而不断变小的，这说明当一国服务贸易不发达时，加入贸易区能够促进该国服务贸易出口的增长，随着一国服务贸易的发展，是否与贸易伙伴国处于共同贸易区对一国服务贸易的影响越来越小。变量 *NAFTA* 的实证结果与前面简单面板回归的结果符号相同，即各国之间的双边贸易流量都会存在一定的边境效应。可以确定的是，随着服务贸易发展水平的提高，该变量系数的绝对值是逐渐变小的，可以认为服务贸易的边境效应是随着服务贸易规模的扩大不断弱化的。

五、结论及政策建议

在我国经济发展转型期间，经济发展的战略重点逐渐由外需转移到内需的构建上。本章通过建立理论模型，利用 2000—2012 年中国以及 23 个 OECD 国家的双边服务贸易面板数据分别进行简单面板回归和面板分位数回归，以检验扩大内需是否会对一国服务贸易的发展产生显著影响，进而判断服务贸易是否存在本土市场效应，并得到了以下结论和启示：

第一，内需驱动战略确实能有效促进一国服务贸易的发展，但服务贸易的出口并不存在显著的本土市场效应。当一国服务贸易出口处在比较低的水平时，本土市场效应是存在的，随着服务贸易的不断发展，本土市场效应逐步消失。众所周知，我国服务业已经发展到了比较高的水平，虽然服务贸易出口的本土市场效应是不存在的，但扩大内需仍能够有效促进服务业出口的发展。因此，随着经济全球化的不断发展，应该充分利用我国的广阔市场和潜在的内需优势，培育本国的市场，用不断扩大的内需引导企业创新发展，改善我国服务贸易模式，从而促进我国服务贸易的蓬勃发展。

第二，贸易伙伴国之间距离的扩大会抑制本国服务贸易的出口。虽然，科学技术的进步和信息技术的发展使得服务商品逐渐进入流通领域，但与货物贸易相比，服务商品的可贸易性仍然较差，尤其是消费性的服务品。因此，选择区位相邻、文化相近的国家作为目标市场开展服务贸易能够有效改善我国服务贸易出口的现状。

第三，良好的司法制度能够显著促进本国服务贸易出口的发展。无论是法律制度、宏观经济制度还是微观经济制度，都会对一国服务贸易的发展产生影响。为了减少交易的不确定性，降低交易成本，应该采取措施改善制度环境，进而实现我国服务贸易的蓬勃发展。

第四，除去边境效应，共边界、共语言以及共同的贸易区都能显著提高本国服务贸易水平。这意味着，服务业具有高度的区域特征，服务贸易易于在相邻的国家或具有共同语言的国家之间展开。就我国而言，增加与周边国家以及 APEC 或东盟成员国的服务贸易，是一条增加服务贸易出口数量，提升服务贸易质量的有效路径。

参考文献

[1] 刘志彪.基于内需的经济全球化:中国分享第二波全球化红利的战略选择[J].南京大学学报(哲学人文社会科学),2012(2):51 –59.

[2] [8] KRUGMAN P R. Scale economies, product differentiation, and the pattern of trade [J]. America Economic Review, 1980,70(5):950 –959.

[3] MARKUSEN J R. Trade in producer services and in other specialized intermediate input [J]. America Economic Review,1989,6(79):85 –95.

[4] WALSH K. Trade in services: does gravity hold? a gravity model approach to estimating barriers to services trade [R]. IIIS Discussion Paper, No. 183, 2006.

[5] KIMURA,LEE. The gravity equation in international trade in services[R]. Paper presented at the European Trade Study Group Conference, 2004.

[6] LEJOUR A, DE PAIVA VERHEIJDEN J W. Services trade within Canada and the European Union [J]. Services Industries Journal, 2007,27(4):389 –409.

[7] LENNON C. Trade in services and trade in goods: differences and complementarities [J]. WIIW Working Papers 53,Vienna Institute for International Economic Studies,2009.

[9] DAVIS D,WEINSTEIN D. Does economic geography matter for international specialization? [R]. NBER Working Paper,No. 5706, 1996.

[10] DAVIS D,WEINSTEIN D. Market access, economic geography and comparative advantage: an empirical test[J]. Journal of International Economic, 2003,59(1):1 –23.

[11] DOMEQUE N, ET AL. The home market effect in Spanish industry, 1965—1995[J]. The Annals of Regional Science, 2011,46(2): 379 - 396.

[12] SCHUMACHER D. Home market and traditional effects on comparative advantage in a gravity approach[R]. DIW Discussion Paper 344, 2003.

[13] SCHUMACHER D,SILIERSTOVE B. Home market effect and factor - endowment effects in a gravity approach[J]. Review of World Economics, 2006, 142(2):330 - 353.

[14] 张帆,潘佐红. 本土市场效应及其对中国省间生产和贸易的影响[J]. 经济学(季刊),2006(5):307 - 323.

[15] 冯伟,徐康宁. 产业发展中的本地市场效应——基于我国2004—2009年面板数据的实证[J]. 经济评论,2012(2):62 - 70.

[16] 邱斌,尹威. 中国制造业出口是否存在本土市场效应[J]. 世界经济, 2010(7):45 - 63.

[17] 邓慧慧. 我国工业制成品出口的本地市场效应研究——基于1996—2009年分行业的面板数据[J]. 国际贸易问题,2012(7):12 - 19.

[18] 张鹏辉,李若兰. 中国制造业出口贸易的本地市场效应研究[J]. 财贸研究,2013(5):86 - 93.

[19] BERGSTRAND J H. The generalized gravity equation, monopolistic competition, and the factor - proportions theory in international trade[J]. The Review of Economics and Statistics, 1989,71(1):143 - 153.

[20] 陈启斐,王晶晶,岳中刚. 扩大内需能否扭转我国服务贸易逆差[J]. 国际贸易问题,2014(2):86 - 95.

[21] NUNN N. Relationship - specificity,incomplete contracts, and the pattern of trade [J]. The Quarterly Journal of Economic, 2007,122(2):569 - 600.

[22] FRANCOIS,JOSEPH F. Trade policy transparency and investor confidence [J]. Review of International Economics, 2001, 9(2):303 - 316.

[23] MCCALLM J. National borders matter: Canada - U. S. regional trade patterns[J]. America Economic Review, 1995, 85(3):615 - 623.

第十二章　内需驱动与扭转我国服务贸易逆差的经验研究

一、问题的提出

改革开放以来，中国对外贸易发展取得了举世瞩目的成就。贸易进出口总额从1980年的381.4亿美元增加到2015年的38667.6亿美元，在世界中的排名也由第32位晋升为世界第2位，占全球份额进一步提升。服务业发达程度是一国经济发展水平的基本标志（王恕立、胡宗彪，2012）[1]。因此，服务贸易出口量成为衡量各国经济实力的重要指标，引起越来越多的学者关注。

事实上，作为服务业发展的风向标，2012年中国服务贸易进出口总额达4706亿美元，只占对外贸易总额的13%左右，服务业在国民经济中的地位并没有显著提升。与总的贸易顺差形成鲜明对比的是，服务贸易已经连续12年出现逆差，并且之间的差额逐年增大（陈启斐、范超，2013）[2]。与由劳动密集型向知识、技术密集型转变的发达国家服务业产业结构的变动趋势相比，中国服务业产业结构的主要特征仍然是劳动密集型，资本技术上没有得到真正提高。这直接导致中国出口商品的低技术、低附加值。因此，在世界贸易的迅猛发展下服务贸易出口并没有伴随出口总额的扩大而显著提高，服务业发展相对滞后成为经济增长的障碍。

为此，中国积极主动地选择了服务业开放战略，在当前实施了一系列扩大内需的政策下，把服务业发展作为战略重点。我们从服务贸易政策的变化中就提出了这样一些问题，即在内需驱动的战略下，服务贸易逆差能否有效减小？中国服务业水平、质量和国际竞争力能否通过国内需求市场的扩张而得到提升？扩大内需战略能否带动服务业尽快与发达国家缩小差距？因此，基于国家实施扩大内需战略的宏观背景，对于上述问题的研究，不仅可以厘清内需和服务贸易进出口之间的关系以及在服务贸易提升过程中的决定作用，又能检验政策设计效果并给出客观的评价和发展建议。

本章内容安排如下：第二部分为文献综述；第三部分为模型的设定、变量的选取与数据的说明；第四部分为实证结果与分析；最后为结论和政策建议。

二、文献综述

现阶段，关于内需驱动能否扭转服务贸易逆差的探索性研究极少。多数学者的研究集中在服务贸易的影响因素和我国服务贸易逆差形成的原因等方面。本章将通过梳理现有服务贸易文献的研究脉络，来归纳扩大内需对服务贸易逆差的可能作用机制。

对于服务贸易的影响因素，很多学者都从不同的方面进行了研究。有些学者引用扩展的引力模型进行相关研究。Keith Walsh（2006）[3]采用服务贸易总额以及各部门细分的服务贸易数据进行实证分析，并得出了进口国和出口国的人均 GDP 以及共同语言都会对服务贸易的规模产生显著影响的结论。Kimura 和 Lee（2004）[4]构建引力模型对服务贸易和商品贸易的影响因素以及影响程度进行估算，实证结果表明，在服务贸易中两国之间距离因素的作用比在商品贸易中更大，即服务贸易需要更高的运输成本。单文婷和杨捷（2006）[5]利用引力模型对中国和东盟的双边贸易进行分析后认为，各国的 GDP、人均 GDP 与空间距离是影响双边贸易的主要因素。也有学者认为，外商直接投资也会影响服务贸易的发展。钟小平（2006）[6]从供给和需求两方面进行分析，最终证明FDI可通过知识和技术的外溢效应对服务贸易的进出口产生影响。在此基础上，杨丽（2009）[7]进一步指出FDI对服务贸易进出口的影响不仅包括溢出效应，还应包括国际资本的强化效应。健全的法律法规也能够促进服务贸易的顺利发展，徐元国（2005）[8]认为，鉴于现代服务贸易生产性与服务性相结合的特征，一国政府应该从司法角度加强对服务贸易的监管，同时指出发达国家对服务贸易的管制更加合理规范。

针对我国服务贸易逆差的成因，很多学者也从多个角度给出了研究结论。中国服务业总量不足、服务业结构不合理、传统服务业比重较高以及新兴服务业发展滞后被认为是我国服务贸易逆差形成的主要原因（吕剑，2004[9]；肖玉玲，2009[10]；刘蕊，2012[11]；刘旭，2013[12]）。戴宏学、赵培红（2008）[13]在此基础上进行了深入分析，认为除了以上因素，中国经济发展阶段性约束和服务业管理体制的缺失也是我国服务贸易逆差出现的原因。周燕、黄建忠（2009）[14]则从劳动生产率的角度进行分析，认为服务贸易产生差额的关键原因就是劳动生产率的差异性，也即服务作为一种商品在进行交易的过程中，贸易伙伴国之间服务部门劳动生产率的差异性是产生服务贸易差额的决定性因素。刘丁有、程欢（2012）[15]则认为"入世"扩大对外开放使得我国服务进口增加，与主要发达经济体相比，中国服务贸易竞争力较弱，传统服务行业逐渐失去竞争优势且新兴行业不具备竞争优势，人力资本水平不高，且国内存在比较严重的垄断现象，正是以上原因导致了我国服务贸易的逆差。将以上因素考虑在内，寇静、皮思思、朱晓青（2014）[16]总结认为，中国服务贸易逆差问题虽然是由多种内因外因共同作用造成的，但核心原因是中国服务业特别是现代服务业发展的滞后。

以上学者的研究加深了我们对于服务贸易及我国服务贸易逆差的认识和理解，但基本上没有涉及扩大内需能否扭转我国服务贸易逆差的相关研究。可以肯定的是，需求规模的扩大不仅有利于一国服务业出口的发展，也能促进一国服务贸易进口规模的增加。本章拟采用中国与 23 个 OECD 国家之间的双边服务贸易数据，在扩展的引力模型基础上研究扩大内需能否有效促进服务贸易逆差的扭转。内需的扩大能同时影响服务贸易的出口和进口，若内需驱动对出口的影响大于进口，我们就认为内需驱动能够扭转服务贸易的逆差；若是小于，则认为内需驱动不能有效改善服务贸易的逆差。与现有文献相比，本章具有以下创新点：一是视角上，从内需驱动的角度对服务贸易逆差进行研究，考察内需驱动战略对服务贸易发展的作用；二是方法上，基于服务贸易发展具有阶段性，本章在进行面板回归之后，运用面板分位数的回归方法深入研究内需的扩大对服务贸易出口和进口的动态影响，从发展的角度来考察内需驱动能否有效扭转服务贸易的逆差。

三、模型设定和变量选择

（一）模型的设定

Bergstrand（1989）[17]在研究双边贸易的影响因素时，从国家的需求规模、距离和一些特质因素（如是否有共同的边界、共同的语言，是否加入相同的一体化组织）等角度考虑，给出了如下方程：

$$T_{ij} = A_0(Y_i^{\alpha_1} Y_j^{\alpha_2} / Y_w^{\alpha_3}) d_{ij}^{\alpha_4} U_{ij} \quad (12-1)$$

其中，T_{ij}表示双边贸易额，Y_i表示本国的市场需求规模，Y_j表示贸易国的市场需求规模，Y_w表示世界总体的市场需求规模，d_{ij}表示两国之间的距离，U_{ij}表示其他影响两国双边贸易量的因素。

为了便于回归，将方程（12－1）两边同时取对数，得到如下方程：

$$\ln T_{ij} = \alpha_0 + \alpha_1 Y_i + \alpha_2 Y_j - \alpha_3 Y_w + \alpha_4 d_{ij} + \alpha_5 F_{ij} + \varepsilon_{ij} \quad (12-2)$$

其中，$\alpha_0 = \ln A_0$，$\varepsilon_{ij} = \ln U_{ij}$，方程中用 F_{ij}代表反映异质性的虚拟变量，如果两国相同，则取值为 1，不相同，则取值为 0。本章将以上述扩张的引力模型为研究框架，对方程（12-3）进行简单转换，得到有关服务贸易的方程如下：

$$\ln T_{ij}=\alpha_0+\alpha_1 Y_i+\alpha_2 Y_j-\alpha_3 Y_W+\alpha_4 d_{ij}+\alpha_5 COMBOR_{ij}+\alpha_6 COMLAN_{ij}+\varepsilon_{ij} \quad (12-3)$$

在此方程中，T_{ij}代表服务贸易额。鉴于国土不相邻和没有共同的官方语言的贸易国之间可能存在较高的服务贸易成本，因此在方程(12-3)中加入 *COMBOR* 与 *COMLAN* 两个虚拟变量。*COMBOR* 用来表示两个贸易国是否拥有共同边界，如果有则取值为1，没有则取值为0。*COMLAN* 表示两个贸易国的官方语言是否相同，相同则值为1，不同则值为0。

二战后，以经济合作与发展组织（OECD）、亚太经济合作组织（APEC）和北美自由贸易区（NAFTA）为代表的区域经济组织蓬勃发展。为了考察区域经济一体化能否有效促进服务贸易的发展，本章将 *OECD*、*APEC*、*NAFTA* 作为三个虚拟变量引入方程中，方程如下：

$$\ln T_{ij}=\alpha_0+\alpha_1 Y_i+\alpha_2 Y_j-\alpha_3 Y_W+\alpha_4 d_{ij}+\alpha_5 COMBOR_{ij}+\alpha_6 COMLAN_{ij}+\alpha_7 OECD+\alpha_8 APEC+\alpha_9 NAFTA+\varepsilon_{ij} \quad (12-4)$$

Nunn（2007）[18]从制度角度对双边贸易量的影响因素进行了考察，研究结果表明，具有完善司法制度的国家能够保证企业较好地履行合约，进而提高贸易量。为了分析一国制度的完善能否促进服务贸易的发展，在方程（12-4）中加入制度因素SPR，得到：

$$\ln T_{ij}=\alpha_0+\alpha_1 Y_j+\alpha_2 Y_j-\alpha_3 Y_W+\alpha_4 d_{ij}+a_5 COMBOR_{ij}+\alpha_6 COMLAN_{ij}+\alpha_7 OECD+\alpha_8 APEC+\alpha_9 NAFTA+\alpha_{10} SPR_i+\varepsilon_{ij} \quad (12-5)$$

为了全面分析服务贸易的影响因素，探索内需驱动能否扭转服务贸易逆差，本章将同时分析服务贸易的出口和进口。进一步，方程(12-5)可以写成：

$$\ln X_{ij}=\alpha_0+\alpha_1 Y_j-\alpha_2 Y_j-\alpha_3 Y_W+\alpha_4 d_{ij}+\alpha_5 COMBOR_{ij}+\alpha_6 COMLAN_{ij}+\alpha_7 OECD+\alpha_8 APEC+\alpha_9 NAFTA+\alpha_{10} SPR_i+\varepsilon_{ij} \quad (12-6)$$

$$\ln M_{ij} = \alpha_0 + \alpha_1 Y_j - \alpha_2 Y_j - \alpha_3 Y_W + \alpha_4 d_{ij} + \alpha_5 COMBOR_{ij} + \alpha_6 COMLAN_{ij} + \alpha_7 OECD + \alpha_8 APEC + \alpha_9 NAFTA + \alpha_{10} SPR_i + \varepsilon_{ij} \quad (12-7)$$

方程（12-6）和方程（12-7）分别为服务贸易出口和服务贸易进口的计量方程，其中 X_{ij} 表示双边服务贸易出口量，M_{ij} 表示双边服务贸易进口量。

（二）数据与变量

本章对2000—2012年中国与23个OECD国家之间以及23个OECD国家之间的双边服务贸易的样本数据进行研究，原始数据主要来源于经济合作与发展组织数据库（OECD Statistics）、世界银行统计数据库等。由于OECD数据库中只有23个OECD国家与我国的双边服务贸易数据，因此，本章选择了我国与澳大利亚、奥地利、比利时等23个OECD国家以及它们之间的双边数据。

1. 被解释变量

双边服务贸易出口额（X_{ij}）：表示从i国出口到j国的服务贸易额；

双边服务贸易进口额（M_{ij}）：表示i国从j国进口的服务贸易额，以上数据来源于OECD数据库①。

2. 主要解释变量

市场需求规模（Y）：本章使用一国的国内生产总值（GDP）来衡量该国的市场需求规模，包括本国和贸易伙伴国的GDP，分别用 Y_i、Y_j 表示。数据来源为世界银行统计数据库。

距离变量（d_{ij}）：运输成本是制约国际贸易的关键因素。一般来

① 分析双边贸易的文章基于贸易平衡范式，都认为进口是出口的对立面，因此只需要研究服务贸易出口市场。但是观察STATEXTRACTS数据库中的数据会发现，A国从B国的进口与B国向A国的出口数目并不相等。以美国和英国之间的双边服务贸易为例，2010年美国向英国服务出口金额为488.29亿美元，英国从美国的服务进口为269.85亿美元，两者相差了118.44亿美元；同年英国向美国的服务出口金额达479.1亿美元，美国从英国的进口为407.98亿美元，差额为71.12亿美元。进出口市场的非平衡特征说明，国家之间的服务贸易在进口市场和出口市场上存在差异性，需要区别对比分析。

说，两国距离越远，运输成本越高，所以，双边贸易额也就越小。本章采用两个国家首都之间的距离来衡量距离变量，数据主要来源于www. timeanddate. com 网站。为了降低异方差的影响，在代入计量模型时，笔者对以上变量进行了对数处理。

制度变量（SPR_i）：本章利用法律系统和产权保护（Legal System & Property Right）这个数据来衡量制度因素。该数据用来描述一国司法系统的完整性，包括对一国审判的独立性、法院的公正性、产权保护度、法制及政治的军事干预程度、司法体系的独立性、合同的依法执行度、不动产转让的监管限制、警察的可靠性以及犯罪的经济成本等九个方面的评估，数值越大表明该国的司法体系越完善，最大值为10。该数据来源于加拿大弗雷泽研究所全球经济自由化指数数据库（Economic Freedom of the World Project）。

3. 其他控制变量

共边界性（$COMBOR_{ij}$）：该变量用来表示两个贸易伙伴国是否具有共同的边界。如果有，则取值为1，没有则取值为0。

共语言性（$COMLAN_{ij}$）：该变量用来表示进行双边服务贸易的两个国家是否使用相同的官方语言。相同取值为1，不同则取值为0。

共同贸易区（*OECD*、*APEC*、*NAFTA*）：本章选用这三个变量来考察加入同一个经济一体化组织能否促进双边服务贸易的发展。如果是同一个一体化组织的成员则取值为1，否则记为0。

各个变量的统计特征如表12－1所示：

表12－1 变量的统计特征

变量	样本数	均值	标准差	最小值	最大值
$\ln X_{ij}$（百万美元）	5960	6.577534	1.785798	－1.731967	11.07663
$\ln M_{ij}$（百万美元）	5936	6.49136	1.799958	－1.731967	10.88449
$\ln Y_i$（百万美元）	7176	13.42422	1.27391	10.76025	16.59825
$\ln Y_j$（百万美元）	7176	13.42422	1.27391	10.76025	16.59825

续表

变量	样本数	均值	标准差	最小值	最大值
$\ln d_{ij}$（千米）	7176	7.920794	1.12102	174	9.801344
SPR_i	7176	7.494872	1.08702	4.9	9.6

注：表中数据均是经过对原始数据的处理得到。

四、实证分析

为了能够直观地了解各解释变量对双边服务贸易出口额的影响，接下来给出服务业出口和 GDP、服务业进口和 GDP 之间的散点图，具体参见图 12－1。从图中我们可以发现，随着市场需求规模的不断扩大，一国的服务贸易出口额和进口额都是显著增加的。

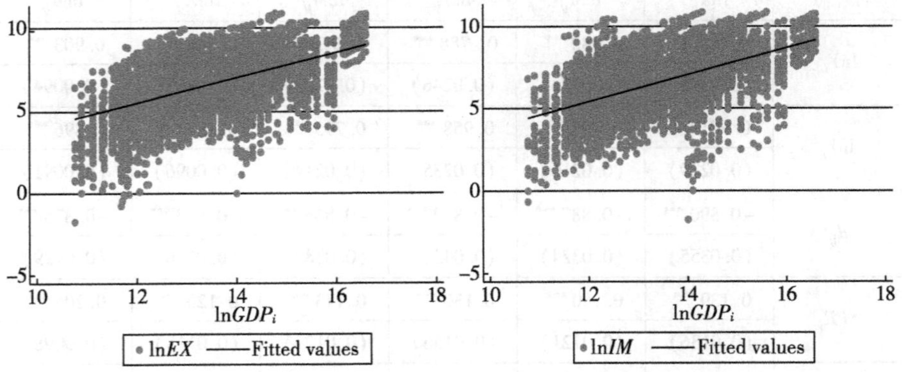

图 12－1　服务业贸易出口额、进口额与 *GDP* 之间散点拟合图

（一）面板模型回归结果分析

本章以 Stata12.0 为操作平台，利用可行的广义最小二乘法对每个方程进行回归，其中模型 1 和模型 3 是对服务贸易出口进行的回归，模型 2 和模型 4 是对服务贸易进口进行的回归。相较于模型 1 和模型 2，模型 3 和模型 4 中加入了代表共边界性、共语言性以及共贸易区性的特征变量，以减少回归过程中不确定因素对实证结果的影响。从实证结果来看，模型 3 和模型 4 调整后的拟合优度都优于加入特征变量之前的结果。由于三阶段最小二乘法相对于 GLS 来说可以提高估计的效率，因此，本章将采用三阶段最小二乘法对模型 3 和模型 4 的回归结果进行稳健性检验，检验结果在模型 5 和模型 6 中给出。从表 12－2 可以看出，6 个模型均通过了 Wald 检验，说明从整体上看，各个方程回归的拟合效果是好的。通过模型 5 与模型 3、模型 6 与模型 4 的回归结果的比较，可以发现前后模型的回归结果基本一致，由此可以说明模型 3 和模型 4 是稳健的，因此，接下来将以模型 3 和模型 4 的回归结果为基础来进行实证分析，实证结果参见表 12－2。

表 12－2　简单面板实证回归结果

变量	广义最小二乘法				三阶段最小二乘法	
	模型 1	模型 2	模型 3	模型 4	模型 5	模型 6
	$\ln X_{ij}$	$\ln M_{ij}$	$\ln X_{ij}$	$\ln M_{ij}$	$\ln X_{ij}$	$\ln M_{ij}$
$\ln Y_i$	0.780 ***	0.980 ***	0.788 ***	0.973 ***	0.856 ***	0.903 ***
	(0.0248)	(0.0223)	(0.0246)	(0.0223)	(0.0105)	(0.0094)
$\ln Y_j$	0.971 ***	0.798 ***	0.958 ***	0.795 ***	0.880 ***	0.896 ***
	(0.0239)	(0.0216)	(0.0235)	(0.0214)	(0.0096)	(0.0091)
d_{ij}	−0.890 ***	−0.887 ***	−0.842 ***	−0.836 ***	−0.813 ***	−0.875 ***
	(0.0355)	(0.0324)	(0.0421)	(0.0388)	(0.0146)	(0.0129)
SPR_i	0.139 ***	0.150 ***	0.130 ***	0.143 ***	0.120 ***	0.205 ***
	(0.0136)	(0.0121)	(0.0136)	(0.0121)	(0.0115)	(0.0098)
$COMBOR_{ij}$			0.095 **	0.125	0.115 ***	0.060
			(0.1375)	(0.1264)	(0.0383)	(0.0400)
$COMLAN_{ij}$			0.690 ***	0.618 ***	0.684 ***	0.605 ***
			(0.1483)	(0.1364)	(0.0407)	(0.0429)
OECD			0.761 ***	0.730 ***	0.785 ***	0.600 ***
			(0.1344)	(0.1237)	(0.0529)	(0.0391)
APEC			0.488 ***	0.520 ***	0.456 ***	0.520 ***
			(0.1723)	(0.1583)	(0.0451)	(0.0508)
NAFTA			−2.594 ***	−1.624 ***	−2.437 ***	−1.674 ***
			(0.6000)	(0.5514)	(0.2665)	(0.1709)

续表

变量	广义最小二乘法				三阶段最小二乘法	
	模型 1	模型 2	模型 3	模型 4	模型 5	模型 6
	$\ln X_{ij}$	$\ln M_{ij}$	$\ln X_{ij}$	$\ln M_{ij}$	$\ln X_{ij}$	$\ln M_{ij}$
CONS	-12.10***	-8.19***	-13.11***	-9.28***	-13.77***	-10.17***
	(0.5415)	(0.4852)	(0.6001)	(0.5424)	(0.7959)	(0.7097)
Wald 检验	12063.87 [0.000]	12555.63 [0.000]	12336.09 [0.000]	12871.49 [0.000]	20047.13 [0.000]	25674.17 [0.000]
P 值	0.00	0.00	0.00	0.00	0.00	0.00
观测值	5960	5936	5960	5936	5960	5936
调整后的 R^2	0.7369	0.7823	0.7663	0.8045	0.778	0.8122
贸易伙伴组	509	506	509	506	509	506

注：***、**、*分别表示1%、5%、10%的显著水平；圆括号内显示的是稳健的标准差；Wald 检验的原假设是变量为外生的（H_0：/athrho = 0），方括号中显示的是 Wald 检验的 P 值。

由表 12-2 的显示结果可以得出以下结论：

（1）市场的需求规模不仅是一国服务贸易出口的重要驱动力，更能有效促进服务贸易进口的发展。首先，对服务贸易出口的实证结果进行分析。从模型 3 的回归结果来看，本国的市场需求规模每扩大 1%，服务贸易的出口量会显著增加 0.788%，这一结论说明内需驱动能够通过产业集聚有效促进服务贸易的出口，陈启斐等（2014）[19] 也得出了相同的研究结论。同时，贸易伙伴国市场需求规模的扩大也能有效促进本国服务贸易出口的增加，贸易伙伴国的市场需求规模每扩大 1%，本国服务业的出口就会上升 0.958%。对比以上两个系数，可以认为在服务业的出口市场上，贸易伙伴国市场需求的作用要大于本国的市场需求。接下来对服务贸易进口的实证结果进行分析。从模型 4 的回归结果来看，本国市场需求每扩大 1%，服务贸易的进口量会显著增加 0.973%，而贸易伙伴国市场需求每扩大 1%，服务贸易的进口量会显著增加 0.795%。在进口市场上，本国市场需求的作用要大于贸易伙伴国的市场需求。结合服务贸易出口和进口的分析，有理由相信，在双边服务贸易中，贸易伙伴国市场需求的影响程度要高于本国市场需求。

通过对比模型 3 和模型 4 中本国市场需求的系数可以发现，一国本地市场需求规模的扩大，可以同时刺激服务贸易的出口和进口，但对后者的促进作用要高于前者。从实证结果来看，本国市场需求规模提高 1%，会促进服务贸易出口增加 0.788%，促进服务贸易进口增加 0.973%，说明随着一国需求规模的扩大，服务贸易进口量的增加会超过出口量的增加，导致服务贸易的逆差进一步扩大。我国服务贸易的发展相对滞后，本国服务业的发展无法满足工业化发展的需要，那么，本国市场规模的扩张会导致对国外服务品消费的进一步增加。由此看来，扩大内需战略并不能有效扭转我国服务贸易的逆差。

（2）完善的司法体系能够同时促进服务贸易出口额和进口额的增加。法治指数每提高 1%，服务贸易的出口会增加约 0.130%，而服务贸易的进口则会增加约 0.143%。正如 Nunn（2007）[20] 得出的研究结论，良好的司法体系以及合约的执行能力有助于激励服务业出口和服务业进口。通过对比可以看出，一国法治水平的提高不仅有助于本国比较优势的增加，促进服务贸易出口的发展，也能为本国进口更多的服务品提供保障，服务品数量和种类的增加有助于改善制造业的生产投入，从而增加一国在国际市场中的竞争力。

（3）服务贸易的出口额和进口额都会随着贸易伙伴国之间距离的增加而缩小。两国之间的距离每增加 1%，服务贸易的出口会减少约 0.842%，服务贸易的进口则会减少约 0.836%；与服务贸易出口相比，距离对服务贸易进口的抑制作用更强。当两国拥有相同的边界时，服务贸易的出口额会提高 0.095%，服务贸易的进口会提高 0.125%。这说明服务贸易具有高度的区域化特征，服务贸易更易于在距离相近的国家之间展开。因此，选择区域相邻、文化相近的国家开展服务贸易是改善我国服务贸易逆差的有效途径。

（二）面板分位数回归结果分析

运用广义最小二乘法得到的回归结果只能度量内需驱动对服务贸易进出口的“平均影响”，而没有考虑在条件分布不同位置时自变量的影响差异，因而存在一定的局限性。新近发展起来的分位数回归方法可以很好地解决这个问题。基于此，接下来将面板分位数方法估计得出的结果作为对照，具体分析扩大内需战略能否有效扭转一国服务贸易的逆差。表 12－3 和表 12－4 分别是对服务业出口和进口进行回归的结果，表中第 2 列为利用随机效应模型得出的估计结果，后面 5 列分别为 10%、25%、50%、75%、90% 分位数下得出的回归结果，具体结果如表 12－3、表 12－4 所示。

表 12－3　双边服务出口的面板分位数实证回归结果

解释变量	RE	10%	25%	50%	75%	90%
$\ln Y_i$	0.856***	0.995***	0.918***	0.836***	0.757***	0.693***
	(0.0103)	(0.0129)	(0.0111)	(0.0127)	(0.0119)	(0.0158)
$\ln Y_j$	0.880***	0.958***	0.929***	0.870***	0.828***	0.812***
	(0.01000)	(0.0115)	(0.0106)	(0.0124)	(0.0116)	(0.0147)
d_{ij}	－0.813***	－1.023***	－0.922***	－0.776***	－0.674***	－0.614***
	(0.0141)	(0.0172)	(0.0150)	(0.0174)	(0.0157)	(0.0200)
SPR_i	0.120***	0.0790***	0.102***	0.131***	0.112***	0.144***
	(0.0107)	(0.0131)	(0.0117)	(0.0132)	(0.0120)	(0.0158)
$COMBOR_{ij}$	0.115***	－0.242**	－0.0896*	0.119**	0.176***	0.235***
	(0.0439)	(0.0485)	(0.0457)	(0.0543)	(0.0510)	(0.0686)
$COMALN_{ij}$	0.684***	0.809***	0.622***	0.681***	0.643***	0.603***
	(0.0470)	(0.0589)	(0.0515)	(0.0580)	(0.0533)	(0.0689)
OECD	0.785***	1.086***	0.780***	0.623***	0.635***	0.650***
	(0.0427)	(0.0558)	(0.0471)	(0.0528)	(0.0493)	(0.0654)
APEC	0.456***	0.626***	0.599***	0.420***	0.347***	0.314***
	(0.0557)	(0.0677)	(0.0604)	(0.0688)	(0.0629)	(0.0808)
NAFTA	－2.437***	－3.450***	－3.303***	－1.268***	－1.286***	－1.407***
	(0.188)	(0.214)	(0.204)	(0.228)	(0.211)	(0.250)

续表

解释变量	RE	10%	25%	50%	75%	90%
CONS	−13.77***	−12.57***	−12.45***	−11.42***	−12.37***	−13.41***
	(0.777)	(0.916)	(0.828)	(0.960)	(0.893)	(1.198)

注：*、**、***分别表示10%、5%和1%的显著水平，括号内为通过Bootstrap得出的系数标准误，Bootstrap次数为400次，该结果使用Stata12.0软件得出。

这里首先关注本国市场需求规模以及贸易伙伴国市场需求规模水平对服务贸易出口量的影响系数，无论是随机效应模型还是各分位数水平上的本国和贸易伙伴国的市场需求规模的系数都为正，且通过了1%的显著性水平检验，这意味着无论是本国需求规模的扩大还是贸易伙伴国需求规模的扩大都能有效促进一国服务贸易出口量的增加。通过观察各分位数水平上两国需求规模系数的变化趋势，不难发现，随着服务贸易出口额的不断上升，需求规模对服务贸易出口的程度是越来越小的。

在各分位数水平下，距离变量系数的绝对值也是先变大再不断减小的，这说明随着一国服务贸易出口的发展，距离对服务贸易出口的影响是不断增加的，但当一国服务贸易出口额达到某一水平后，距离因素对服务贸易出口规模的影响开始逐渐降低。而制度因素的系数则是不断变大的，这说明随着服务贸易的不断发展，制度因素的作用越来越显著，因此，当服务贸易出口额达到一定水平后，良好的司法制度体系更能保障合约的有效执行，从而有助于促进一国服务业的出口。

在其他控制变量中，共边界性变量在10%和25%分位数水平上的系数为负，可以认为共边界不利于服务业出口的发展，随着服务贸易出口的增加，共边界性变量的系数显著为正，这与随机效应模型估计的系数符号相同。共语言性变量在各个分位数水平上的系数是逐渐变小的，这说明随着服务贸易的发展，贸易国之间是否拥有共通的语言对服务贸易的影响是越来越弱的。用来描述两国是否在同一个贸易区的*OECD*和*APEC*这个变量的系数是随着服务贸易的发展不断变小的，这说明当一国服务贸易不发达时，加入贸易区能够促进该国服务贸易出口的增长，随着一国服务贸易的发展，是否与贸易伙伴国处于共同贸易区对一国服务贸易的影响越来越小。变量 *NAFTA* 的实证结果与前面简单面板回归的结果符号相同，即各国之间的双边贸易流量都会存在一定的边境效应。可以确定的是，随着服务贸易发展水平的提高，该变量系数的绝对值是逐渐变小的，可以认为服务贸易的边境效应是随着服务贸易规模的扩大不断弱化的。

表 12－4　双边服务进口的面板分位数实证回归结果

解释变量	RE	10%	25%	50%	75%	90%
$\ln Y_i$	0.903***	1.006***	0.943***	0.889***	0.833***	0.774***
	(0.00941)	(0.0166)	(0.0120)	(0.0127)	(0.0110)	(0.0144)
$\ln Y_j$	0.896***	0.981***	0.933***	0.882***	0.857***	0.800***
	(0.00913)	(0.0145)	(0.0114)	(0.0123)	(0.0111)	(0.0156)
d_{ij}	−0.875***	−1.006***	−0.972***	−0.835***	−0.753***	−0.673***
	(0.0129)	(0.0248)	(0.0172)	(0.0174)	(0.0146)	(0.0187)
SPR_i	0.205***	0.175***	0.201***	0.198***	0.208***	0.173***
	(0.00980)	(0.0162)	(0.0123)	(0.0132)	(0.0111)	(0.0146)
$COMBOR_{ij}$	0.0599	−0.227***	−0.0727	0.119**	0.163***	0.169**
	(0.0400)	(0.0650)	(0.0496)	(0.0539)	(0.0476)	(0.0667)
$COMLAN_{ij}$	0.605***	0.731***	0.582***	0.452***	0.437***	0.603***
	(0.0429)	(0.0743)	(0.0554)	(0.0577)	(0.0497)	(0.0684)
OECD	0.600***	0.951***	0.731***	0.574***	0.392***	0.394***
	(0.0392)	(0.0676)	(0.0501)	(0.0527)	(0.0446)	(0.0587)
APEC	0.520***	0.640***	0.558***	0.434***	0.408***	0.434***
	(0.0508)	(0.0877)	(0.0652)	(0.0685)	(0.0600)	(0.0808)
NAFTA	−1.674***	−1.547***	−1.596***	−1.387***	−1.487***	−1.712***
	(0.171)	(0.276)	(0.208)	(0.227)	(0.196)	(0.245)
CONS	−10.17***	−9.290***	−9.139***	−10.06***	−9.852***	−7.165***
	(0.710)	(1.253)	(0.912)	(0.957)	(0.837)	(1.127)

注：*、**、***分别表示10%、5%和1%的显著水平，括号内为通过 Bootstrap 得出的系数标准误，Bootstrap 次数为 400 次，该结果使用 Stata12.0 软件得出。

从表 12－4 中的实证结果可以看出，本国市场需求规模以及贸易伙伴国市场需求规模水平对服务贸易进口量的影响系数，无论是随机效应模型还是各分位数水平上的本国和贸易伙伴国的市场需求规模的系数都为正，且通过了1%的显著性水平检验，这意味着无论是本国需求规模的扩大还是贸易伙伴国需求规模的扩大都能有效促进一国服务贸易进口量的增加。通过观察各分位数水平上两国需求规模系数的变化趋势，不难发现，随着服务贸易进口额的不断上升，需求规模对服务贸易出口的程度是先上升再逐渐下降的。

在各分位数水平下，距离变量系数的绝对值也是先变大再不断减小的，这说明随着一国服务贸易进口的发展，距离对服务贸易进口的影响是不断增加的，但当一国服务贸易进口额达到某一水平后，距离因素对服务贸易进口规模的影响开始逐渐降低。而制度因素的系数虽然是不断波动的，但都在1%的水平上显著，这说明随着服务贸易的不断发展，制度因素的作用呈现出了比较平稳的趋势，但良好的司法制度体系更能保障合约的有效执行，从而有助于促进一国服务业的进口。

在其他控制变量中，共边界性变量在10%和25%分位数水平上的系数为负，可以认为共边界不利于服务业进口的发展，随着服务贸易进口的增加，共边界性变量的系数显著为正，这与随机效应模型估计的系数符号相同。共语言性变量在各个分位数水平上的系数是先变大再逐渐变小的，这说明当服务贸易发展到某一水平后，贸易国之间是否拥有共通的语言对服务贸易的影响是越来越弱的。用来描述两国是否在同一个贸易区的*OECD*和*APEC*这个变量的系数是随着服务贸易的发展不断变小的，这说明当一国服务贸易不发达时，加入贸易区能够促进该国服务贸易进口的增长，随着一国服务贸易的发展，是否与贸易伙伴国处于共同贸易区对一国服务贸易的影响越来越小。变量*NAFTA*的实证结果与前面简单面板回归的结果符号相同，即各国之间的双边贸易流量都会存在一定的边境效应。可以确定的是，随着服务贸易发展水平的提高，该变量系数的绝对值是不断波动的，可以认为虽然服务贸易的边境效应是随着服务贸易规模的扩大不断变化的，但边境效应确实是存在的。

通过对比以上两个表中本国市场需求的系数可以发现，一国本地市场需求规模的扩大，可以同时刺激服务贸易的出口和进口，但对后者的促进作用要高于前者，说明随着一国需求规模的扩大，服务贸易进口量的增加会超过出口量的增加，导致服务贸易的逆差进一步扩大。具体来看，在各个分位数上，贸易伙伴国需求规模与本国需求规模系数的差值的变化趋势为 0.011—0.025—0.053—0.076—0.081，这说明随着服务贸易的发展，本国市场需求对服务贸易进口的影响逐渐大于其对服务贸易出口的影响，因此，内需驱动战略在扭转服务贸易逆差方面显得越来越乏力。

五、结论和政策建议

随着经济发展进入转型期，我国经济发展的战略重点逐步从外需转移到内需的构建上。本章将服务贸易分为服务进口贸易和服务出口贸易，通过建立理论模型，利用 2000—2012 年我国以及 23 个 OECD 国家的双边服务贸易面板数据分别进行广义最小二乘面板回归和面板分位数回归，以检验扩大内需能否对服务贸易逆差的扭转产生显著影响，并得到以下结论和启示：

（1）内需驱动战略确实能有效促进一国服务贸易的发展，但影响程度的大小会随着一国服务贸易的不断发展而变化。就国内需求规模而言，随着一国服务贸易的扩张，本国需求规模对服务贸易进口和出口的影响系数都是不断减小的，但具体到每一个分位数水平上，扩大内需对服务贸易进口的影响系数都是大于其对服务贸易的出口系数。由此可知，在服务贸易发展的各个阶段，内需驱动战略都是不能对服务贸易逆差的扭转产生显著影响的，但确实能够促进我国服务贸易的发展。众所周知，我国服务业已经发展到了比较高的水平，虽然内需驱动战略不能有效逆转服务贸易的逆差，但扩大内需仍能够有效促进服务业出口的发展。因此，随着经济全球化的不断发展，应该充分利用我国的广阔市场和潜在的内需优势，培育起本国的市场，用不断扩大的内需引导企业创新发展，优化我国的服务贸易模式，从而促进我国服务贸易蓬勃发展。

（2）贸易伙伴国之间距离的扩大会抑制本国服务贸易额的增加。虽然，科学技术的进步和信息技术的发展使得服务商品逐渐进入流通领域，但与货物贸易相比，服务商品的可贸易性仍然较差，尤其是消费性的服务品。无论是服务贸易的出口量还是进口量，都会随着与贸易伙伴国之间距离的扩大而缩减。因此，选择区位相邻、文化相近的国家作为目标市场开展服务贸易能够有效改善我国服务贸易发展的现状。

（3）良好的司法制度能够显著促进一国服务贸易的发展。无论是法律制度、宏观经济制度还是微观经济制度，都会对一国服务贸易的发展产生影响。良好的法律制度不仅有利于服务贸易进口额的增加，更有利于服务贸易出口的发展。为了减少交易的不确定性，降低交易成本，应该采取措施改善制度环境，进而实现我国服务贸易的蓬勃发展。

（4）除去边境效应，共边界、共语言以及共同的贸易区都能显著提高本国服务贸易水平。这意味着，服务业具有高度的区域特征，服务贸易易于在相邻或具有共同语言的国家之间展开。就我国而言，增加与周边国家以及 APEC 或东盟成员国的服务贸易，是一条增加服务贸易额，提升服务贸易质量的有效路径。

参考文献

[1] 王恕立,胡宗彪. 中国服务业分行业生产率变迁及异质性考察[J]. 经济研究,2012(4):15 - 27.

[2] 陈启斐,范超. 全球化、经济波动与双边服务贸易——基于扩展的引力模型分析[J]. 当代经济科学,2013(6):98 - 108.

[3] WALSH K. Trade in services: does gravity hold? a gravity model approach to estimating barriers to services trade [R]. IIIS Discussion Paper, No. 183, 2006.

[4] KIMURA, LEE. The gravity equation in international trade in services[R]. Paper Presented at the European Trade Study Group Conference, 2004.

[5] 单文婷,杨捷. 引力模型在中国与东盟贸易中的实证分析[J]. 亚太经济,2006(6):16-19.

[6] 钟小平. 日本服务贸易的发展状况及其影响因素分析[J]. 亚太经济,2006(3):46-48.

[7] 杨丽. 科技研发对服务贸易产生不同效应的实证研究[J]. 中央财经大学学报,2009(7):75-78.

[8] 徐元国. 发达国家服务贸易规制的比较分析与启示[J]. 国际贸易问题,2005(6):95-99.

[9] 吕剑. 我国国际收支中服务贸易逆差的实证研究[J]. 北方经贸,2004(1):43-44.

[10] 肖玉玲. 我国服务贸易长期逆差原因分析及对策[J]. 改革与战略,2009(2):143-145.

[11] 刘蕊. 中国服务贸易逆差问题研究[D]. 长春:东北师范大学,2012.

[12] 刘旭. 服务贸易逆差扩大问题探析[J]. 宏观经济管理,2013(3):55-56.

[13] 戴宏学,赵培红. 中国对外贸易顺差下的服务贸易逆差问题研究[J]. 长春大学学报,2008(7):5-8.

[14] 周燕,黄建忠. 服务贸易、货物贸易和劳动生产率变动:理论和实证——基于李嘉图连续统模型的贸易差额分析[J]. 国际商务,2009(4):54-60.

[15] 刘丁有,程欢. 中国服务贸易:逆差、结构、竞争力问题分析及发展对策思考[J]. 西安财经学院学报,2012(2):18-25.

[16] 寇静,皮思思,朱晓青. 我国服务贸易逆差不断扩大的原因及对策[J]. 新视野,2014(1):75-77.

[17] BERGSTRAND J H. The generalized gravity equation, monopolistic competition, and the factor-proportions theory in international trade[J]. The Review of Economics and Statistics, 1989, 71(1):143-153.

[18][20] NUNN N. Relationship – specificity, incomplete contracts, and the pattern of trade[J]. The Quarterly Journal of Economic, 2007,122(2):569 – 600.

[19] 陈启斐,王晶晶,岳中刚. 扩大内需能否扭转我国服务贸易逆差[J]. 国际贸易问题,2014(2):86 – 95.

第四篇

内需驱动与服务贸易增长的关系研究

第十三章　推动服务贸易发展的核心动力:内需和外需

一、问题的提出

20世纪80年代以来，技术贸易的加速发展是国际贸易的最重要特征之一，这使得货物贸易在大幅度增长的同时，服务贸易逐渐占据了全球贸易总量的半壁江山。截至2011年底，国际贸易中的货物贸易增长了8.89倍，而同期服务贸易的上升幅度为8.87倍。① 可见，服务贸易在国际贸易中的分量十足，有取代货物贸易并成为推动对外贸易发展的第一大引擎之势。然而，全球金融危机爆发以来，世界经济进入发展的低谷，大多数国家都不得不重新审视本国的经济发展方式，转型的呼声日益高涨。其中，以柯林·克拉克（Colin Clark）为代表的当代经济学家认为，随着经济发展和居民生活水平的提高，消费者对生活服务质量的要求也会水涨船高，产业发展的重心也会由此逐步向服务业倾斜。[1] 但是，Hoekman（1997）发现，世界服务贸易的快速发展不仅需要强大的国内市场的支持，而且要不断强化其全球化特性以维持在国外市场的竞争力。[2] 服务业生产者现在最关心的问题是，2008年金融危机之后，消费者的消费能力下降，服务贸易如何保持其在国际贸易中的地位进而继续推动经济的发展。要弄明白这个问题，必须要清楚服务贸易的主要决定因素有哪些。

---

① 从联合国贸发会议统计数据(UNCTAD,2012)中整理所得。

服务贸易包括进口贸易和出口贸易，服务贸易的进口体现了国内需求，服务贸易的出口代表了国外需求，可见，需求是影响服务贸易进行的一个重要因素。而且，前面提到，贸易国要想摆脱世界经济低迷的阴影从而实现自身经济的健康发展，转变经济发展方式是一个不错的选择，然而，实现发展方式转型的切入点之一是实现需求的转型。众所周知，需求包括内需和外需两种方式，只有在牢牢把握内需与外需的辩证关系的基础上，才能实现内外需的协调发展进而顺利实现经济发展方式的转型。同理，在处理服务业贸易的问题上，也需要做到内需与外需的协调发展，这就要求我们弄清楚内外需是如何影响服务贸易的。

改革开放以来，中国服务贸易飞速发展，服务贸易在对外贸易中的比例逐年上升，2011年、2012年、2013年占比分别是 10.3%、10.8%、11.5%。[①] 然而，国内学者刘志中（2015）认为，中国服务贸易的国际竞争力仍然比较弱，许多领域存在贸易逆差。[3] 逆差说明了服务业的国内需求大于国外需求，如果内外需求长期难以达到平衡，将给中国服务业的健康发展带来不利影响。鉴于此，服务业的发展方向与合理建设引起了相关部门的高度重视。2012 年 11 月上旬召开的十八大会议中，中国提出了“加快传统产业转型升级，推动服务业特别是现代服务业发展壮大”的目标，并着重强调了构建社会—经济—环境协调发展的新型社会发展模式。中国“十三五”规划纲要明确提出，要把经济结构的战略性调整作为加快转变经济发展方式的主攻方向，构建扩大内需的长效机制，发展战略性新兴产业，加快发展服务业，使一、二、三产业协同发展。因此，依靠强大的国内需求，大力发展服务业从而提高其国际竞争力，将促进服务业贸易的发展，可以在一定程度上缓解服务贸易逆差。

那么，国内需求市场的扩张能够在多大程度上带动一国服务业出口能力的提高？和国外需求相比，国内需求的贡献有多大？同理，国外需

① 服务贸易在对外贸易中的占比由刘志中的《中美服务贸易本地市场效应实证研究》一文中整理得出。

求市场的扩张能够在多大程度上带动一国服务业进口能力的提高？和国内需求相比，国外需求的贡献有多大？本章试图分析并比较国内外需求对服务业贸易的影响大小，从而为我国发展服务业提供政策建议，最大限度地促进我国服务业贸易的健康发展。

接下来的第二部分是对一国内需与服务业出口相关研究的一个简要回顾；第三部分提出有待计量检验的三个理论假说；第四部分对数据和变量进行说明；第五部分通过计量模型，实证检验国内外需求对一国服务业贸易的影响；最后一部分是结论及政策含义。

二、文献综述

为了发现影响服务贸易的因素，学者们从多个方面进行了深入探讨。一方面，服务业对技术因素的要求较高，Markusen（1989）指出，服务业出口国应当具有足够的人力资本存量。[4] Hoekman（1997）的研究也证实了这一点，即一个国家服务业的出口额与该国人力资本存量之间存在正相关关系，也就是说，随着一国人力资本存量的增加，该国服务业出口量将会显著增加。① 同样地，Amiti 和 Konings（2007）发现，印度尼西亚的服务业出口在一定程度上得益于人力资本存量。[5] 另一方面，外商直接投资规模的增加能够带来服务业贸易额的增长，这与小岛清（1987）的观点是一致的，即 FDI 与贸易之间存在互补效应。[6] 值得注意的是，FDI 不仅能够促进服务贸易的进行，而且是进行服务交换的最佳方式（Markusen 等，1985；Rutherford 等，1999）。[7][8] 可见，以上学者主要是从人力资本存量和外商直接投资这两个层面对服务贸易展开研究。

当然，一国国内需求规模对服务贸易的影响也是不容忽略的。20 世纪 80 年代初，保罗·克鲁格曼（Paul Krugman）提出的新贸易理论认为，“本地需求规模”这个因素对一国的出口起到至关重要的作

① 刘志中. 中美服务贸易本地市场效应实证研究[J]. 经济问题探索，2015(7)：92－98.

用。[9] 此外，哈佛大学教授梅里兹（Melitz，2003）提出的新新贸易理论也强调了一国国内需求是国际贸易中的重要影响因素。[10] 也就是说，当一个国家的内部需求增大到一定程度后，一方面可以带来产业的集聚，另一方面也使本国的出口量得到相当大程度的提升，从而在国际贸易中占据优势地位。在保罗·克鲁格曼和梅里兹的理论基础之上，不少学者开始关注一国国内需求对贸易的影响。例如，Behrens 等（2004）以 40 个国家（其中有 20 个是 OECD 国家）的 ISIC 部门数据为基础，同时对各成员国的国内需求进行分解，发现 OECD 国家的国内需求对出口贸易的拉动作用更为显著。[11] Hanson 和 Xiang（2004）指出，一国经济规模能够促进其出口，但是这种作用的大小取决于贸易运输成本。[12] 具体地，在贸易运输成本低的国家，一国国内需求对其出口的影响不明显；在贸易运输成本较高的国家，一国国内需求的扩大可以明显提高其出口额。此外，Lennon（2009）运用引力模型分析了 28 个 OECD 国家及其贸易伙伴国家之间的服务贸易与商品贸易情况，发现人均 GDP（国内需求规模）是最具影响力的变量之一。[13] 而且，Schumacher（2003）、Domeque 等（2011）的研究也证实了国内经济规模（需求规模）的扩大可以带来出口的巨大增加。[14][15] 总之，国内需求在服务贸易中扮演着重要角色，随着服务贸易在国际贸易中比重的增大，国内需求发挥作用的空间也在增大。

近年来，国内学者也就一国内需与服务贸易之间的关系进行了讨论。张帆、潘佐红（2006）使用 1997 年中国 31 个省的产业数据开展研究，结果显示，对于那些出口量较大的产业部门，其辐射区域内部的需求量也很大且难以向需求量相对较小的区域转移。[16] 钱学锋、陈六傅（2007）研究中美双边贸易后发现，中国对美国出口的一个比较优势来源在于内需的扩大，因此中国在制定贸易政策时可将国内需求考虑进来。[17] 许统生、涂远芬（2010）借助变截距面板数据模型实证分析了中国及其贸易伙伴国双边贸易数据，结果表明，注重开发国内市场不仅可以减少贸易摩擦，而且能够带来更多的贸易利益。[18]应当看到，挖掘国内需求将大大提升一国的出口竞争力，而且国内需求对出口贸易的拉动作用将逐渐超过比较优势，阚大学（2013）的研究也证实了这一点。同理，国内需求的扩大也能带来服务业出口的大幅度增加。[19]陈启斐、刘志彪（2014）实证分析了41个国家2000—2011年的服务贸易数据，认为一国内需的扩大有利于增加服务业的出口，而且这种促进作用在高收入国家更为明显。[20]因此，牢牢把握住国内需求与服务业出口之间的关系是很有必要的，这将对中国及其贸易伙伴国的服务贸易起到推动作用。

总的来看，一国国内市场的扩大可以推动贸易额的增长这一观点得到了大多数学者的认同；而且，随着服务业在国民经济中比值的上升，这一现象在服务贸易中尤为明显。但是，国内外学者大多通过构建模型的方式对服务贸易、内需等数据进行分析，那么，模型中会不会出现内生性问题呢？本章试图对这个问题进行分析，具体来说，本章尝试在以下两个方面进行创新：第一，利用包括需求在内的三维理论模型，从理论上探讨需求拉动服务贸易增长的机制；第二，使用工具变量的方法，对包括中国在内的24个国家的双边服务贸易数据展开研究，以期发现一国内需能在多大程度上影响服务贸易。

三、理论模型和基本假说

（一）理论模型

通过对国内外相关文献的研究总结，可以将影响服务贸易的因素归总为需求、人力资本存量和外商直接投资规模这三大主要方面。本章将三个方面的影响置于同一维度内进行分析，通过建立三维影响因素模型，以期在较为完整的服务贸易影响因素框架体系内对包括中国在内的24个贸易伙伴国之间的服务贸易增长机制进行研究。服务贸易影响因素理论模型框架如图13－1所示，各维度的具体含义如下：

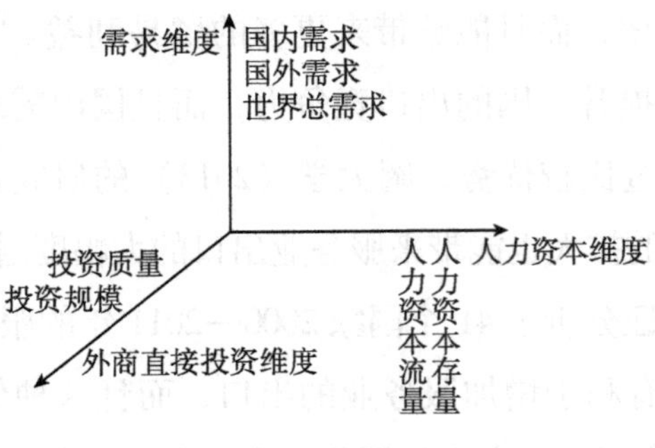

图 13－1　服务贸易影响因素三维模型

1．需求维度

此维度主要从需求层面描述影响服务贸易的因素，该维度包括了影响服务贸易总量的各个要素，如国内需求（可用国内 GDP 代替）、国外需求（可用国外 GDP 代替）、世界总需求（可用世界 GDP 总量代替）等多个变量；本章重点研究国内需求与国外需求对服务贸易的影响，即国内需求与国外需求各自如何影响服务业进口，国内需求与国外需求各自怎样影响服务业出口。

2．人力资本维度

此维度主要是从人力资本层面描述影响服务贸易的因素，包括人力资本存量和人力资本流量。前文提到，人力资本存量能够积极促进服务业的出口，而且人力资本流量的提高能够提升人力资本存量进而拉动一国服务贸易的发展。

3．外商直接投资

此维度主要是从外商直接投资层面描述影响服务贸易的因素，该维度主要包括外商直接投资规模和外商直接投资质量。前面也谈到，外商直接投资规模的扩大可以使得一国服务业出口大幅度增加，同样，外商直接投资质量越高，一国服务业出口增长越多。

三个维度之间均存在着一定的关联，对于服务业贸易，需求会对一国的服务业贸易总量产生最直接的影响。例如，国内需求是服务业发展的根本动力，当服务业在国内发展到一定程度后，其不仅能够满足国内需求，而且能出口国外进而开拓国外市场。当然，国外需求也促使出口国服务业“走出去”，这是因为，服务业的发展不是封闭的，在经济全球化的今天，一国经济的发展离不开世界，服务业只有“走出去”才能不断提升其竞争力进而更好地满足国内外消费者需求。而人力资本因素是服务业贸易的重要推动力，大量高质量的人力资本有助于高级服务产品的形成，这能够在国内外市场上挖掘出潜在的高级服务产品需求。同样地，外商直接投资因素是服务业贸易的又一推动力量，在服务贸易发展初期，服务品的技术含量比较低下，正是外商直接投资的进入，产生了技术溢出，促使出口国服务业产品的不断创新进而获得强大的出口竞争力。根据索洛模型的结论：在稳态情况下科学技术是推动人均生活水平提高的源泉。当然，科技水平进步的前提是国内外需求的存在，需求给科技的进步提供源源不断的动力。总之，三种影响因素最终汇聚成大量的国内外需求，正是大量的国内外需求推动着服务业贸易的发展。

（二）基本假说

本章根据以上理论模型，总结出了影响服务贸易的最关键因素是需求因素。然而，无论是国内需求还是国外需求，都是世界总需求的重要组成部分，国内外需求增加时，世界总需求也会相应增加，国内外需求对服务贸易有影响，世界总需求也对服务贸易产生影响。那么，国内外学者在构建模型对包括国内需求、国外需求以及世界总需求在内的服务贸易数据进行分析时，会不会出现内生性问题呢？为了便于研究，本章提出如下基本假说：

假说 1：如果出口国和进口国具有相同的官方语言，那么国家之间的交流就比较密切，这将会对世界生产总值起到促进作用（即相同的官方语言作为世界生产总值的一个工具变量）。国内学者在对国际贸易影响因素进行研究时，通常假设共同的官方语言能够方便贸易的进行，如谢孟军、郭艳如（2013）提出，一国出口贸易额与语言学习的人力资源投入和资本投入正相关，也就是说，语言的国际推广能够降低交易成本从而促进国际贸易的发展。[21]因此，本章假设在其他因素不变的情况下，共同的官方语言有助于贸易的进行从而对世界生产总值有促进作用。

假说 2：如果两个国家具有相同的制度，那么这两个国家的往来就比较密切，这也会对世界生产总值起到促进作用（即相近的法律制度作为世界生产总值的另一个工具变量）。国内相关研究中也发现制度因素对服务贸易的开展有着重要影响，如黄蕾（2007）发现在国际贸易中，存在四种制度性国际贸易壁垒，分别是绿色、蓝色、赤色、橙色贸易制度壁垒，而且这些贸易壁垒将在多方面、多领域取代关税壁垒，使得国际贸易保护成为一种名正言顺的“撒手锏”。[22]如果贸易国家之间的法律制度比较相近，这样的壁垒可以在一定程度上得以避免，因此，本章假设在其他影响因素不变的情况下，相近的法律制度有利于贸易的开展进而促进世界生产总值的提高。

假说 3：整体而言，一国国内需求对服务业出口的拉动作用小于国外需求，一国国内需求对服务业进口的拉动作用大于国外需求。国外经济学家 Helpman 和 Krugman（1986）提出，在非贸易品的市场规模和多样性上，小国比不过大国。[23]具体而言，世界上大国（国民生产总值较大）数量不多，小国（国民生产总值较小）却不少，小国的规模经济较弱进而国内需求对服务业出口的拉动作用不明显，但是小国的需求很大，在国内市场难以满足国内需求的情况下只能通过进口来满足。因此，本章假设国内需求对服务业出口的带动作用小于国外需求，国内需求对服务业进口的促进作用大于国外需求。

四、变量及数据说明

（一）数据

我们采用的 7176 个样本数据主要来自国际经合组织数据库（OECD

Statistics)，其中有效样本 5960 个，样本年份为 2000—2012 年。该数据库包含国家的双边服务贸易数据、国民生产总值等。被选取的 24 个国家中，中国是发展中国家，其余 23 个 OECD 国家是发达国家。[①]

在 5960 个有效样本中，中国对发达国家的样本数为 279 个，发达国家之间及发达国家对中国的样本数为 5681 个。有效样本数占总样本数的比重为 83.1%。样本国家主要分布在欧洲，共 18 个，占样本国家的 78.3%。按国土面积分，样本国家中大国比较少，只有 3 个，分别是澳大利亚、加拿大和美国；其他 20 个国家均属于小国家。从国民生产总值规模来看，2000—2012 年平均在万亿美元以下的国家有 12 个，介于万亿和十万亿美元之间的国家有 11 个，10 万亿美元以上的国家有 1 个。24 个国家中仅有澳大利亚位于南半球，是南半球经济最发达的国家；其他 23 个国家均位于全球经济比较发达的北半球，其中 2 个位于北美洲，1 个位于南美洲，3 个位于亚洲，剩下的 17 个国家位于欧洲。因此，样本国家之间极易发生双边贸易。

（二）变量

1. 被解释变量

本章采取双边服务贸易出口（*EX*）作为被解释变量，数据来源于 OECD 数据库。该数据库中含有 23 个 OECD 国家与中国的双边服务贸易数据。所以，文中主要选取 23 个 OECD 国家与中国服务业出口值以及这些国家的双边出口数据。

2. 解释变量

（1）需求规模。我们运用一国国内生产总值（GDP）来衡量一国的市场需求规模。数据来自世界银行统计数据库（The World Bank Sta-

---

① 本章所选取的 23 个 OECD 国家分别是：澳大利亚、奥地利、比利时、加拿大、捷克、丹麦、芬兰、法国、德国、希腊、匈牙利、爱尔兰、意大利、日本、韩国、荷兰、挪威、波兰、葡萄牙、西班牙、瑞典、英国和美国。

tistics)。此外，还包括全球整体GDP。

(2) 距离变量 (*DIS*)。[①] 国际贸易活动中，不可避免地会发生运输成本，一般而言，距离越近，双边出口额越大。该变量用国家首都之间的距离来衡量。

3. 控制变量

为了增加结果的稳健性，不忽略可能影响样本国出口的其他因素，本章引入区域的特征变量——共同边界。国家之间相邻与否可能会对一国的出口产生影响，在这里我们运用国家间的边界值 (*BOR*) 来衡量。[②]

4. 其他变量

(1) 法律结构和产权保护 (*SPR*)。该数据由审判独立性、公正的法院、产权保护、军事干预法制和政治进程、独立的司法体系、依法执行的合同数和对财产转让的规模显著数目等6个方面组成，用来描述一国司法体系的完备程度。该数据来源于加拿大弗雷泽研究所全球经济自由化指数数据库 (Economic Freedom of the World, EFW Index)。

(2) 贸易组织 (*EC*, *NAFTA*, *APEC*)。[③] 第二次世界大战之后，为了快速发展经济，西方各国纷纷加入区域性贸易组织，具有代表性的有欧盟 (EC)、北美自由贸易区 (NAFTA)、亚太经济区 (APEC)。在贸易组织内部，贸易国可以获得政策优惠，贸易壁垒得以降低，从而便于组织内部国家之间贸易的进行。

(3) 语言特征变量：官方语言 (*LAN*)。[④] 在国际贸易中，可以想象，如果两个国家的官方语言不同，在进行贸易时没有使用统一的语言，那么贸易就难以实现。因此，贸易国之间采用相同的语言可以方便

---

① 数据来源可参见 www. timeanddate. com 网站。

② 该变量是一个哑变量。如果两国有共同边界，那么该变量的值为1，否则为0。

③ 这也是一个哑变量。在出口贸易中，如果两个国家同处于同一个贸易区则记为1，否则记为0。

④ 该指标是一个哑变量。如果两国拥有相同的官方语言则记为1，否则记为0。

贸易的进行。所有变量的统计性见表 13－1。

表 13－1　各变量的统计性描述

变量	样本数	平均值	标准差	最小值	最大值
EX	5975	2728.302	5757.019	－3188.994	64642.910
GDP	7176	1620699	2806.011	47110.420	16200000
WGDP	7176	51800000	14100000	33100000	74000000
DIS	7176	4757.058	4568.736	174	18058
BOR	7176	0.109	0.311	0	1
LAN	7176	0.065	0.247	0	1
NAFTA	7176	0.004	0.060	0	1
APEC	7176	0.051	0.220	0	1
SPR	7176	7.495	1.087	4.9	9.6
ln*EX*	5960	6.578	1.786	－1.731	11.077
ln*GDP*	7176	13.424	1.274	10.760	16.598
ln*WGDP*	7176	17.723	0.283	17.314	18.120
ln*DIS*	7176	7.921	1.121	5.159	9.801

注：*EX*、*GDP*、*WGDP* 的单位均为万美元；*DIS* 的单位为千米；*BOR*、*LAN*、*OECD*、*NAFTA*、*APEC*、*SPR* 均为哑变量；ln*EX*、ln*GDP*、ln*WGDP*、ln*DIS* 分别为 *EX*、*GDP*、*WGDP*、*DIS* 的自然对数值。

五、实证模型与检验

（一）模型演变

1. 引力模型简化形式

根据牛顿万有引力定律得出的引力方程，其引力模型的简化形式为：①

$$F_{ij} = K \cdot Y_i Y_j / D_{ij}^2 \tag{13-1}$$

① J. E. Anderson. Theoretical Foundation for the Gravity Equation[J]. *American Economic Review*, 1979,69.

其中，K 为常系数（即我们熟知的引力系数），Y_i 和 Y_j 为解释变量，D_{ij} 则为空间距离。

2. 引力模型在经济学中的应用①

假设某两个城市的总人口分别为 P_i 和 P_j，距离为 D_{ij}，则此两城市引力作用模型可以表示为

$$F_{ij} = K \cdot P_i P_j / D_{ij}^r \tag{13-2}$$

其中，i 和 j 分别代表两个城市，K 为引力常数，r 为距离摩擦系数，一般 $K=1$，$r=2$。根据康维斯的断裂点式（13－2），便可以算出任意两个城市和引力范围。

艾萨德②在分析地区人口的基础上进一步提出了两个地区间的相互作用潜力（又称可达性），与这两个地区的人口成正比，与其之间的距离成反比。即可用公式表示为

$$I_{ij} = K \times W_i P_i W_j P_j / D_{ij} \tag{13-3}$$

其中，i 和 j 分别代表两个地区，P_i 和 P_j 分别代表两个地区的人口数，W_i 和 W_j 分别代表 P_i 和 P_i 的权数，D_{ij} 为两个地区间的距离。据此可以计算出两个地区的可达性或作用潜力。

3. 国际贸易研究中的引力模型

1966 年，Linnemann 尝试用人口因素解释贸易流量。具体表示如下：

$$X_{ij} = AY_i^{a1} Y_j^{a2} P_i^{a3} P_j^{a4} D_{ij}^{a5} P_{ij}^{a6} \tag{13-4}$$

其中，X_{ij} 表示两国贸易总额，Y_i 表示 i 国的 GDP，Y_j 表示 j 国的 GDP，P_i 表示 i 国人口，P_j 表示 j 国人口，D_{ij} 表示两国地理距离，P_{ij} 表示两国之间的优惠贸易关系。

---

① 史朝兴，顾海英，秦向东. 引力模型在国际贸易中应用的理论基础研究综述[J]. 南开经济研究，2005(2)：59－44.

② [美]艾萨德. 区域科学导论[M]. 北京：高等教育出版社，1991.

（二）本章模型

根据上一部分的数据和变量，再结合式（13-4）的处理方法，我们初步建立如下实证模型：

$$X_{ij} = B \times GDP_i^{b1} GDP_j^{b2} WGDP^{b3} DIS_{ij}^{b4} \quad (13-5)$$

将等式两边取对数，可得

$$\ln X_{ij} = \beta_0 + \beta_1 \ln GDP_i + \beta_2 \ln GDP_j + \beta_3 \ln WGDP + \beta_4 \ln DIS_{ij} + \varepsilon_{ij} \quad (13-6)$$

其中，ε_{ij} 表示随机扰动项；β_0、β_1、β_2、β_3 和 β_4 表示外生变量参数，分别对应式（13-5）中的 B、$b1$、$b2$、$b3$、$b4$。

进一步，考虑到制度因素（SPR）、边界因素（BOR）、语言因素（LAN）以及区域一体化因素（OECD、NAFTA、APEC）会对服务业贸易产生影响，所以方程（13-6）变为：①

$$\ln EX_{ij} = \beta_0 + \beta_1 \ln GDP_i + \beta_2 \ln GDP_j + \beta_3 \ln WGDP + \beta_4 \ln DIS_{ij} + \beta_5 SPR_{it} + \beta_6 BOR_{ij} + \beta_7 LAN_{ij} + \beta_8 OECD + \beta_9 NAFTA + \beta_{10} APEC + \varepsilon_{ij} \quad (13-7)$$

$$\ln IM_{ij} = \beta_0 + \beta_1 \ln GDP_i + \beta_2 \ln GDP_j + \beta_3 \ln WGDP + \beta_4 \ln DIS_{ij} + \beta_5 SPR_{it} + \beta_6 BOR_{ij} + \beta_7 LAN_{ij} + \beta_8 OECD + \beta_9 NAFTA + \beta_{10} APEC + \varepsilon_{ij} \quad (13-8)$$

方程（13-7）是针对服务贸易出口的计量方程，方程（13-8）是针对服务贸易进口的计量方程。本章同时采用两个方程，旨在更全面地分析服务贸易的影响因素。

（三）实证检验

1. 选择工具变量

我们知道，世界生产总值（WGDP）由各个国家的生产总值（GDP）组成，一国的 GDP 越大，其对世界生产总值的贡献越大；反之，一国的 GDP 越小，其对世界生产总值的贡献越小。因此，有理由

---

① 魏浩等（2010）考虑了制度在国际贸易中的作用；McCallum（1995）在研究国际贸易问题时引入了边界因素；Nasir 和 Kalirajan（2013）在研究国际贸易问题时加入了语言因素；Campolmi，Fadinger 和 Forlati（2014）在研究国际贸易问题时加入了区域经济一体化因素。

相信世界生产总值与一国生产总值之间存在相关关系。表 13 - 2 显示，一国生产总值与世界生产总值具有正相关关系（相关系数为 0.23，且在 1% 水平上显著）。

表 13 - 2　ln*GDP* 与 ln*WGDP* 的相关关系检验

解释变量	ln*GDP*	ln*WGDP*
ln*GDP*	1.000	
ln*WGDP*	0.2326 (0.0000)	1.0000

注：国内生产总值与世界生产总值显著相关。

由于用世界生产总值（ln*WGDP*）来度量世界总需求存在测量误差，故 ln*WGDP* 是内生变量，考虑使用（*LAN*、*SPR*）作为 ln*WGDP* 的工具变量，进行 2SLS 回归，并使用稳健标准误，具体参见表 13 - 14 回归模型（3）。在此 2SLS 回归中，一国服务业出口的国内需求弹性上升为 1.065%，而且在 1% 的水平上显著不为 0，即一国国内需求上升 1%，其服务业出口量增加 1.065%。相反的是，反映世界总需求的世界生产总值（ln*WGDP*）对一国服务业出口的影响为负值，从回归结果中可以发现，世界总需求增加 1%，一国服务业出口量减少 4.068%。这并不影响本章重点关注的一国国内需求与其服务业出口之间的关系。

2. 弱工具变量检验

从表 13 - 3 可以看出，虽然 Shea's Partial R^2 不到 0.05，但 F 统计量为 115.801（远远超过 10），而且 F 统计量的 P 值为 0.000。虽然 TSLS 是一致的，但是有偏的，故使用 TSLS 会带来“显著性水平扭曲”（Size Distortion），而且这种扭曲随着弱工具变量而增大。如果在结构方程中对内生变量的显著性进行“名义显著性水平”（Nominal Size）为 5% 的沃尔德检验，假如可以接受“真实显著性水平”（True Size）不超过 15%，则可以拒绝“弱工具量”的原假设，本章的工具变量不存在弱工具变量问题。

表 13－3　工具变量与内生变量的相关性检验①

变量	调整后的 R^2	Shea's Partial R^2	Robust F（2，5953）	Prob > F
ln*WGDP*	0.1467	0.0405	115.801	0.000

注：实证检验得出最小特征值统计量为 125.665，大于对应的临界值 11.59。

为了稳健起见，我们采用有限信息最大似然法（LIML），该方法的优点在于对弱工具变量不敏感，具体参见表 13－4 中的模型（4）。结果发现，LIML 的系数估计值与 TSLS 非常接近，这也从侧面印证了“不存在弱工具变量”，即本章选取语言变量与法律制度变量作为世界总需求的工具变量是合理的，这也验证了本章的假说 1 和假说 2。

表 13－4　出口贸易部分实证回归结果

变量	（1）GLS	（2）GLS	（3）LIML	（4）GMM	（5）IGMM	（6）TSLS
ln*GDP*	0.811 ***	0.788 ***	1.114 ***	1.050 ***	1.050 ***	1.043 ***
	（0.0357）	（0.0396）	（0.0324）	（0.0221）	（0.0221）	（0.0218）
ln*FGDP*	0.978 ***	0.958 ***	1.135 ***	1.072 ***	1.072 ***	1.063 ***
	（0.0326）	（0.0417）	（0.0317）	（0.0212）	（0.0212）	（0.0209）
ln*WGDP*		0.0580	－4.067 ***	－2.994 ***	－2.988 ***	－2.888 ***
		（0.0611）	（0.455）	（0.279）	（0.279）	（0.275）
ln*DIS*	－0.858 ***	－0.842 ***	－1.034 ***	－0.996 ***	－0.996 ***	－0.965 ***
	（0.0449）	（0.0471）	（0.0351）	（0.0254）	（0.0253）	（0.0252）
BOR	0.0670	0.0949	－0.130	－0.0354	－0.0345	－0.0126
	（0.123）	（0.123）	（0.0763）	（0.0587）	（0.0587）	（0.0577）
LAN	0.685 ***	0.690 ***				
	（0.136）	（0.136）				
APEC	0.456 **	0.489 ***	－0.0271	0.138	0.139	0.117
	（0.143）	（0.147）	（0.0935）	（0.0710）	（0.0709）	（0.0694）
NAFTA	－2.629 **	－2.594 *	－2.455 ***	－2.379 ***	－2.380 ***	－2.303 ***
	（1.005）	（1.009）	（0.335）	（0.298）	（0.297）	（0.294）
OECD	0.777 ***	0.761 ***	1.058 ***	1.023 ***	1.021 ***	1.033 ***
	（0.160）	（0.163）	（0.0699）	（0.0621）	（0.0620）	（0.0615）

① 此检验的原假设是，工具变量（*LAN*、*SPR*）在第一阶段回归中的系数都为 0。限于篇幅，这里只介绍第一阶段回归命令，即 ivregress 2sls lnex lngdpi lngdpj lndis border（ln*WGDP* = *COMLAN SPR*），r first。

续表

变量	(1) GLS	(2) GLS	(3) LIML	(4) GMM	(5) IGMM	(6) TSLS
SPR	0.125 ***	0.130 ***				
	(0.0187)	(0.0187)				
_ *CONS*	-12.51 ***	-13.11 ***	55.64 ***	38.01 ***	37.91 ***	36.10 ***
	(0.676)	(0.898)	(7.531)	(4.632)	(4.628)	(4.566)
N	5960	5960	5960	5960	5960	5960
R^2	0.771	0.771	0.424	0.578	0.578	0.590

注：模型（1）和模型（2）都是广义最小二乘法估计，二者的区别在于模型（1）没有把 ln*WGDP* 考虑在内；*、**、***分别代表1%、5%、10%的显著水平，括号中的值是标准误差。

（四）实证结果分析

1. 出口贸易部分

控制世界总需求后，采用工具变量法估计的结果（即表13-4中的TSLS回归）显示，一国国内需求对服务贸易的出口推动作用小于国外需求，这说明本章的假说3是正确的。

第一，一国（出口国）国内需求可以显著增加其服务贸易的出口。首先来看GLS回归结果，即模型（1）和模型（2）。模型（1）中未加入世界生产总值（ln*WGDP*）变量，回归结果显示，一国服务业出口的国内需求弹性为0.811，而且在1%的水平上显著不为0。这意味着，一国国内需求增加1%，则其服务业的出口相应地增加0.811%。模型（2）中加入了世界生产总值（ln*WGDP*）变量，回归结果显示，一国服务业出口的国内需求弹性上升为0.788，而且在1%的水平上显著不为0。这说明，一国国内需求增加1%，则该国的服务业出口量相应地增加0.788%。其次，最大似然估计（LIML）即模型（4）的结果也显示，一国服务业的出口与国内需求正相关。其中，服务业出口的国内需求弹性进一步上升为1.114，而且在1%的水平上显著不为0。可想而知，如果国内需求翻一番，服务业出口量相应翻一番还要多，这个推动效果是巨大的。最后，本章选用的工具变量法进行的 TSLS 估计结果显示，一国服务业出口的国内需求弹性为 1.043，而且在 1% 的水平上显著不为 0。具体来说，本国市场需求规模增加 1%，能够带动本国服务业出口增加约 1.043%。这充分说明，一国的扩大内需战略可以促进出口。值得注意的是，两步最优 GMM 估计和迭代 GMM 估计结果与 TSLS 估计结果相差无几，这说明本章选取的 TSLS 模型中不存在异方差，即选用的工具变量法进行估计是可行的。

第二，一国服务业出口与进口国的国外市场需求规模正相关。表 13－4中，TSLS 估计结果显示，一国服务业出口的国外需求弹性为 1.063，而且在 1% 的水平上显著不为 0。具体地，国外市场需求规模增加 1%，能够带动本国服务业出口增加约 1.063%。

第三，对于出口国而言，其国内需求对自身出口的带动作用比不上国外需求。表 13－4 中的 TSLS 估计结果显示，一国服务业出口的国内需求弹性（1.043）小于一国服务业出口的国外需求弹性（1.063）。虽然国内需求弹性小于国外需求弹性，但是二者之间的差距较小，这说明国内需求与国外需求在服务贸易出口中都占据着举足轻重的地位。

此外，一国服务业的出口受距离的影响比较大。模型（6）的回归结果显示，贸易伙伴国之间的距离每缩短 1%，出口国的服务贸易出口额就会上升 0.965%。可以理解，出口国与进口国之间的距离越近，两国之间的贸易越容易进行，服务业的出口也就越多；反之，进口国与出口国之间的距离越远，贸易进行得比较困难，一国服务业的出口也就越少。

出乎意料的是，一国的出口呈现出逆区域化特征，即当两国拥有共同边界时，一国的服务业出口会减少。一个可能的解释是，虽然两个国家相邻，但是出口国所出口的服务并不是邻国所需要的；反过来，虽然两个国家不相邻，但是出口国出口的服务却是其他国家都需要的。例如，美国与中国不相邻，但是美国出口的高新技术服务却很受中国的欢迎。此外，虽然一国的出口呈现出逆区域化特征，但是这种特征不明显，模型（6）的结果显示，这种特征不显著。

综上所述，一国的服务业出口受到多方面影响，但是总体来说，国内需求对服务贸易的出口推动作用小于国外需求。

2. 进口贸易部分

表 13-5　进口部分实证回归结果

变量	（1）GLS	（2）GLS	（3）LIML	（4）GMM	（5）IGMM	（6）TSLS
ln*GDP*	0.973 ***	0.901 ***	1.232 ***	1.199 ***	1.199 ***	1.189 ***
	(0.0420)	(0.0392)	(0.0336)	(0.0278)	(0.0278)	(0.0276)
ln*FGDP*	0.795 ***	0.732 ***	1.220 ***	1.180 ***	1.180 ***	1.176 ***
	(0.0407)	(0.0327)	(0.0331)	(0.0275)	(0.0275)	(0.0272)
ln*WGDP*	−0.184 ***		−5.524 ***	−4.886 ***	−4.885 ***	−4.808 ***
	(0.0514)		(0.438)	(0.345)	(0.344)	(0.341)
ln*DIS*	−0.836 ***	−0.787 ***	−1.168 ***	−1.142 ***	−1.142 ***	−1.125 ***
	(0.0432)	(0.0401)	(0.0369)	(0.0313)	(0.0313)	(0.0310)
BOR	0.125	0.214	−0.318 ***	−0.265 ***	−0.265 ***	−0.246 **
	(0.118)	(0.111)	(0.0876)	(0.0768)	(0.0767)	(0.0758)
LAN	0.618 ***	0.636 ***				
	(0.146)	(0.145)				
APEC	0.520 **	0.623 ***	−0.0999	0.0149	0.0156	−0.0127
	(0.161)	(0.160)	(0.108)	(0.0952)	(0.0952)	(0.0940)
NAFTA	−1.624 ***	−1.512 ***	−1.877 ***	−1.843 ***	−1.844 ***	−1.785 ***
	(0.377)	(0.369)	(0.260)	(0.227)	(0.227)	(0.223)
OECD	0.730 ***	0.677 ***	0.977 ***	0.978 ***	0.977 ***	0.962 ***
	(0.155)	(0.156)	(0.0809)	(0.0749)	(0.0749)	(0.0743)
SPR	0.143 ***	0.157 ***				
	(0.0218)	(0.0226)				
_ *CONS*	−9.276 ***	−11.17 ***	79.82 ***	69.28 ***	69.25 ***	67.95 ***
	(0.823)	(0.715)	(7.222)	(5.683)	(5.682)	(5.619)
N	5936	5936	5936	5936	5936	5936
R^2	0.811	0.810	0.253	0.377	0.377	0.391

注：模型（1）和模型（2）都是广义最小二乘法估计，二者的区别在于模型（1）没有把 ln*WGDP* 考虑在内；*、**、***分别代表 1%、5%、10% 的显著水平，括号中的值是标准误差。

前文主要分析了国内需求与国外需求对服务贸易出口的影响，按照同样的思路，本节分析服务贸易出口的影响因素。控制世界总需求后，采用工具变量法估计的结果（即表 13 - 5 中的 TSLS 回归）显示，一国国内需求对服务贸易进口的推动作用大于国外需求，这也验证了本章假说 3 的正确性。

第一，一国（出口国）国内需求可以显著增加其服务贸易的进口。首先来看 GLS 回归结果，即模型（1）和模型（2）。模型（1）中未加入世界生产总值（ln*WGDP*）变量，回归结果显示，一国服务业进口的国内需求弹性为 0.973，而且在 1% 的水平上显著不为 0。这意味着，一国国内需求增加 1%，则其服务业的进口相应地增加 0.973%。模型（2）中加入了世界生产总值（ln*WGDP*）变量，回归结果显示，一国服务业进口的国内需求弹性降为 0.901，而且在 1% 的水平上显著不为 0。这说明，一国国内需求增加 1%，则该国的服务业进口量相应地减少 0.901%。其次，最大似然估计（LIML）即模型（4）的结果也显示，一国服务业的进口与国内需求正相关。其中，服务业出口的国内需求弹性则上升为 1.232，而且在 1% 的水平上显著不为 0。可想而知，如果国内需求翻一番，则服务业进口量相应翻一番还要多，这个推动效果是巨大的。最后，本章选用的工具变量法进行的 TSLS 估计结果显示，一国服务业进口的国内需求弹性为 1.189，而且在 1% 的水平上显著不为 0。具体来说，本国市场需求规模增加 1%，能够带动本国服务业进口增加约 1.189%。值得注意的是，两步最优 GMM 估计和迭代 GMM 估计结果与 TSLS 估计结果相差无几，这说明本章选取的 TSLS 模型中不存在异方差，即选用的工具变量法进行估计是可行的。

第二，一国服务业进口与国外市场需求规模正相关。表 13 - 5 中，TSLS 估计结果显示，一国服务业出口的国外需求弹性为 1.176，而且在 1% 的水平上显著不为 0。具体地，国外市场需求规模增加 1%，能够带动本国服务业出口增加约 1.176%。

第三，对于出口国而言，其国内需求对自身出口的带动作用比不上国外需求。表 13 - 5 中的 TSLS 估计结果显示，一国服务业进口的国内需求弹性（1.189%）大于一国服务业进口的国外需求弹性（1.176%）。

综上所述，一国的服务业进口受到多方面影响，但是总体来说，国内需求对服务贸易的进口推动作用大于国外需求。

3. 小结

综上所述，可以发现，一国内需的扩大能够显著刺激服务业的出口，但是也要看到，国外需求对服务业出口的拉动作用更大；同样地，一国内需的扩大可以大幅度地增加服务业进口，而且这种促进作用大于国外需求（这实际上是上一个现象的另外一面）。

六、结论及政策建议

本章基于三维模型的需求维度，试图从相对宏观的角度对服务贸易的影响机制进行研究。鉴于此，本章运用工具变量法，选取了包括中国在内的 24 个国家作为研究对象，利用 2000—2012 年的双边服务贸易数据进行了回归分析。通过上述计量模型的处理，得出如下结论：

第一，国内需求既能促进服务贸易出口也能促进服务贸易进口，而且国内需求对服务贸易进口的带动作用强于对服务贸易出口的带动作用。比较表 13 - 4 和表 13 - 5 的回归模型（6）可知，服务业出口的国内需求弹性为 1.043，服务业进口的国内需求弹性为 1.189，显然 1.189 > 1.043，即服务贸易出口和进口都与国内需求正相关，但是国内需求对服务贸易进口的正向促进作用更大。这表明服务业出口国存在服务贸易逆差，而且逆差将会随着国内需求的扩大而进一步扩大。

第二，国外需求在拉动服务贸易出口的同时也可以带来服务贸易的进口，而且国外需求对服务贸易进口的促进作用大于对服务贸易出口的促进作用。比较表 13 – 4 和表 13 – 5 的回归模型（6）可得，服务业出口的国外需求弹性为 1.063，服务业进口的国外需求弹性为 1.176，显然 1.176 > 1.063，即服务贸易出口和进口都与国外需求正相关，但是国外需求对服务贸易进口的正向促进作用更大。这表明服务业出口国存在服务贸易逆差，而且逆差将会随着国外需求的扩大而进一步扩大。

第三，国内需求对服务业出口的拉动作用小于国外需求，国内需求对服务业进口的拉动作用大于国外需求。表 13 – 4 的回归模型（6）显示，服务业出口的国内需求弹性为 1.043，而服务业出口的国外需求弹性为 1.063，显然 1.043 < 1.063，即国外需求对服务业出口的带动作用更强；表 13 – 5 的回归模型（6）显示，服务业进口的国内需求弹性为 1.189，而服务业进口的国外需求弹性为 1.176，显然 1.189 > 1.176，即国内需求对服务业进口的拉动作用更强。这表明，在相当长的一段时期内，服务业的出口将会随着国外需求的增加而增加，服务业的进口将会随着国内需求的增加而增加。

根据上述实证研究结论可以发现，服务贸易受到国内需求和国外需求的双重影响，而且在服务业出口方面，国内需求的影响潜力较大，在服务业进口方面，国外需求的影响潜力更大。对此，本章有针对性地提出了相应的政策建议：①继续以经济建设为中心，相关部门应想方设法提高国内居民的可支配收入水平，进而提升居民的购买力水平以期扩大国内的服务业需求水平。②服务业生产部门应当专注于提高其服务业技术含量，为国内消费者提供高端服务业，从而减少进口服务业对国内市场的冲击。③各级政府部门应当大力支持当地服务业的发展，尤其是要为高端服务业提供一个良好的成长环境，孕育出具有国际竞争力的高端服务业，在服务于本地市场的同时争取“走出去”，进而促进本国服务业的出口。

参考文献

[1] CLARK C. Conditions of economic progress [M]. London: Macmillan, 1940:61 –73.

[2] HOEKMAN B. Competition policy and global trading system [J]. The World Economy, 1997(4) : 383 –406.

[3] 刘志中. 中美服务贸易本地市场效应实证研究[J]. 经济问题探索, 2015(7) : 92 –98.

[4] MARKUSEN J R. Trade in producer services and in other specialized intermediate inputs[J]. American Economic Review, 1989(1) :85 –95.

[5] AMITI M, KONINGS J. Trade liberalization, intermediate inputs and productivity: evidence from Indonesia [J]. American Economic Review, 2007(5): 1116 –1638.

[6] 小岛清. 对外贸易论[M]. 周宝廉, 译. 天津: 南开大学出版社, 1987.

[7] MARKUSEN J R, SVENSSON E O. Trade in goods and factors with international differences in technology [J]. International Economic Review, 1985(1): 175 –192.

[8] RUTHERFORD T, TARR D, MARKUSEN J. Foreign direct investment in services and the domestic market for expertise [Z]. World Bank Research Working Papers, 1999.

[9] KRUGMAN P R. Scale economics, product differentiation, and the pattern of trade [J]. American Economic Review, 1980(5): 950 –959.

[10] MELITZ M J. The impact of trade on intra – industry reallocation and aggregate industry productivity [J]. Econometrica, 2003(6): 1695 –1725.

[11] BEHRENS K A, LAMORGESE G O, TABUCHI T. Testing the home market effects in a multi country world: a theory – based approach [Z]. CEPR Discussion Papers, 2004.

[12] HANSON G H, XIANG C. The home market effect and bilateral trade pat-

terns [J]. American Economic Review, 2004(4): 1108 - 1129.

[13] LENNON C. Trade in services and trade in goods: differences and complementarities[Z]. WIIW Working Papers 53, Vienna Institute for International Economic Studies, 2009.

[14] SCHUMACHER D. Home market and traditional effects on comparative advantage in a gravity approach [Z]. DIW Discussion Paper,2003.

[15] DOMEQUE C N,FILLAT C,SANZ G. The home market effect in the Spanish industry:1965—1995[J]. The Annals of Regional Science,2011(2):379 - 396.

[16] 张帆,潘佐红. 本土市场效应及其对中国省间生产和贸易的影响[J]. 经济学(季刊),2006(2): 307 - 328.

[17] 钱学锋,陈六傅. 中美双边贸易中本地市场效应估计——兼论中国的贸易政策取向[J]. 世界经济研究, 2007(12): 48 - 54.

[18] 许统生,涂远芬. 中国可贸易产业本地市场效应的估计及其政策启示——基于变截距面板数据模型的分析[J]. 经济学动态,2010(7): 66 - 70.

[19] 阚大学. 中日服务贸易的本地市场效应估计[J]. 南方经济, 2013(3): 75 - 82.

[20] 陈启斐,刘志彪. 需求规模与服务业出口:一项跨国的经验研究[J]. 财贸经济, 2014(7): 82 - 94.

[21] 谢孟军,郭艳如. 语言交易成本对中国出口贸易的影响[J]. 现代财经(天津商业大学学报),2013(5): 102 - 112.

[22] 黄蕾. 制度性国际贸易壁垒论[J]. 经济问题, 2007(3): 21 - 23.

[23] HELPMAN E,KRUGMAN P. Market structure and foreign trade: increasing returns, imperfect competition and the international economy [J]. Journal of International Economics,1986(2):183 - 187.

第十四章　扩大内需与服务进口贸易的经验研究

一、问题的提出

20世纪中叶，一些发达国家开始提供高质量的生产性和生活性服务，逐步进入服务经济社会，当今处在国际分工体系顶端的国家都无一例外地成为区域性服务中心（赵迪、张宗庆，2016）。经济开放为国际服务贸易的快速发展提供了契机，过去15年中，服务贸易增长速度在全球贸易中占据首位。相较而言，中国服务贸易起步较晚，虽然整体水平落后于发达国家，但改革开放特别是加入WTO以来，服务贸易规模和增长速度迅猛发展。1982年，中国服务贸易进出口仅为44亿美元，其中出口25亿美元，进口19亿美元。到2014年，服务贸易总额达到6069.57亿美元，同比增长12.6%。其中，服务出口2234.75亿美元，位居世界第五；服务进口3834.75亿美元，位居世界第二。

但是，近年来中国服务贸易逆差呈现不断增大趋势，服务进口问题已不容忽视。在中国经济转型升级的关键阶段，处理好服务进口与保持经济持续增长具有深远的意义：服务贸易具有明显的技术溢出效应（方慧，2009；朱福林，2011）。国外一些先进技术和制度等因素会随着服务进口流入国内，而中国庞大的内需市场能够有效发挥“虹吸效应"[①]，吸收国外高级生产要素，促进企业从参与全球价值链走向加入全球创新价值链，进而促进中国的经济增长（刘志彪，2012；陈启斐，2014）。因此，厘清一国服务业进口的影响因素及作用路径十分重要。

近年来，随着"人口红利"的逐渐消失，继续利用基于比较优势理论提出的廉价劳动力市场的观点来解释中国服务贸易快速发展已经不合时宜。为此，很多学者开始寻找其他解释动因——本土市场效应[②]。已有研究发现，货物贸易与服务贸易都存在本土市场效应，那么若将服务进口从服务贸易中抽离出来，是否还有本土市场效应存在？而本地市场效应又是空间经济模型的核心特征之一（邓慧慧、孙久文，2009），假如服务进口存在本地市场效应，那么服务进口国家或地区之间是否同时存在空间溢出效应？这是本章需要解决的关键问题。

二、文献综述

Krugman（1980）首先证明了本地市场效应的存在，之后不少学者在此基础上不断放松假设条件，扩展了本地市场效应模型（Melitz，2003；Zeng 和 kikuchi，2006）。目前，有关本地市场效应的研究多集中于货物贸易，对服务贸易的研究相对较少（Ceglowski，2006）。而针对本土市场效应是否是服务进口规模变化的动因的研究更是寥寥无几。但是目前关于制造业中本土市场效应与服务贸易中本土市场效应存在性的研究为上述问题提供了间接认识。

对本地市场效应存在性检验主要有两种：一是直接考察需求与产出的关系，该方法是基于 Davis 和 Weinstein（1996）提出的"超额需求"

① "虹吸效应"也就是"滚雪球效应"，一旦获得了起始的优势，雪球就会越滚越大，优势会越来越明显。

② 本土市场效应也叫本地市场效应，是指在一个存在报酬递增和贸易成本的世界中，那些拥有相对较大国内市场需求的国家将成为净出口国。

指标，但检验结果并不支持本地市场效应。然而在引入市场准入因素后，Davis 和 Weinstein（2003）在 OECD 国家重新找到了本地市场效应的证据。此外，Domeque et al.（2011）以西班牙制造业为例，验证了本地市场效应的存在。张帆和潘佐红（2006）、颜银根（2010）、冯伟和徐康宁（2012）则都得出了中国部分产业存在比较明显的本土市场效应。二是利用引力模型，比较产业的相对出口与相对市场规模弹性，若弹性为正则表示本地市场效应存在。如 Kimura 和 Lee（2006）认为引力模型能够很好地预测分析服务贸易，并发现 OECD 国家服务业本地市场效应比较显著。祁飞和李慧中（2012）则采用面板数据引力模型验证了本地市场效应的存在。

上述关于本地市场效应的研究大都以制造业为主，但近年来，关于服务贸易中本土市场效应研究的文献逐渐出现，其中代表性研究（阚大学，2013）发现本地市场效应对日本的服务贸易出口具有促进作用。刘志中（2015）借鉴贸易引力模型检验了中美服务贸易部门的本地市场效应，得出中美旅游、金融、教育、计算机和信息等服务部门出口的本地市场效应显著。此外，关于中国服务贸易本地市场的研究也得出了类似的结论（阚大学、吕连菊，2014；马凌远，2015；毛艳华、李敬子，2015）。然而涂远芬（2015）却认为中国服务贸易整体上并不存在显著的本地市场效应，传统比较优势中的劳动力要素禀赋仍然是中国服务贸易出口的主要动因。

总体来说，目前关于服务贸易本地市场效应存在性的研究越来越多，但仍然存在不足之处：第一，目前涉及服务进口的研究十分缺乏。第二，现有文献（方慧，2009）已经实证检验了服务贸易具有技术溢出的特点，那么服务贸易进口国家之间是否也存在空间关联性还有待证实。鉴于此，与以往研究相比，本章的贡献在于：①本章在扩展的贸易模型基础上提出服务进口国家之间存在空间溢出效应的假设，进而尝试从实证层面检验服务进口国家之间空间溢出效应的存在与否；②将服务进口从服务贸易中抽离出来，单独考察中国与 23 个 OECD 国家服务进口是否也存在本地市场效应，以此弥补现有研究的空白。

三、理论模型

新经济地理学认为，在不考虑其他条件时，为了充分利用和发挥规模经济和降低运输成本的优势，一国会将产品集中在拥有较大需求规模的市场附近进行生产，从而使该国成为净出口国（Krugman，1980，1991，Helpman 和 Krugman，1985），即该国存在“本地市场效应”。然而新古典比较优势理论则认为具有极大国内市场规模的国家将成为该种产品的净进口国。本部分将从新经济地理学理论出发，引用 Krugman（1980）的理论模型对这一问题进行阐述。其内在机理为：企业→贸易成本→差异化产品→规模经济→大国生产。

（一）Krugman 框架——两国模型

Krugman（1980）从大国出发构建了“本地市场效应”模型。他在模型中假设：两个国家、两个部门运用单一生产要素进行生产。其中，一个部门生产差异化产品，其生产环境中存在冰山成本（$\pi>1$），且该部门具有规模经济和垄断竞争等特性（IRS - MC）；另一部门生产同质化产品，其生产环境中不存在运输成本，且该部门具有规模报酬不变和完全竞争等特征（CRS - PC）。模型假定每个企业规模很小且生产一种产品，因此，每个企业的行为只对自身产生影响，而不会影响其竞争对手行为。根据以上假定的初步模型如下：

$$n/n^{*}=\frac{L/L^{*}-\phi}{1-\phi L/L^{*}} \tag{14-1}$$

其中，n、n^{*} 分别表示本国和外国的产品数量，L、L^{*} 分别表示本国和外国的需求规模，$\phi\epsilon[0,1)$ 表示贸易自由度，其计算公式为 $\phi=Q_j/Q_i$，Q_i 为本国对国内商品需求量，Q_j 为本国对国外商品需求量。当模型达到均衡时，IRS－MC 部门的净出口表达式如下：

$$B = \frac{\phi w L^*}{\phi n + n^*}(n - n^*) \tag{14-2}$$

令 $n/n^* = \mu$，$L/L^* = \lambda$，从而式（1）为：

$$\mu = \frac{\lambda - \phi}{1 - \lambda\phi} \tag{14-3}$$

当 $\lambda = 1$ 时，$\mu = 1$，即当本国国内市场需求规模等于外国市场需求规模时，国内生产的产品数量将等于外国生产的产品数量，此时贸易将处于平衡状态。当 $\lambda > 1$ 时，$\mu > 1$，即当本国国内较之外国具有更大的市场需求规模时，国内生产的产品数量也将高于国外生产的产品数量。此时，本国生产部门为 IRS－MC 部门，且式（14－2）中 $B > 0$，也就是所谓的“母市场效应”。为了更直观地观察出相对需求规模和相对产品数据之间的关系，对式（14－3）进行求导，公式如下：

$$\frac{\partial\mu}{\partial\lambda} = \frac{1 - \phi^2}{(1 - \phi\lambda)} > 1 \tag{14-4}$$

式（14－4）即为产品数量对需求规模的求导公式，可以看出相对需求规模的扩大将会引致相对产品数量以更快的速度增长，这种线性关系通常被众多学者用于验证是否是“本地市场效应”，即当 $\partial\mu/\partial\lambda > 1$ 时，存在“本地市场效应”。

（二）Berhrens 框架——多国模型

针对“本地市场效应”的理论模型，多数文献假定两国情况以简化分析，具体假设为两国存在 CRS－PC 产业部门，且贸易自由，以确保完全竞争和两国工资率相同。同时假定当部门吸收差异化产品时，将会导致贸易不平衡。为了使模型结论更具一般性，将贸易国由两国推广到多国来验证“本地市场效应”的存在性很有必要。针对这一问题，Behrens（2009）进行了研究探讨。

Behrens（2009）在模型中假定：有 I 个国家进行贸易往来，国家 i

拥有 l_i 的人口总数，且每个国家均存在两个产业部门，一个产业部门为IRS－MC，该产业部门定义为D部门，D部门中的每个厂商均只生产一种产品，即产品存在差异化，且存在冰山运输成本；另一个产业部门为CRS－PC，该产业部门定义为H部门，H部门所有厂商将生产同质化产品，且不存在运输成本。假定各国在进行生产时均采用单一生产要素，且国家 i 的生产函数定义如下：

$$f_i + c_i x_i = l_i \tag{14-5}$$

其中，f_i 为固定成本，c_i 为不变边际成本。同时，假定 $f_i/c_i = f_j/c_j$，i、j 为任意自然数，即在进行差异化产品生产时，每个国家的产业部门的规模经济程度相同。但是，由于每个国家的生产力存在差异化，且国家间的技术也存在差别，从而导致差异化产品部门在生产产品时会形成一种外生性的技术上的比较优势。同时，拥有这种技术比较优势的国家在进行生产时，其单位产品上所投入的劳动力相对较少，但该国工资率却相对较高。也就是说，在存在贸易自由的多国模型里，CRS－PC产业部门将会由于技术比较优势而导致要素价格具有差异性。假定消费者效用函数为

$$U_i = H_i^{1-u} D_i^u,\ 0 < u < 1$$

$$D_i = \left[\sum_j \left(\int_{\Omega} d_{ji}(\omega)^{\frac{\sigma-1}{\sigma}} d\omega\right)\right]^{\frac{\sigma-1}{\sigma}} \tag{14-6}$$

其中，$d_{ji}(\omega)$ 为国家 i 向国家 j 进口产品 ω 的数量，其中 $i,j = 1, 2, \cdots, I$。Ω 为国家 j 所生产的差异化产品的数量。同时，求出国家 i 对国家 j 差异化产品的出口数量为

$$d_{ij} = \frac{p_{ij}^{-\sigma}}{p_j^{1-\sigma}} Y_j u \tag{14-7}$$

其中，Y_j 表示国家 j 的总收入，p_j 表示国家 j 的产品价格指数，p_{ij} 表示国家 i 向国家 j 出口的产品的价格，q_i 表示国家 i 内单个厂商生产的差异化产品的产量。因此有：

$$p_j = [\sum_I n_i p_{ij}^{1-\sigma}]^{1/1-\sigma} \tag{14-8}$$

$$p_{ij} = w_{ij} c_i \tau_{ij} \frac{\sigma}{\sigma - 1} \tag{14-9}$$

$$q_i = \frac{f_i(\sigma - 1)}{c_i} \tag{14-10}$$

对于任意国家 i 而言，当贸易达到均衡时，其差异化产品的总产量为该产品的国内外消费总量，即国内消费量和国外出口量。因此有：

$$\sum_j d_{ij} \tau_{ij} = \frac{f_i(\sigma - 1)}{c_i} \tag{14-11}$$

Berhrens（2009）在进行“本地市场效应”模型探讨时着眼点依然为一国差异化产品的产量和需求量的关系，因此，将式（14－11）进行变形后如下：

$$\lambda^* = [diag(\varphi^{-1} A^{-\sigma} 1) \varphi A^{\sigma}]^{-1} \theta \tag{14-12}$$

其中，λ^*、θ 分别为一国的产量份额和需求份额，$diag$、φ、A、1 分别为对角矩阵、I 维方阵、I 维列向量和 I 维行向量。其中，φ 中的元素为产业 D 在国家间的运输成本；A 中元素为国家的比较优势，即各国家投入在产业 D 上的相对生产力；1 中元素全为 1。由式（14－12）可知，λ^*、θ 之间存在线性关系，但是，两者之间的线性关系还取决于互通贸易往来的国家间的技术比较与运输成本。在进行“本地市场效应”存在性验证时，Behrens（2009）发现，由于贸易往来国家间存在技术比较优势和运输成本差异等原因，多国模型中“本地市场效应”并不存在。若要使“本地市场效应”出现则必须有严格的假定要求，如所有贸易国家必须具有相同的技术禀赋。同时，每个国家对各国的运输成本都必须相同。因此，由于国家间的运输成本和技术禀赋的差别的存在，在多国模型中通常不存在“本地市场效应”。

四、样本数据与计量模型

（一）数据来源与处理

本部分从经合组织数据库（OECD Statistics）选取24个国家[①]2000—2012年的双边服务进口贸易数据，并从世界银行统计数据库（The World Bank Statistics）选取了这些国家2000—2012年的GDP数据。距离采用国家首都之间的地理距离进行衡量，数据来源于www. geobytes. com中的距离搜寻工具。一国司法体系的完备程度用法律结构和产权保护[②]来描述，该数据取自加拿大弗雷泽研究所全球经济自由化指数数据库（Economic Freedom of the World，EFW index）。此外，本章还选取共同贸易区变量来研究服务贸易的区域特征，若贸易双方同属于一个贸易区则记为1，否则记为0。

（二）引力模型的设定

1. 基础贸易引力模型

众所周知，万有引力定律是：由于物体自身具有质量，在物体之间能够产生一种相互作用力，这种力量的大小与物体的质量和这两个物体之间的直线距离有关。其公式为：$F=GM_1M_2/R^2$，其中F表示万有引力的大小，G为万有引力常量，其数值是$6.67\times10^{-11}\mathrm{N}\cdot\mathrm{m}^2/\mathrm{kg}^2$，$M_1$和$M_2$分别为两个物体的质量，$R$是两个物体之间的直线距离。公式表明，两个物体的质量乘积越大且物体间的直线距离越短，作用力越大。

国际贸易理论研究表明，贸易双方的地理距离越近，两国贸易往来

① 这24个国家分别是中国、澳大利亚、奥地利、比利时、加拿大、捷克、丹麦、芬兰、法国、德国、希腊、匈牙利、爱尔兰、意大利、日本、韩国、荷兰、挪威、波兰、葡萄牙、西班牙、瑞典、英国和美国；其中，中国属于发展中国家，其他23个国家均是发达国家，且为OECD成员国。

② 法律结构和产权保护数据由审判独立性、公正的法院、产权保护、军事干预法制和政治进程，独立的司法体系、依法执行的合同数和对财产转让的规模显著数据这6个方面组成。

越频繁。因此，在对万有引力模型进行理论抽象的基础上，可将其运用到国际贸易的研究之中。按照经济学的研究范式，通常用 $TRADE_{ijt}$ 来指代 t 时期（一般指某一年，下同）贸易双方之间的贸易总额，用 SS_{it}、SS_{jt} 替代 M_1、M_2 分别表示 t 时期 i 国和 j 国的经济规模，用 DS_{ijt} 代替 R 表示贸易双方间的地理距离，用 C 代替 G 表示贸易引力常数，则基础的贸易引力模型可表示为：

$$TRADE_{ijt} = CSS_{it}SS_{jt}/DS_{ijt}^2 \qquad (14-13)$$

需要注意的是，与自然物理中的引力相比，贸易引力具有其独特性。通常，自然物理学中把天体当作一个质点[①]进行处理，但是贸易引力模型中不能将两国的规模忽略，必须充分考虑贸易双方的经济规模特征。

2. 本章引力模型

借鉴 Feenstra（2001）[②] 和 Lee 和 Yu（2010）拓展的引力模型，本章建立如下模型：

$$\ln IM_{ij} = \beta_0 + \beta_1 \ln GDP_i + \beta_2 \ln WGDP + \beta_3 \ln W * IM_{ij} + \beta_4 OECD + \beta_5 SPR_{it} + \beta_6 \ln DIS_{ij} + \varepsilon_{ij} \qquad (14-14)$$

其中，i 为服务进口国，j 表示服务出口国，t 表示年份。[③] 因变量 $\ln IM_i$ 表示国家 i 从国家 j 进口额的自然对数值。关键解释变量 $\ln GDP_i$ 表示进口国国内生产总值的对数值，表示一国的国内市场规模（Feenstra 等，2001；陈启斐等，2014）。$\ln WGDP$ 表示世界生产总值的自然对数值。$\ln M * IM_{ij}$ 表示地理权重的自然对数值与国家 i 从国家 j 服务进口额的乘积。为了减轻模型可能存在的内生性问题，本章加入了滞后 1 期的世界生产总值和进口国国内产总值，分别用 $L\ln WGDP$ 和 $L\ln GDP_i$ 来

① 出于研究方便的考虑，天体的形状较之于天体间的距离可以忽略不计，把天体看成一个具有很大质量的点。

② Feensstra 运用扩展的引力模型来研究一国贸易与国内市场规模的关系。

③ i 和 j 的取值范围均为 1，2，3，…，24；t 的取值范围为 1，2，3，…，12，13。

表示。$\ln DIS_{ij}$ 表示服务贸易国之间的距离对数，距离越近，双边出口额越大。此外，我们还在模型（14－14）中加入了如下控制变量：*OECD* 代表共同贸易区变量，*SPR* 代表法律结构和产权。模型（14－14）中的 β_0、β_1、β_2、β_3、β_4、β_5 和 β_6 表示外生变量参数，ε_{ij}表示随机扰动项。

五、检验结果分析

（一）单位根检验

为了防止出现伪回归以及保证实证结果的有效性，本章首先进行单位根检验，分别使用 LLC、HT 和 IPS 方法来检验。其原理是，在给定的置信区间水平 α 下，若 LLC（或者 HT、IPS）统计量大于临界值，则认为不存在单位根；若该值小于临界值，则说明存在一个单位根。表 14－1 为单位根的检验结果，从中可以看出 $\ln IM$ 在 1% 的水平上显著，这说明双边服务进口贸易数据是平稳的。

表 14－1　单位根检验

$\ln IM$	LLC	HT	IPS
t 值	－10.111***	0.339***	－5.378***
P 值	(0.000)	(0.000)	(0.000)
结论	不存在	不存在	不存在

注：面板数据单位根检验结果由 Stata13.0 计算得出，＊＊＊表示 1% 的显著性水平。

（二）稳健性检验

我们采用一般的 POLS 方法得到了初步的估计结果，结果与我们的预期基本一致。为了缓解可能存在的内生性问题，我们尝试加入滞后变量，但仍无法有效解决以下问题：第一，式（14－6）中可能并未考虑到各国服务进口影响因素中未被观察到的异质性因素（如本国消费者消费能力和偏好等）。这些因素或许能够解释各国服务业进口的差异。

本章的样本数据为面板数据，为了能够更加有效地利用其所提供的信息，并考虑式（14－6）中可能遗漏的部分与异质性相关的因素变量，我们将随机误差项进一步分解为与时间无关的异质性误差项和其余的误差项。但在此框架下，POLS 回归方法估计的结果不再是一致有效的。第二，各国的服务业进口在一般情况下具有连续性，因此，有必要在式（14－6）中加入服务业进口的滞后项。可是，一国服务业进口的滞后项对于一国 GDP、世界 GDP 等变量的向量自回归方法，可能会引起序列相关性和内生性问题。在此框架下，POLS 回归方法估计的结果不再是有效的且有偏。因此，我们需要引入另一种估计方法来解决这些问题。

充分考虑到本章使用的数据特征，我们引入了两步系统 GMM 的估计方法，结果见表 14－2。从表中可以看出，核心解释变量和各个控制变量的估计结果仍然与 POLS 回归的结果一致，这在相当程度上验证了本章的结论，且从两步系统 GMM 方法的估计得到的核心解释变量的系数在 1% 水平上都是显著的。具体来看，在只有国内市场规模的子样本组中（模型 1 列），一国需求规模每增加 1%，该国的服务进口额上升 0.784%。而在既有国内市场规模又有世界市场总规模的子样本组中（模型 2 列），一国需求规模和世界市场总规模对服务业进口都有促进作用，即一国需求规模和世界需求总规模分别增加 1%，该国服务进口额分别上升 0.749% 和 0.732%。此外，在包含国内市场规模、世界需求总规模以及加权的进口额的子样本组中（模型 3 列），一国需求规模每增加 1%，服务进口额会上升 0.749%；但与 POLS 回归结果相比，世界需求规模系数的符号发生了明显的变化，由促进作用变成了阻碍作用。将上述结果与 POLS 估计结果对比，可以看出本章所关注的核心解释变量的系数弹性并未有本质变化，保持了稳定性。

为进一步验证模型中各个滞后项的系数是否具有稳定性，接下来我们使用 2SLS 模型进行回归，结果见表 14－2。结果显示，各核心解释变量的系数都在1%的水平上显著的。与POLS估计结果相比，滞后1期的本国需求规模的系数变化不大，但加权进口额的系数大小变化较大，从0.678变动成为0.172。而滞后1期的世界需求总规模额系数仍是由正变负，这可能也是源于上述的原因。总体上认为，各核心解释变量的系数弹性虽发生本质变化，仍保持了稳定性。

表14-2　稳健性检验

变量	GMM 方法			2SLS 方法		
	模型1	模型2	模型3	模型4	模型5	模型6
ln*GDP*	0.784 *** (0.000)	0.749 *** (0.000)	0.749 *** (0.000)			
ln*WGDP*		0.732 *** (0.000)	0.673 *** (0.006)			
ln*W* * *EX*			0.052 (0.767)			0.172 *** (0.000)
*L*ln*WGDP*					0.445 *** (0.000)	0.239 *** (0.000)
*L*ln*GDP*				0.756 *** (0.000)	0.732 *** (0.000)	0.738 *** (0.001)
OECD	0.286 *** (0.000)	0.171 ** (0.016)	0.163 *** (0.018)	0.125 (0.394)	0.071 (0.617)	0.047 (0.772)
SPR	0.135 *** (0.000)	0.166 *** (0.000)	0.165 *** (0.000)	0.166 *** (0.000)	0.178 *** (0.003)	0.173 *** (0.000)
ln*DIS*	−0.727 *** (0.000)	−0.741 *** (0.000)	−0.662 ** (0.025)	−0.754 *** (0.000)	−0.755 ** (0.012)	−0.484 *** (0.005)
CONSTANT	4.626 *** (0.000)	−7.877 *** (0.000)	−7.813 *** (0.000)	5.252 *** (0.000)	−2.331 (0.222)	−2.076 ** (0.021)
Wald chi2	1931.55	2005.74	2111.17	1083.99	1197.68	1367.97
R^2	0.7675	0.8037	0.8073	0.7946	0.8087	0.8231
Root MSE	0.50187	0.46107	0.45689	0.44575	0.43027	0.41375

注：*、**和***分别表示10%、5%和1%的显著性水平；圆括号内显示的是稳健的P值。

（三）基准回归结果分析

我们以包括中国在内的24个国家2000—2012年的服务进口贸易数据为样本，使用一般混合最小二乘法（POLS）估算式（14－2），结果见表14－3模型1列至模型3列。在只有国内市场规模的子样本组中，国内市场规模对一国服务业进口额的影响在1%的水平上显著为正，这意味着国内市场规模每增加1%，则会显著促进进口国服务业进口额提升0.781%。可见，国内市场规模是一国服务业进口的重要驱动力量，在新一波全球化浪潮中，一方面，我国有必要利用好自身广大的国内市场优势，挖掘潜在内部需求，吸引更多的进口导向型企业，优化我国服务贸易模式，逐步推动国内产业的转型升级（王贺光等，2012；陈启斐等，2014）；另一方面，我国需平衡服务业进口量和服务业出口量，防止服务贸易逆差出现不可控制的扩大。

在既有国内市场规模又有世界生产总值的子样本组中，国内市场规模和世界生产总值对一国服务业进口额的影响均在1%的水平上显著为正，表明国内市场规模每扩大1%，会拉动一国服务业进口额增加0.729%；同时，世界生产总值的增加可以增加服务业进口量，当世界生产总值每提高1%时，服务业进口量会上升0.758%。此外，在包含国内市场规模、世界生产总值以及加权的进口额[①]的子样本组中，国内市场规模和加权的进口额均在1%的显著性水平上促进一国服务业进口，而世界生产总值却均阻碍了服务业进口，但不显著。具体来看，国内市场规模对服务业进口的正向促进作用仍然是最大的，其系数为0.744，而加权的进口额的系数为0.647。由此，可以进一步认为，国内市场规模是促进一国服务业进口的最主要因素。由于我国服务业发展缓慢，国内的服务业难以满足工业化需要，因此国内市场规模的扩张将会引导我国对国外服务品的消费，可见扩大内需战略在很大程度上增加了

① 即 $\ln W * IM$。

服务业的进口，这与谭文君（2014）提出的服务需求上升导致我国服务贸易逆差的观点是一致的。

在上述回归中，虽然控制了贸易国的区域组织特征、制度特征以及地理距离对一国出口贸易的影响效应，但并不能有效地消除国内市场规模和进口之间以及世界生产总值与进口之间由于逆向因果关系引起的内生性问题。在现实的国际贸易中，服务业进口越大的国家越倾向于具有较大的国内市场规模[①]，并且对世界生产总值的贡献越大[②]。由此，我们试图将国内市场规模和世界生产总值变量的滞后1期变量，分别放入式（14－2）中重新进行回归，结果见表14－3模型4列至模型6列。从中可以看出三点：其一，在仅有国内市场规模的子样本组中，与当期结果相比，滞后1期国内市场规模的系数没有发生明显变化（系数从0.781降低到0.743），显著性未发生变化，这说明国内市场规模对服务业进口的促进效应较为稳健。其二，从既有国内市场规模又有世界生产总值的子样本组来看，国内市场规模的系数和显著性基本没有发生变化，而世界生产总值变量的系数发生了较大变化，但显著性没有变化。滞后1期的国内市场规模的系数为0.713，较当期国内市场规模的系数0.729基本没变化；相反，滞后1期的世界生产总值的系数较当期的系数降低了（从0.729降为0.466），这也从侧面证实了国内市场规模对服务业进口的推动作用要比世界生产总值稳定。其三，在包含国内市场规模、世界生产总值和加权的进口额的子样本组中，与当期相比，滞后1期的世界生产总值、滞后1期的加权的出口额和滞后1期的世界生产总值的系数和显著性基本没有发生改变，这表明国内市场规模是影响一国服务业进口的诸多因素中最稳定且最重要的因素[③]。

---

① 一国进口的服务需要在国内被消费掉，进口量的增加说明国内消费潜力在逐渐被挖掘出来，即潜在国内市场规模较大。

② 一般认为，一国更多时候希望出现贸易顺差，即出口量大于进口量，净出口就有可能增加，这显然对世界生产总值作出了贡献。

③ 无论是在模型(3)中的当期还是在模型(6)中的滞后期，国内市场规模的系数都是最大的。

表 14-3　服务进口贸易普通面板回归结果

变量	模型 1	模型 2	模型 3	模型 4	模型 5	模型 6
ln*GDP*	0.781 *** (0.000)	0.729 *** (0.000)	0.744 *** (0.000)			
ln*WGDP*		0.758 *** (0.000)	-0.127 (0.401)			
ln*W* * *IM*			0.647 *** (0.000)			0.678 *** (0.000)
LlnWGDP					0.466 *** (0.000)	-0.214 (0.102)
LlnGDP				0.743 *** (0.000)	0.713 *** (0.000)	0.717 *** (0.000)
OECD	0.329 ** (0.039)	0.227 *** (0.121)	0.157 (0.247)	0.163 (0.263)	0.120 *** (0.000)	0.062 *** (0.631)
SPR	0.132 *** (0.000)	0.166 *** (0.000)	0.152 *** (0.000)	0.166 *** (0.000)	0.179 *** (0.000)	0.161 *** (0.000)
ln*DIS*	-0.655 *** (0.000)	-0.597 *** (0.000)	0.481 *** (0.003)	-0.661 *** (0.000)	-0.626 *** (0.000)	0.468 *** (0.005)
CONSTANT	4.051 *** (0.000)	-9.321 *** (0.000)	-6.797 *** (0.000)	4.606 *** (0.000)	-3.567 *** (0.000)	-4.867 *** (0.004)
F 检验	254.39	255.17	258.01	276.04	242.27	246.61
R^2	0.7682	0.8066	0.8354	0.796	0.8112	0.8404
Adj-R^2	0.7652	0.8034	0.8322	0.7931	0.8078	0.837
Root MSE	0.50511	0.46221	0.42705	0.44819	0.43196	0.39782
观测值	312	312	312	288	288	288

注：*、**和***分别表示10%、5%和1%的显著性水平；圆括号内显示的是稳健的P值。

(四) 空间计量回归分析

为了检验24国的服务进口之间是否存在空间相关性，首先要进行Moran值检验。若Moran值为正，则说明具有正的空间相关性；若Moran值为负，则说明具有负的空间相关性。Moran值的绝对值越大，则空间相关性越高。具体结果参见表 14 -4。

表 14 -4　我国和 OECD 23 国服务进口水平的空间相关性检验

年份	Moran	Z
2000	-0.383 ***	4.530
2001	-0.365 ***	3.462
2002	0.399 ***	9.421
2003	0.290 ***	9.291
2004	0.309 ***	9.537
2005	0.367 ***	10.286
2006	0.316 ***	9.622
2007	0.348 ***	10.034
2008	0.416 ***	10.913
2009	0.562 ***	12.781
2010	0.355 ***	10.165
2011	0.512 ***	12.138
2012	0.513 ***	12.158

注：*、**和***分别表示 10%、5%和 1%的显著性水平。

从表 14 -4 中可以看出，2000—2012 年的 Moran 值都在 1% 的水平上是显著的，其中除 2000 年和 2001 年的数值显著为负，其余年份都显著为正。这说明，2002 年之后，24 国服务进口之间存在显著的正的空间相关性，且各国服务出口之间的空间相关性是随着时间的推移不断增强的。图 14 -1 为根据 Moran 值取值绘制的 2000—2012 年我国和 OECD 23 国服务出口水平的空间相关趋势图，从中可以观察到空间相关性随着时间不断增强这一事实。此时需要空间计量回归模型进行进一步分析。

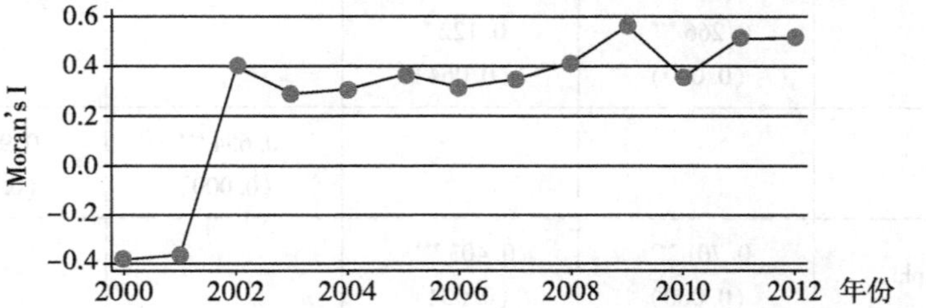

图 14 -1　2000—2012 年我国和 OECD 23 国服务进口水平的空间相关性趋势

为了从总体上判断和度量 24 个国家服务业出口之间存在哪种类型的空间相关性，我们分别用 SEM 模型和 SAR 模型进行空间回归。由于 24 国的服务进口存在着空间自相关，OLS 的参数估计将不再一致，因此对于上述两类空间模型的估计一般采用广义矩（GMM）估计或者极大似然（ML）估计（胡鞍钢、刘生龙，2009）。本章采用 ML 估计方法，结果如表 14-5 所示，其中模型 1 列和模型 2 列为 SEM 模型的回归结果，模型 3 列和模型 4 列为 SAR 模型的回归结果。

表 14-5　服务进口贸易空间模型回归结果

变量	SEM 模型		SAR 模型	
	模型 1	模型 2	模型 3	模型 4
LlnEX		0.311*** (0.000)		0.308*** (0.000)
ln*GDP*	0.788*** (0.000)	0.506*** (0.000)	0.880*** (0.000)	0.508*** (0.000)
ln*WGDP*	0.561*** (0.000)	0.310*** (0.000)	0.380*** (0.001)	0.294*** (0.000)
OECD	0.350** (0.041)	0.131* (0.097)	0.470 (0.356)	0.117 (0.147)
SPR	0.124*** (0.009)	0.115*** (0.000)	0.024 (0.534)	0.113*** (0.000)
ln*DIS*	-0.661*** (0.000)	-0.468*** (0.000)	0.300*** (0.483)	-0.317*** (0.115)
CONSTANT	-5.88** (0.042)	-2.160 (0.109)	-12.300*** (0.000)	-3.253*** (0.102)
λ	0.266*** (0.000)	0.122* (0.064)		
ρ			0.654*** (0.000)	0.933** (0.043)
ln_ phi	0.701*** (0.000)	0.403*** (0.004)		

续表

变量	SEM 模型		SAR 模型	
	模型 1	模型 2	模型 3	模型 4
sigma2_ e	0.069 *** (0.006)	0.040 *** (0.001)		
lgt_ theta			-1.683 *** (0.000)	-1.206 *** (0.006)
sigma_ e			0.070 *** (0.000)	0.040 ** (0.010)
Log likelihood	-67.939	17.890	-72.622	18.890
R^2	0.802	0.896	0.768	0.866

注：*、**和***分别表示10%、5%和1%的显著性水平；圆括号内显示的是稳健的P值。

由表14-5可知，模型1和模型3的λ和ρ的系数都在1%的水平上显著，取值分别为0.266和0.654，这说明各国的服务进口存在显著的空间误差效应和空间溢出效应。对比发现，SEM模型的拟合优度和显著性都优于SAR模型。因此，可以认为SEM模型更加合理，也进一步说明各国服务进口存在显著的空间相关性。下面对SEM模型的实证结果进行具体分析。从各解释变量的系数来看，除控制变量是否在共同的贸易区因素以外，各变量的系数均达到了1%的显著水平，并且与预期的方向完全一致。本国需求规模、世界需求总规模、是否在共同的贸易区的系数都显著为正，距离因素的系数则显著为负。从影响程度的排序来看，本国需求规模的影响最大，其系数值为0.788，即本国的需求规模每扩大1%，服务进口上升0.788%，由此可以判断本国需求规模对服务进口的影响十分重要。世界需求总规模的系数为0.561，这说明世界需求总规模确实是影响服务出口的重要因素。各变量均通过显著水平检验，并且与理论预期一致，表明对各解释变量的选取是合宜且有效的。

将滞后1期的服务进口纳入回归模型后，模型2的λ值相较于模型1有所下降，但模型4的 ρ 值相较于模型3则有所上升，且都在10%的水平上显著，二者的系数分别为0.122和0.933。因此，各国服务进口在一定程度上仍存在显著的空间误差效应和空间溢出效应。需要说明的是，SEM模型和SAR模型的拟合优度都明显提高，这一结果进一步验证了服务贸易进口具有"惯性"。但此时SAR模型更适合进行进一步分析。从各解释变量的系数来看，除了制度因素和是否在共同贸易区以外，各变量的系数均达到了1%的显著水平，并且与预期的方向完全一致。其中，滞后1期的服务进口这一变量的系数显著为正，具体值为0.308，说明服务进口确实具有一定的"惯性"，前一期服务进口额的大小会对后一期产生影响。而本国需求规模的系数为0.508，与模型1的结果相比，这一数值下降了很多，但仍对服务进口产生了显著的正向影响。

六、结论及启示

本章对国内市场需求规模与服务业进口的关系进行了实证分析，并尝试从空间的视角研究一国服务业进口的空间效应，相关结论和启示如下：

第一，国内市场需求规模的扩张对一国服务业进口具有显著的促进作用。国内市场规模每扩大1%，一国服务业进口就会上升约0.744%。该结果虽然印证了中国实施内需驱动战略的合理性[①]，但也表明其不利于中国服务业贸易逆差的缓解（肖玉玲，2009，谭文君，2014），故中国在扩大内需以拉动经济增长的过程中需要将服务业贸易逆差控制在一个合理的水平。

第二，服务业进口是具有"惯性"的，这意味着滞后1期的服务业进口额对当期服务业进口的促进作用不容忽略。滞后1期的服务业进

① 内需的扩大带来经济的增长，使得国民有能力消费更多的进口品。

口额能带动当期服务业进口额增加约0.308%。对于开放水平较高的国家而言，保证进口数额稳定是其制定贸易政策的一个方向，同样地，服务业进口企业需根据本国的贸易政策相应地调整服务业进口，防止出现进口波动过大的情况。

第三，服务进口国家或地区之间存在空间溢出效应，且服务进口的空间相关性随着时间的推移会不断增强。换言之，一国在进行服务进口贸易时应更多地考虑到空间因素，如周边国家的服务进口策略、区域内部互联网发展状况和交通运输条件（杨恺钧，2016）等。因此，中国在鼓励服务进口时应努力创造有利条件来发挥服务进口的空间正外部性；相反，在控制服务贸易逆差时期，中国需要创造有利于服务出口的区位条件。

第四，国家间距离和一国的司法制度均会影响服务业的进口。具体地，服务业进口会随着贸易国之间距离的增加而减少，这表明，当本土企业或者消费者从国外进口服务所带来的成本远远大于在当地选择服务时，后者更受青睐。此外，完善的司法制度对服务业进口具有积极作用，这有可能加深一国服务业贸易的逆差程度。对于中国而言，在进行服务业进口的同时，有必要防范出现大幅度的贸易逆差。

此外，加入自贸区能促进一国服务贸易进口。在自由贸易区内部具有较低的贸易壁垒，这显然有利于自贸区内部成员国之间的服务业进口贸易。由于服务业的生产和消费具有同时性（杜丽虹，2011，谢春昌，2015），使得服务业产品必须在较短时间内被消费掉，故选择从贸易区域内部成员国进口服务业产品是一个不错的选择。作为发展中的大国，中国应当积极与世界发达贸易组织建立贸易联系，发挥服务业进口的“空间效应”①，寻求国内需要的且性价比最高的服务业产品。

① 前文表14－5中的SAR模型显示，一国服务业进口具有显著的空间溢出效应；贸易组织内部成员之间能够最大限度地享受这种“正外部性”。

参考文献

[1] CEGLOWSKI J. Does gravity matter in a service economy? [J]. Review of World Economics,2006.

[2] DAVIS D,WEINSTEIN D. Does economic geography matter for international specialisation? [J]. NBER Working Paper,1996.

[3] DAVIS D,WEINSTEIN D. Market access,economic geography and comparative advantage: an empiricaltest[J]. Journal of International Economic,2003.

[4] DOMEQUE N,FILLAT C,SANZ G. The home market effect in the Spanish industry,1965—1995[J]. The Annals of Regional Science,2011.

[5] FEENSTRA R,ROSE A,MARKUSEN J. Using the gravity equation to differentiate among alternative theories of trade[J]. Canadian Journal of Economics, 2001,34(2):430 - 447.

[6] KRUGMAN P. Scale economies, product differentiation, and the pattern of trade[J]. American Economic Review,1980.

[7] KIMURA F,LEE H. The gravity equation in international trade in services [J]. Review of World Economics,2006.

[8] LEE L F,YU J H. A spatial dynamic panel data model with both time and individual fixed effect[J]. Econometric Theory, 2010,26(2): 564 - 597.

[9] MELITZ M. The impact of trade on intra - industry reallocations and aggregate industry productivity[J]. Econometrica,2003.

[10] ZENG D,KIKUCHI T. Home market effect and the agriculture sector[R]. 2006.

[11] 赵迪,张宗庆. 服务贸易进口、知识外溢效应与本土服务部门效率提升——基于我国跨行业数据的实证[J]. 产经评论,2016(3).

[12] 方慧. 服务贸易技术溢出的实证研究——基于中国1991—2006年数据[J]. 世界经济研究,2009(3).

[13] 朱福林. 中国服务贸易的门槛效应实证研究[J]. 哈尔滨商业大学学报

(社会科学版),2011(3).

[14] 陈启斐,等.扩大内需战略能否扭转我国服务贸易逆差——来自我国和 23 个 OECD 国家的面板数据分析[J].国际贸易问题,2014(2).

[15] 刘志彪.基于内需的经济全球化:中国分享第二波全球化红利的战略选择[J].南京大学学报,2012(2).

[16] 邓慧慧,孙久文.贸易自由化、本地市场需求与制造业分布:基于空间经济学本地市场效应的视角[J].西南民族大学学报(人文社科版),2009(9).

[17] 张帆,潘佐红.本地市场效应及其对中国省际生产和贸易的影响[J].经济学季刊,2006(5).

[18] 颜银根.中国全行业本地市场效应实证研究——从新经济地理角度诠释扩大内需[J].上海财经大学学报,2010(6).

[19] 冯伟,徐康宁.产业发展中的本地市场效应——基于我国 2004—2009 年面板数据的实证[J].经济评论,2012(2).

[20] 胡鞍钢,刘生龙.交通运输、经济增长及溢出效应——基于中国省际数据空间经济计量的结果[J].中国工业经济,2009(5):5 - 14.

[21] 祈飞,李慧中.扩大内需与中国制造业出口结构化:基于“母国市场效应”理论的研究[J].国际贸易问题,2012(10).

[22] 阚大学.中日服务贸易的本地市场效应估计[J].南方经济,2013(3).

[23] 阚大学,吕连菊.中国服务贸易的本地市场效应研究——基于中国与 31 个国家(地区)的双边贸易面板数据[J].财经研究,2014(10).

[24] 刘志中.中美服务贸易本地市场效应实证研究[J].经济问题探索,2015(7).

[25] 马凌远.中国双边服务贸易的本地市场效应研究[J].经济经纬,2015(5).

[26] 毛艳华,李敬子.中国服务业出口的本地市场效应研究[J].经济研究,2015(8).

[27] 涂远芬.中国服务贸易的本地市场效应研究——基于面板协整模型的分析[J].经济问题探索,2015(5).

[28] 陈启斐,王晶晶,岳中刚.扩大内需战略能否扭转我国服务贸易逆

差——来自我国和 23 个 OECD 国家的面板数据分析[J].国际贸易问题，2014(2):86－95.

[29] 王贺光,盛月. 调整进口结构促进产业升级[J].宏观经济管理，2012(9)：57－59.

[30] 谭文君,文照明,杨志远. 新兴生产性服务要素需求上升:我国服务贸易逆差扩大的新特征[J].国际贸易，2014(4)：62－66.

[31] 肖玉玲. 我国服务贸易长期逆差原因分析及对策[J]. 改革与战略，2009(2)：143－146.

[32] 杨凯钧. 互联网发展、交通运输及进口贸易关系研究——基于中国省际面板数据空间计量分析[J].经济问题，2016(6)：95－100.

[33] 杜丽虹. 服务特性、经验效应与中国服务业外商投资——基于生产性与消费性服务业的实证研究[J].世界经济研究，2011(9)：75－81.

[34] 谢春昌. 服务特性研究综述与展望[J].江苏商论，2015(4)：41－49.

第十五章　内需驱动对服务贸易出口的门槛效应研究

一、问题的提出

改革开放为中国经济腾飞提供了难得的机遇，中国经济经过连续30多年高增长，创造了“增长奇迹”。然而，改革开放后经济激励的制度红利、人口红利、土地红利都正随着时间推移与要素制约而日益衰竭。单纯依靠物质资本投入拉动经济增长的粗放型经济发展方式和劳动力型低附加值的出口战略面临资源约束、人力资本不足等诸多瓶颈，带来了资源短缺、环境恶化和产业结构失衡等问题，使我国掉入“贫困化增长”的陷阱。此外，受到全球金融危机的影响，国际市场需求继续下滑。世界众多发达国家纷纷调整发展战略，对中国采取贸易保护主义政策。国内外经济环境的持续恶化对我国的贸易出口产生了严重冲击。

在复杂多变的国内外环境下，我国“十二五”规划纲要提出，必须转变经济发展方式，即经济增长方式要转变为依靠投资、消费、出口协调拉动。同时，强调要建设扩大消费需求的长效机制，把扩大消费需求作为扩大国内需求的战略重点，提高居民消费能力，优化居民消费预期，进一步释放城乡居民消费潜力，扩大我国国内市场的总体需求规模，使之占据世界领先地位。规划纲要进一步指出要提升产业核心竞争力，尤其是要加快更高水平的服务业的协同发展。

在对外贸易发展严重受阻的背景下，对我国经济增长的主要路径应有新的认识与判断，即由过去的主要依靠“出口导向”转变为“扩大内需”。扩大内需为我们提供了一个新的发展契机，似乎成为今后相当长时期内的主要经济政策。那么，我们考虑是否我国服务业可以通过扩大内需战略造就新的比较优势？服务业的出口能否通过扩大内需促进服务贸易出口的发展，从而摆脱传统产业的价值链攀升路径？对于这些问题的研究，不仅能丰富和发展服务贸易占据主导态势下的国际贸易理论，也能对一国的服务贸易进行准确的定位。据此调整国家贸易政策和制定新的产业发展战略，形成以扩大内需为主要框架的新需求格局，支撑服务贸易出口的持续增长，探索中国对服务贸易可持续发展的新出路。

本章的结构安排如下：第二部分是对现有文献进行归纳梳理；第三部分给出理论假说和数理模型；第四部分是变量的选取、数据说明以及对计量方法的介绍；第五部分是对实证结果的分析；第六部分是结论和政策建议。

二、文献综述

针对服务贸易出口影响因素的研究，许多学者借助引力模型及扩展的引力模型对相关问题进行分析，但得出的结论却不尽相同。Keith Walsh（2006）[1]采用服务贸易总额以及各部门细分的服务贸易数据进行实证分析，实证结果表明出口国和进口国的共同语言以及人均 GDP 都会对服务贸易的规模产生显著影响。Kimura 和 Lee（2004）[2]通过构建引力模型对商品贸易和服务贸易的影响因素以及各因素的可能影响程度进行了实证分析，结果表明，在服务贸易中两国需求规模的作用比在商品贸易中更大。但也有学者进行相关研究，并得出了相反的结论。例如，Lejour 和 Verheijden（2007）[3]利用引力模型对加拿大与欧盟之间的服务贸易和商品贸易进行实证研究，结论表明商品贸易中出口服务贸易国的市场需求规模比服务业更显著。同样地，Lennon（2009）[4]对 28 个

OECD 国家及其贸易伙伴国之间的数据进行实证，并得出了相同的结论。

近年来，国内学者也开始研究中国双边贸易的决定因素。林玲、王炎（2004）[5]的研究结果证明，影响中国双边贸易流量的显著性因素有空间距离、GDP 以及国土面积。张昱和唐志芳（2006）[6]研究总结出了影响中国双边贸易的重要因素，主要包括本国的需求规模、贸易伙伴国的人口、需求规模、空间距离与贸易政策等。单文婷和杨捷（2006）[7]采用引力模型对中国和东盟的双边贸易进行实证分析，结果表明影响双边贸易的主要因素有各国的 GDP、人均 GDP 和空间距离。目前，国内学者采用引力模型研究服务贸易的文献还比较少，代表学者有王晔倩和林理升（2006）[8]，他们采用引力模型对长三角和珠三角的服务贸易进行了实证研究。

在借助引力模型对服务贸易出口影响因素进行研究的基础之上，一些学者从本土市场效应视角研究内需驱动对服务贸易出口的影响。Krugman（1980）[9]假设某一世界产品的生产符合规模报酬递增的规律，且存在运输成本。在这一世界里，产品的生产将会集中在具有较大需求的市场附近，这样生产者可以充分利用规模经济的优势，扩大生产规模，从而使得生产成本降低，出口量增加，即一国需求规模的扩大能够促进出口的增加。因此，一个国家拥有较大的国内市场需求，就会成为该商品的净出口国。我国国内也有学者进行了本土市场效应的研究，例如，邱斌、尹威（2010）[10]通过对中国制造业 28 个细分行业的出口分析，结果显示，整体来看，中国制造业出口存在本土市场效应，即国内市场需求的扩大对我国制造业的出口有正向促进作用。张鹏辉、李若兰（2013）[11]利用中国与 25 个 OECD 国家之间制造业的双边贸易数据，检验中国制造业是否存在本土市场效应。检验结果得出，中国制造业出口的本土市场效应存在且显著，但需求规模对出口的影响程度因行业特征的差异而有所差别。在服务贸易方面，阚大学、吕连菊（2014）[12]利用

1992—2011 年中国与 31 个国家的双边服务贸易数据，检验了中国服务贸易是否也存在本地市场效应，结论认为需求规模以及相对需求结构均能促进中国服务的出口。然而，有些学者的研究却得出了相反的结论。涂远芬（2015）[13] 利用 2000—2011 年中国与其主要贸易伙伴的双边服务贸易的面板数据进行实证研究，检验发现总体上中国服务贸易并不存在显著的本土市场效应，但国内需求规模仍是影响中国服务贸易出口的关键性因素。

综上所述，我们可以发现现有文献为理解内需驱动与服务贸易出口的关系提供了丰富的理论和实证基础。本章采用中国与 23 个 OECD 国家之间的双边服务贸易的面板数据，利用扩展的引力模型研究扩大内需对服务贸易的出口的影响。与现有文献相比，本章具有以下创新点：一是在研究视角上，在现有文献对服务贸易影响因素研究的基础上，重点考察内需驱动对服务贸易出口的影响，并且加入了制度因素；二是在实证方法上，基于服务贸易出口的区域性特征，本章在进行面板回归之后，选取贸易伙伴国之间的距离因素作为门槛变量，以进一步分析二者之间的动态相关关系。

三、理论假说与模型设定

（一）理论假说

对国内外相关文献进行归纳总结和梳理后，可以发现影响服务业出口竞争力的因素主要分为需求、供给和技术创新这三大方面。卢云卿等（2015）[14] 将这三个方面置于同一体系内，通过建立三维影响因素模型，系统分析了长三角地区的服务业增长机制。其中，需求维度主要从需求层面描述了影响服务贸易发展的因素，该维度包括了影响服务业需求总量的各个要素；供给维度则主要从供给层面描述影响服务贸易发展的因素，该维度包括了服务业相关设备状况、教育投入水平等影响服务业增长的因素；最后是创新维度，此维度主要是从制度和科技创新层面描述服务业发展的影响因素，主要包含由于行政管制变化、私有化程度变化、技术水平变化等所导致的服务业增长变化的各个因素。

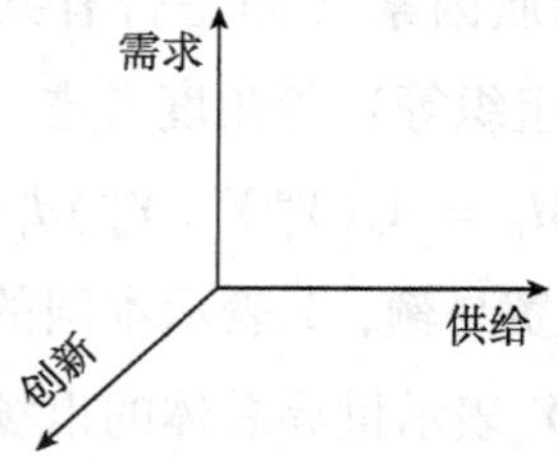

图 15－1 服务贸易影响因素三维模型

关于服务贸易出口的发展，需求、供给和创新这三方面都会对服务出口水平产生最直接的影响。根据索洛模型的结论，在稳态情况下科学技术是推动人均生活水平提高的源泉。因此，科技水平的进步可以通过推动需求水平的提高和要素生产能力提升间接地推动服务业的发展。而供给因素则会在要素市场产生大量的服务产品供给，其产品数量和品种的变化都会推动服务业的发展。综上，可以看出服务业需求才是服务业发展的根本动力，其发展程度尤为重要。只要服务业的有效需求能够增加，需求维度的改变就能对服务业出口的增长产生拉动作用。

根据以上理论分析，可以得出如下基本假设：由于相较于农产品和其他货物，消费者对于服务类产品的需求价格弹性较高，因此随着收入的增加，消费者对服务类产品需求量的增加幅度较大，从而能够形成规模经济带动相关服务产业的发展，进而增加服务业在全球范围内的竞争力。国内学者在对服务贸易影响因素进行研究时也往往假设需求可以推动服务贸易的发展，如樊文静从生产性服务业需求角度对服务贸易的发展进行研究，研究表明工业增加值、最终消费率等因素均会推动现代生产性服务贸易的发展。因此，本章假设在其他影响因素不变的情况下，需求因素的变化与服务贸易出口的变化呈正相关，即服务业出口竞争力会随着一国国内需求量的增加而增强。

（二）模型设定

Bergstrand（1989）[15]在研究双边贸易的影响因素时，从国家的需求规模，距离和一些特质因素（如是否有共同的边界、共同的语言，是否加入相同的一体化组织等）等角度考虑，给出了如下方程：

$$M_{ij} = A_0(Y_i^{\alpha_1} Y_j^{\alpha_2} / Y_w^{\alpha_3}) d_{ij}^{\alpha_4} U_{ij} \quad (15-1)$$

其中，M_{ij}表示双边贸易额，Y_i表示本国的市场需求规模，Y_j表示贸易国的市场需求规模，Y_w表示世界总体的市场需求规模，d_{ij}表示两国之间的距离，U_{ij}表示其他影响两国双边贸易量的因素。

为了便于回归，将方程（15－1）两边同时取对数，得到如下方程：

$$\ln X_{ij} = \alpha_0 + \alpha_1 Y_i + \alpha_2 Y_j - \alpha_3 Y_w + \alpha_4 d_{ij} + \alpha_5 F_{ij} + \varepsilon_{ij} \quad (15-2)$$

其中，$\alpha_0 = \ln A_0$，$\varepsilon_{ij} = \ln U_{ij}$，方程中用$F_{ij}$代表反映异质性的虚拟变量，如果两国相同，取值为1，不相同，取值为0。本章将以上述扩张的引力模型为研究框架，对方程（15－2）进行简单转换，得到有关服务贸易出口量的方程如下：

$$\ln X_{ij} = \alpha_0 + \alpha_1 Y_i + \alpha_2 Y_j - \alpha_3 Y_W + \alpha_4 d_{ij} + \alpha_5 COMBOR_{ij} + \alpha_6 COMLAN_{ij} + \varepsilon_{ij} \quad (15-3)$$

在此方程中，X_{ij}代表服务贸易的出口额。鉴于国土不相邻和没有共同的官方语言的贸易国之间可能存在较高的服务贸易成本，因此在方程（15－3）中加入*COMBOR*与*COMLAN*两个虚拟变量。*COMBOR*用来表示两个贸易国是否拥有共同边界，如果有则取值为1，没有则取值为0。*COMLAN*表示两个贸易国的官方语言是否相同，相同则取值为1，不同则取值为0。

二战后，以经济合作与发展组织（OECD）、亚太经济合作组织（APEC）和北美自由贸易区（NAFTA）为代表的区域经济组织蓬勃发展。为了考察区域经济一体化能否有效促进服务贸易的发展，本章将*OECD*、*APEC*、*NAFTA*作为三个虚拟变量引入方程中，方程如下：

$$\ln X_{ij} = \alpha_0 + \alpha_1 Y_i + \alpha_2 Y_j - \alpha_3 Y_W + \alpha_4 d_{ij} + \alpha_5 COMBOR_{ij} + \alpha_6 COMLAN_{ij} + \alpha_7 OECD + \alpha_8 APEC + \alpha_9 NAFTA + \varepsilon_{ij} \quad (15-4)$$

Nunn (2007)[16]从制度角度对双边贸易量的影响因素进行了考察，研究结果表明具有完善司法制度的国家能够保证企业较好地履行合约，进而提高贸易量。为了分析一国制度的完善能否促进服务贸易的发展，在方程（15-4）中加入制度因素 SPR，得到：

$$\ln X_{ij} = \alpha_0 + \alpha_1 Y_i + \alpha_2 Y_j - \alpha_3 Y_W + \alpha_4 d_{ij} + \alpha_5 COMBOR_{ij} + \alpha_6 COMLAN_{ij} + \alpha_7 OECD + \alpha_8 APEC + \alpha_9 NAFTA + \alpha_{10} SPR_i + \varepsilon_{ij} \quad (15-5)$$

四、变量选择与计量方法

（一）数据与变量

本章采用 2000—2012 年中国与 23 个 OECD 国家之间以及 23 个 OECD 国家之间双边服务贸易的样本数据进行研究，原始数据主要来源于经济合作与发展组织数据库（OECD Statistics）、世界银行统计数据库等。由于 OECD 数据库中只有 23 个 OECD 国家与我国的双边服务贸易数据，因此，本章选择了我国与澳大利亚、奥地利、比利时等 23 个 OECD 国家以及它们之间的双边数据。

1. 被解释变量

双边服务贸易出口额（X_{ij}）：表示从 i 国出口到 j 国的服务贸易额，数据来源于 OECD 数据库。

2. 主要解释变量

市场需求规模（Y）：本章使用一国的国内生产总值（GDP）来衡量该国的市场需求规模，包括本国和贸易伙伴国的 GDP 以及全球的 GDP，分别用 Y_i、Y_j、Y_w表示。数据来源为世界银行统计数据库。

距离变量（d_{ij}）：运输成本是制约国际贸易的关键因素。一般来说，两国距离越远，贸易的运输成本就会越高，那么，双边贸易额也就会越小。本章采用两个国家首都之间的距离来衡量距离变量，数据主要来源于 www. timeanddate. com 网站。为了降低异方差的影响，在代入计量模型时，笔者对以上变量进行了对数处理。

制度变量（SPR_i）：本章利用法律系统和产权保护（Legal System & Property Right）这个数据来衡量制度因素。该数据用来描述一国司法系统的完整性，包括对一国审判的独立性、法院的公正性、产权保护度、法制及政治的军事干预程度、司法体系的独立性、合同的依法执行度、不动产转让的监管限制、警察的可靠性以及犯罪的经济成本等九个方面的评估，数值越大表明该国的司法体系越完善，最大值为 10。该数据来源于加拿大弗雷泽研究所全球经济自由化指数数据库（Economic Freedom of the World Project）。

3. 其他控制变量

共边界性（$COMBOR_{ij}$）：该变量用来表示两个贸易伙伴国是否具有共同的边界。如果有，则取值为 1，没有则取值为 0。

共语言性（$COMLAN_{ij}$）：该变量用来表示进行双边服务贸易的两个国家是否使用相同的官方语言。相同取值为 1，不同则取值为 0。

共同贸易区（*OECD*、*APEC*、*NAFTA*）：本章选用这三个变量来考察加入同一个经济一体化组织能否促进双边服务贸易的发展。如果是同一个一体化组织的成员则取值为 1，否则记为 0。

各个变量的统计特征如表 15 - 1 所示：

表 15 - 1　变量的统计特征

变量	样本数	均值	标准差	最小值	最大值
$\ln X_{ij}$（百万美元）	5960	6.58	1.79	-1.73	11.08
$\ln Y_i$（百万美元）	7176	13.42	1.27	10.76	16.60
$\ln Y_j$（百万美元）	7176	13.42	1.27	10.76	16.60
$\ln Y_w$（百万美元）	7176	17.72	0.28	17.31	18.12

续表

变量	样本数	均值	标准差	最小值	最大值
$\ln d_{ij}$（千米）	7176	7.92	1.12	174	9.80
SPR_i	7176	7.49	1.09	4.90	9.60

注：表中数据均是经过对原始数据的处理得到的。

（二）计量方法

1. 模型的设定

本章的模型构建于 Hansen（1999）[17] 的面板数据门槛模型基础之上。其给出的基本方程为

$$y_{it} = \mu_i + \beta_1' x_{it} I(q_{it} \leqslant \gamma) + \beta_2' x_{it} I(q_{it} > \gamma) + e_{it} \qquad (15-6)$$

其中，i 表示地区，t 表示年份，q_{it} 为门槛变量，γ 为未知门限，$e_{it} \sim iid(0,\delta^2)$ 为随机扰动项，$I(\cdot)$ 为指标函数。上式等价于：

$$y_{it} = \begin{cases} \mu_i + \beta'_1 x_{it} + e_{it}, & q_{it} \leqslant \lambda \\ \mu_i + \beta_2' x_{it} + e_{it}, & q_{it} > \lambda \end{cases} \qquad (15-7)$$

该模型实际上相当于一个分段函数模型，当 $q_{it} \leqslant \gamma$ 时，x_{it} 的系数为 β_1'，而当 $q_{it} > \gamma$ 时，x_{it} 的系数为 β'_2。

借鉴 Hansen 的门槛模型，本研究的门槛回归模型设定为

$$\ln EX = C + \alpha_1 \ln Y_j + \alpha_2 \ln Y_W + \alpha_3 SPR_i + \beta_1 \ln Y_i I\ (q_{it} \leqslant \lambda)\ + \beta_2 \ln Y_i I\ (q_{it} > \lambda)\ + \varepsilon_{it} \qquad (15-8)$$

2. 门槛值的确定

依据 Hansen（1999）[17] 的面板数据门槛回归理论，若给定门槛回归模型中的门槛值 γ，则可以对模型的参数进行估计得到模型中的系数估计值，从而得到模型的残差平方和 $S_1(\gamma)$。而且回归中给定的 γ 越接近真实的门槛水平，那么回归模型的残差平方和 $S_1(\gamma)$ 应该越小。因此，可以通过连续给出模型的候选门槛值 γ，观察模型残差的变化，在模型残差最小处对应的候选门槛值 γ 即为我们待求的真实门槛值，即

$\hat{\gamma} = \arg_{\gamma}\min S_1(\gamma)$ 。

在进行实证分析的过程中，本章先根据门槛变量 q_{it} 的大小对样本进行升序排列，从而使得到的门槛值有意义，排列时忽略 q_{it} 最大的 1% 个样本和最小的 1% 个样本，仅以中间 98% 的样本作为门槛值的候选范围。为了提高门槛值估计的精确度，我们采用 Hansen 在门槛回归中使用的“格栅搜索法”（Grid Search）来连续给出门槛回归中的候选门槛值 γ 。首先，以 0.0025 作为格栅化水平并对候选门槛值范围进行格栅化处理；其次，用格栅化后得到的全部格栅点作为候选门槛值 γ ，进而分别对模型进行回归，得出对应的模型的残差平方和 $S_1(\gamma)$ ，选择模型残差平方和最小的候选门槛值作为回归估计的真实门槛值。

3. 门槛效应检验

在进行门槛回归的参数估计后，我们对门槛效应进行相关检验。主要包括两个方面的检验：一是门槛效应的显著性检验，二是门槛估计值的真实性检验。

首先，我们对该模型中的门槛效应是否存在显著性进行检验，也就是检验回归结果中的 β_1 与 β_2 是否有显著差异。我们把约束条件 $\beta_1 = \beta_2$ 施加到既定门槛值对应的回归模型中，并对其进行 Wald 检验。如果 Wald 统计量的置信概率小于 0.05，则拒绝原假设，认为 β_1 与 β_2 存在显著差异，门槛效应显著；如果 Wald 统计量的置信概率大于 0.05，则接受原假设，认为 β_1 与 β_2 不存在显著差异，则门槛效应不明显。

然后，我们对门槛估计值的真实性进行检验，即检验所得到的门槛估计值是否等于其真实值，原假设为 $H_0: \gamma = \gamma_0$ 。Hansen 提出使用最大似然估计量检验门槛值，相应的似然比统计量：

$$LR(\gamma) = [S_1(\gamma) - S_1(\hat{\gamma})] / \delta^2(\hat{\gamma}) \qquad (15-9)$$

其中，$S_1(\hat{\gamma})$ 为原假设下进行参数估计后得到的残差平方和，$\delta^2(\hat{\gamma})$ 为原假设下进行参数估计后得到的残差方差。此时，统计量 LR 的分布也是非标准的，但 Hansen 利用一个简单的公式能够计算出其拒绝域，即当 $LR(\gamma) > -2\log[1-(1-\alpha)^{1/2}]$ 时，拒绝原假设，其中 α 为显著性水平。一般，当 α 在 5% 的显著性水平下，统计量 LR 的临界值为 7.35。

五、实证结果分析

为了能够直观地了解各解释变量对双边服务贸易出口额的影响，接下来给出服务业出口和 GDP、服务业出口和司法系统制度指数的散点图，具体参见图 15－2。从图中我们可以发现，随着市场需求规模的不断扩大以及司法制度的不断完善，一国的服务贸易出口额是显著增加的。

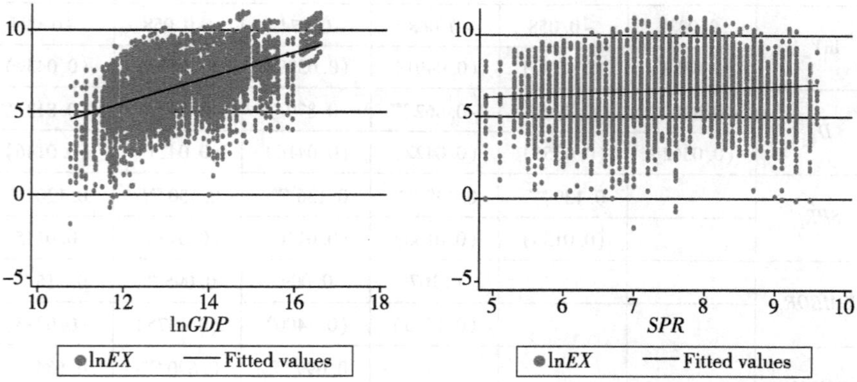

图 15－2 服务业贸易出口额与 *GDP*、*SPR* 之间的散点拟合

（一）广义最小二乘回归结果分析

本章以 Stata 12.0 为操作平台，采用逐步回归法，利用可行的广义最小二乘法对每个方程进行回归，在不断加入变量的过程中可以看到，从模型 1 到模型 5 的 R^2 是逐渐变大的，说明随着变量数量的增加，回归方程拟合结果的优度在不断提高。由于三阶段最小二乘法相对于 OLS 来说可以提高估计的效率，因此，本章采用三阶段最小二乘法对回归结果进行稳健性检验，检验结果在模型 6 中给出。6 个模型均通过了 Wald

检验，说明在整体上方程回归的效果是好的。通过模型 5 和模型 6 的回归结果的比较，可以发现两个模型的回归结果基本一致，由此可以说明模型 5 是稳健的，因此以模型 5 的回归结果为基础来进行后面的实证分析，实证结果如表 15 -2 所示。

表 15 -2　简单面板实证回归结果

变量	广义最小二乘					三阶段最小二乘
	模型 1	模型 2	模型 3	模型 4	模型 5	模型 6
$\ln Y_i$	0. 811 ***	0. 780 ***	0. 775 ***	0. 773 ***	0 . 788 ***	0. 856 * * *
	(0. 0249)	(0. 0248)	(0. 0250)	(0. 0248)	(0. 0246)	(0. 0105)
$\ln Y_j$	0. 959 ***	0. 971 ***	0. 966 ***	0. 960 ***	0. 958 ***	0. 880 ***
	(0. 0242)	(0. 0239)	(0. 0242)	(0. 0240)	(0. 0235)	(0. 0096)
$\ln Y_w$	0. 033	-0. 058	-0. 068 *	-0. 074 *	-0. 058	-0. 094
	(0. 0388)	(0. 0394)	(0. 0401)	(0. 0399)	(0. 0399)	(0. 0439)
D_{ij}	-0. 898 ***	-0. 890 ***	-0. 862 ***	-0. 879 ***	-0. 842 ***	-0. 813 ***
	(0. 0362)	(0. 0355)	(0. 0422)	(0. 0416)	(0. 0421)	(0. 0146)
SPR_i		0. 139 ***	0. 139 ***	0. 136 ***	0. 130 ***	0. 120 ***
		(0. 0136)	(0. 0136)	(0. 0136)	(0. 0136)	(0. 0115)
$COMBOR_{ij}$			0. 167	0. 009	0. 095 **	0. 115 ***
			(0. 1383)	(0. 1400)	(0. 1375)	(0. 0383)
$COMLAN_{ij}$				0. 699 ***	0. 690 ***	0. 684 ***
				(0. 1509)	(0. 1483)	(0. 0407)
OECD					0. 761 ***	0. 785 ***
					(0. 1344)	(0. 0529)
APEC					0. 488 ***	0. 456 ***
					(0. 1723)	(0. 0451)
NAFTA					-2. 594 ***	-2. 437 ***
					(0. 6000)	(0. 2665)
CONS	-9. 628 ***	-12. 10 ***	-12. 38 ***	-12. 27 ***	-13. 11 ***	-13. 77 ***
	(0. 4911)	(0. 5415)	(0. 5888)	(0. 5845)	(0. 6001)	(0. 7959)

续表

变量	广义最小二乘					三阶段最小二乘
	模型 1	模型 2	模型 3	模型 4	模型 5	模型 6
Wald 检验	11746.14 [0.000]	12063.87 [0.000]	12067.17 [0.000]	12146.15 [0.000]	12336.09 [0.000]	20047.13 [0.000]
P 值	0.00	0.00	0.00	0.00	0.00	0.00
观测值	5960	5960	5960	5960	5960	5960
调整后的 R^2	0.7285	0.7369	0.7376	0.7469	0.7663	0.7708
贸易伙伴组	509	509	509	509	509	509

注：＊＊＊、＊＊、＊分别表示 1%、5%、10% 的显著性水平；圆括号内显示的是稳健的标准差；Wald 检验的原假设是变量为外生的（H_0：/athrho = 0），方括号中显示的是 Wald 检验的 P 值。

由表 15 - 2 的显示结果我们可以得出以下结论：

第一，市场的需求规模是一国服务贸易出口的重要驱动力。具体来说，一国的市场需求规模每扩大 1%，其服务贸易出口量就会显著提高 0.788%。这一结论说明内需驱动战略能够通过产业的集聚促进服务贸易的出口，与陈启斐等（2014）[18]得出了相同的研究结论。另外，贸易伙伴国市场需求规模的扩大也能促进一国服务贸易出口额的增加。贸易伙伴国市场规模每扩大 1%，本国服务业的出口额就会上升 0.958%。虽然实证结果显示全球市场需求规模每扩大 1% 会导致本国服务贸易出口额下降 0.058%，但参数的估计值是不显著的，因此我们不能认为全球市场需求规模的扩大会抑制本国服务贸易的出口。

第二，贸易伙伴国之间距离的扩大会抑制一国服务贸易的出口。贸易伙伴国之间的距离每增加 1%，本国的服务贸易出口额就会下降 0.842%。当两国拥有共同边界时，一国的服务业出口会上升 0.095%。由此可知，服务贸易更容易在空间距离较近且国界相邻的国家之间展开，即拥有区域化的特点。当贸易伙伴国使用相同的官方语言时，本国服务业的出口状况会得到改善，提升幅度约为 0.690%。

第三，良好的司法制度能够显著促进一国服务贸易出口的发展，制度指数每增加1%，一国的服务贸易出口额就会上升0.130%。这说明，良好的司法制度体系能够保障合约的有效执行，从而有助于促进服务业的出口。正如Nunn（2007）的研究结论，对于服务贸易的发展，合约的有效执行与物质资本、人力资本相同，是一国比较优势的重要来源之一。

第四，加入经济一体化组织会对一国服务贸易的出口产生显著影响，但影响的大小和方向是不同的。具体来看，贸易伙伴国同时加入OECD或APEC会使本国双边服务贸易的出口额分别提高0.761%和0.488%，而NAFTA的系数则显著为负，即两国同为NAFTA的成员国会使本国的服务业出口额降低2.594%。Francois（2001）[19]研究发现，当一个国家的人均收入进入中等收入国家水平，服务业的发展和服务贸易变得更加重要。OECD是全球最发达的区域一体化组织，组织内的服务业占比已超过50%，人均收入也超过了1万美元，因此其成员国之间主要的贸易方式是服务贸易。NAFTA的系数显著为负意味着加入北美自由贸易区会抑制区内成员国之间服务贸易的发展。本章认为NAFTA与OECD、APEC的研究结论之所以相反，是因为美国和加拿大之间存在所谓的“边境效应”①。McCallum（1995）[20]通过引力模型对加拿大各省之间以及加拿大各省与美国各州之间的贸易量进行回归分析时得出，前者的贸易量是后者的22倍，并解释正是由于美国和加拿大之间的边境效应导致了这一结果。在此之后，大量的文献对这一问题进行了深入研究，并得出一致的结论，即各国之间的双边贸易流量都会存在一定的边境效应，只是对各国贸易量的影响大小不同。本章的研究得出相似的结论，表明美国和加拿大之间的服务贸易的确存在显著的边境效应。

---

① 本章的样本中不包含墨西哥，因此NAFTA的成员国只有美国和加拿大。这里的边界效应和前文的*COMBOR*系数并不一样，前者是指国家间贸易的隐形成本，后者是指相对于不相邻国家，共边界性的积极作用。

（二）内需驱动服务贸易出口的门槛特征

以上实证结果表明，扩大内需确实能够显著促进服务贸易出口的发展，同时，服务贸易的发展具有很强的区域性特征。据此，我们推测本国需求规模对服务贸易出口的促进作用可能会随着贸易伙伴国之间距离因素的变化而变化。下面将选取距离因素作为门槛变量，对相关数据进行面板门槛回归，以检验内需驱动对服务贸易出口的影响是否存在门槛效应。

为了确定门槛模型的类型，首先要确定门槛值的个数，即对单门槛、双门槛和三门槛等假设分别进行检验。表 15 - 3 中显示了三种假设下的 F 统计量、Bootstrap 抽样模拟得到的 P 值以及不同水平下的临界值。可以得出，单一门槛效应模型在 5% 水平上显著，双重门槛效应模型在 1% 水平上显著，而三重门槛效应模型则不显著，因此接下来分别采用单一门槛模型和双重门槛模型进行回归分析。

表 15 - 3　门槛效应 Bootstrap 检验

模型	F 值	P 值	BS 次数	临界值		
				1%	5%	10%
单一门槛	39.507 ***	0.000	500	1.773	0.884	0.533
双重门槛	2858.184 ***	0.000	500	-4.3e+03	-4.5e+03	-4.6e+03
三重门槛	0.000	0.400	500	0.000	0.000	0.000

1. 单一门槛效应下回归结果分析

通过门槛效应检验，本章最先对单一门槛效应模型的具体门槛值及其置信区间进行检验。从表 15 - 3 可以看出，单一门槛值在 1% 水平上显著，且在 1% 的显著水平上，似然比统计量 LR 的临界值为 1.773。表 15 - 4 给出了单一门槛模型估计出的门槛值和置信区间，图 15 - 3 为与其对应的图示。从中不难看出，当门槛值为 9.179 时，似然比值为 0；当估计值位于［8.747，9.677］的区间时，似然比值小于显著性水平为 5% 的临界值，因此估计出的门槛值 2.057 是真实可信的。门槛估计值和置信区间具体情况如图 15－3 所示。

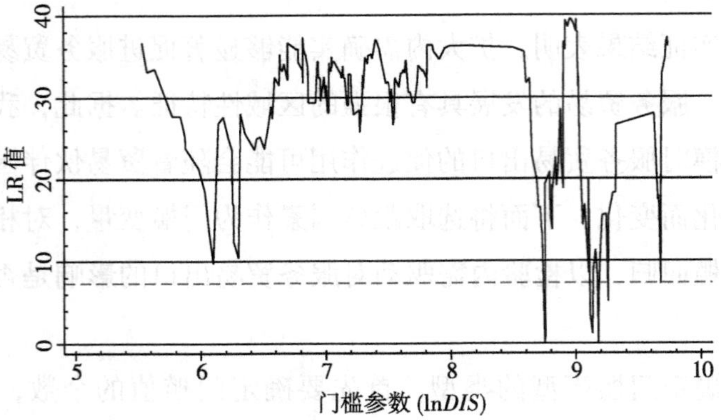

图 15－3　门槛估计值及置信区间

在实证得出具体门槛值后，可以将门槛值代入原公式中并对单一门槛模型的相关参数进行估计，单一门槛模型回归结果如表 15－4 所示。

表 15－4　单一门槛模型回归结果

变量	系数	标准差	t 值	P 值	95% 置信区间	
C	－18.923	0.467	－40.52	0.000	－19.838	－18.007
$\ln Y_j$	1.100	0.035	31.18	0.000	1.031	1.169
$\ln Y_w$	0.025	0.051	0.48	0.632	－0.076	0.125
SPR_i	0.143	0.015	9.64	0.000	0.114	0.172
$\ln Y_{i1}$	0.716	0.038	18.94	0.000	0.652	0.790
$\ln Y_{i2}$	0.405	0.058	6.97	0.000	0.291	0.519

注：＊＊＊、＊＊和＊分别表示在1%、5%和10%的水平上显著。

通过表 15－4 的实证结果可以看出，门槛值 d_{ij} 为 9.179，虽然门槛值前后 $\ln Y_i$ 的系数都为正，但当贸易伙伴国之间的距离小于 9.179 时，本国需求规模对服务贸易出口的影响较大，系数为 0.716，而当贸易伙伴国之间的距离大于 9.179 时，本国需求规模对服务贸易出口的影响则较小，影响系数仅为 0.405。这说明随着两国之间距离的不断扩大，本国需求规模对服务贸易出口的影响越来越弱，因此，应该重视与邻近国家之间服务贸易的发展。虽然单一门槛模型已经很好地刻画了随着贸易伙伴国之间距离的变化，本国市场需求对服务贸易出口的动态作用，但表 15 - 3 的结果显示，双门槛模型的拟合度更高，为了对该问题进行更加深入的分析，接下来将进一步测度双门槛模型下贸易伙伴国之间距离的门槛效应。

2. 双门槛效应下回归结果分析

通过双门槛效应检验，本章得出该模型的具体门槛值及其置信区间。从表 15 - 3 可以看出，在 1% 的显著水平上，似然比统计量 LR 的临界值为 -4. 3e +03。表 15 - 5 进一步给出了双重门槛模型估计出的门槛值和置信区间，图 15 - 4 分别为第二个门槛值和更新后的第一个门槛值所对应的图示。从中可以看出，当第一个门槛值为 6. 596 时，似然比值为 0，且估计值的置信区间只位于 6. 596 这一点上，似然比值小于 5% 显著水平上的临界值，因此第一个门槛值 6. 596 是真实可信的；当第二个门槛值为 7. 638 时，由图 15 - 4 可以看出，似然比值为 0，且估计值的置信区间也只位于 7. 638 这一点上，似然比值小于 5% 显著水平上的临界值，门槛值有效可信。门槛估计值和置信区间具体情况如图 15 - 4 所示。

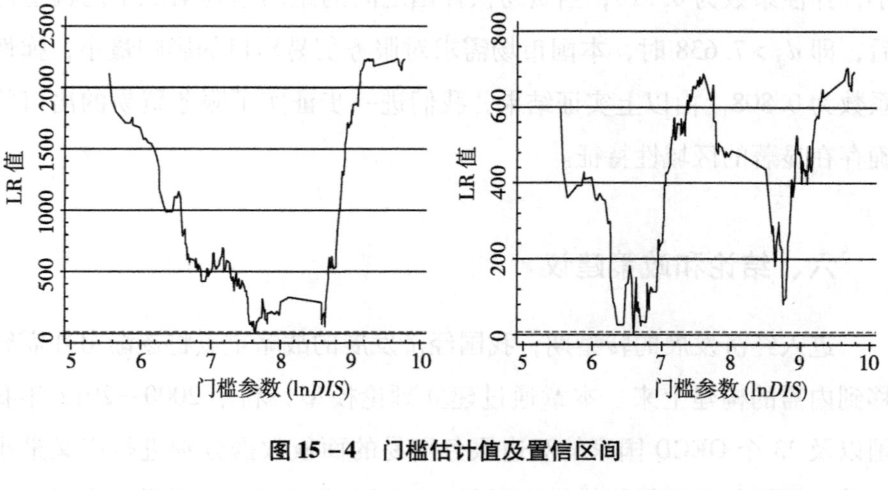

图 15 - 4　门槛估计值及置信区间

在实证得出具体门槛后，本章进一步将门槛值反代回原方程中，对双门槛模型的参数进行估计，双门槛模型回归结果如表 15－5 所示。

表 15－5　双门槛模型回归结果

变量	系数	标准差	t 值	P 值	95% 置信区间	
C	－19.275	0.706	－27.31	0.000	－20.659	－17.892
$\ln Y_j$	0.844	0.011	73.82	0.000	0.822	0.867
$\ln Y_w$	0.100	0.055	1.83	0.068	－0.007	0.208
SPR_i	0.133	0.023	5.81	0.000	0.088	0.178
$\ln Y_{i1}$	0.999	0.042	23.76	0.000	0.916	1.081
$\ln Y_{i2}$	0.916	0.042	21.83	0.000	0.833	0.998
$\ln Y_{i3}$	0.808	0.042	19.32	0.000	0.726	0.889

注：＊＊＊、＊＊和＊分别表示在1%、5%和10%的水平上显著。

通过表 15－5 的实证结果可以看出，在双门槛划分的三段中，本国市场需求的系数都为正，在1%水平上都是显著的，但是随着两国距离的不断增加，系数是不断减小的。其中，当贸易伙伴国之间的距离 d_{ij} 低于第一个门槛值 6.596 时，本国市场需求对服务贸易的出口影响较大，弹性系数为 0.999；当贸易伙伴国之间的距离处于两个门槛之间，即 $6.596 < d_{ij} < 7.638$ 时，本国市场需求对服务贸易出口的影响相对较小，弹性系数为 0.916；当贸易伙伴国之间的距离达到第二个门槛值之后，即 $d_{ij} > 7.638$ 时，本国市场需求对服务贸易出口的影响最小，弹性系数为 0.808。由以上实证结果，我们进一步证实了服务贸易的出口的确存在显著的区域性特征。

六、结论和政策建议

进入经济发展的转型期，我国经济发展的战略重点将逐渐由外需转移到内需的构建上来。本章通过建立理论模型，利用 2000—2012 年我国以及 23 个 OECD 国家的双边服务贸易的面板数据分别进行广义最小二乘面板回归和面板门槛模型回归，以研究分析扩大内需是否会对一国的服务贸易发展产生显著影响，并得到了以下结论和启示：

第一，内需驱动战略确实能够有效促进一国服务贸易的发展，但存在显著的区域性。当贸易伙伴国之间的距离低于第一个门槛值时，一国国内需求的扩大能够有效促进服务贸易出口的发展。随着贸易伙伴国之间距离的不断扩大，扩大内需对服务贸易出口的影响系数越来越小，但都显著为正。众所周知，我国服务业已经发展到了比较高的水平，虽然内需驱动战略的作用会随着两国距离的增加而减小，但扩大内需仍能够有效促进服务业出口的发展。因此，随着经济全球化的不断发展，应该充分利用我国广阔的市场和潜在的内需优势，培育起本国的市场，用不断扩大的内需引导企业创新发展，改善我国服务贸易发展模式，从而促进我国服务贸易蓬勃发展。

第二，贸易伙伴国之间距离的扩大会抑制本国服务贸易的出口。虽然，科学技术的进步和信息技术的发展使得服务商品逐渐进入流通领域，但与货物贸易相比，服务商品的可贸易性仍然较差，尤其是消费性的服务品。因此，选择区位相邻、文化相近的国家作为目标市场开展服务贸易能够有效改善我国服务贸易出口的现状。

第三，良好的司法制度能够显著促进本国服务贸易出口的发展。无论是法律制度、宏观经济制度还是微观经济制度，都会对一国服务贸易的发展产生影响。为了减少交易的不确定性，降低交易成本，应该采取措施改善制度环境，进而实现我国服务贸易的蓬勃发展。

第四，除去边境效应，共边界、共语言以及共同的贸易区都能显著提高本国服务贸易水平。这意味着，服务业具有高度的区域特征，服务贸易易于在相邻的国家或具有共同语言的国家之间展开。就我国而言，增加与周边国家以及 APEC 或东盟成员国的服务贸易，是一条增加服务贸易出口数量，提升服务贸易质量的有效路径。

参考文献

[1] WALSH K. Trade in services: does gravity hold? a gravity model approach to estimating barriers to services trade [R]. IIIS Discussion Paper, No. 183, 2006.

[2] KIMURA, LEE. The gravity equation in international trade in services [R]. Paper Presented at the European Trade Study Group Conference, 2004.

[3] LEJOUR A, DE PAIVA VERHEIJDEN J W. Services trade within Canada and the European Union [J]. Services Industries Journal, 2007, 27(4): 389 - 409.

[4] LENNON C. Trade in services and trade in goods: differences and complementarities [R]. WIIW Working Papers 53, Vienna Institute for International Economic Studies, 2009.

[5] 林玲,王炎. 贸易引力模型对中国双边贸易的实证检验和政策含义[J]. 世界经济研究,2004(7):54 - 58.

[6] 张昱,唐志芳. 贸易引力模型: 来自中国的实证与启示[J]. 经济经纬,2006(4):44 - 47.

[7] 单文婷,杨捷. 引力模型在中国与东盟贸易中的实证分析[J]. 亚太经济,2006(6):16 - 19.

[8] 王晔倩,林理升. 引力模型与边界效应分析——以长三角和珠三角服务贸易为例[J]. 上海经济研究,2006(8):38 - 44.

[9] KRUGMAN P. Scale economies, product differentiation, and the pattern of trade [J]. America Economic Review, 1980, 70(5): 950 - 959.

[10] 邱斌,尹威. 中国制造业出口是否存在本土市场效应[J]. 世界经济,2010(7):45 - 63.

[11] 张鹏辉,李若兰. 中国制造业出口贸易的本地市场效应研究[J]. 财贸研究,2013(5):86 - 93.

[12] 阚大学,吕连菊. 中国服务贸易的本地市场效应研究——基于中国与31个国家(地区)的双边贸易面板数据[J]. 财经研究,2014(10):71 - 83.

[13] 涂远芬. 中国服务贸易的本地市场效应研究——基于面板协整模型的

分析[J]. 经济问题探索,2015(5):100 - 106.

[14] 卢云卿,孔群喜. 需求、供给和创新,谁是推动服务业发展核心动力?——基于长三角地区面板数据[J]. 南京财经大学学报,2015(5):1 - 8.

[15] BERGSTRAND J H. The generalized gravity equation, monopolistic competition, and the factor - proportions theory in international trade [J]. The Review of Economics and Statistics, 1989,71(1):143 - 153.

[16] NUNN N. Relationship - specificity, incomplete contracts, and the pattern of trade [J]. The Quarterly Journal of Economic, 2007,122(2):569 - 600.

[17] HANSEN B E. Threshold effects in non - dynamic panels: estimation, testing and inference [J]. Journal of Econometrics,1999(93):345 - 368.

[18] 陈启斐,王晶晶,岳中刚. 扩大内需能否扭转我国服务贸易逆差[J]. 国际贸易问题,2014(2):86 - 95.

[19] FRANCOIS J F. Trade policy transparency and investor confidence [J]. Review of International Economics,2001, 9(2):303 - 316.

[20] MCCALLUM J. National borders matter: Canada - U. S. regional trade patterns[J]. America Economic Review, 1995, 85(3):615 - 623.

第十六章　制度环境、资源禀赋与我国企业的对外直接投资

一、问题的提出

1978 年以来，我国从沿海到内陆的梯度式对外开放格局不断完善，“走出去”战略的实施也日益深化。在此进程中，我国外资规模迅速扩大，不仅外商直接投资发展势头迅猛，对外直接投资更是取得了飞跃发展。自 2012 年起，我国对外直接投资已连续 3 年位居世界第三，世界占比也提高至 9.1%。具体来看，一是我国对外投资规模与吸引外资规模首次接近平衡；二是对外投资区域分布及行业分布高度集中，主要投资于对外直接投资存量前 20 的国家或地区，且 70% 集中于第三产业；三是在我国企业的跨国并购行为中，对外直接投资额就占据了并购交易总额的一半以上，且地方企业投资规模开始超过国有企业。很显然，对外直接投资已经成为我国企业加快“走出去”步伐，融入新一轮国际分工与合作的重要途径之一。

在全球经济结构的深化调整时期，随着全球范围内外国直接投资的快速发展，越来越多的学者开始探究各国进行对外直接投资的原因。就发达国家而言，其跨国企业之所以选择对外直接投资，一是为了占领东道国市场，获取垄断利润；二是产业“顺梯度”转移，为国内新一轮技术研发与进步提供空间（Vernon，1966）。而从发展中经济体来看，其跨国企业对外直接投资的动机是获取东道国的先进知识和技术溢出、

专业化要素（包括研发要素、高素质人才要素等）、信息资源等，从而促进母国企业实现技术进步，增强国际竞争力，即出于“技术寻求型动机”（Kogut 和 Chang，1991；杜群阳等，2004）。总体来说，无论是以发达国家还是以发展中国家为研究对象，学者们对 OFDI 的投资动机及影响因素的分析都无外乎从各类宏观因素或者微观因素等方面进行。

此外，随着制度经济学的兴起与发展，继续忽视制度因素对经济发展的影响是不能容忍的。近年来，已有不少学者在原来的分析框架下，试图研究制度因素对 OFDI 的直接影响及间接调节作用，如 Mishra 和 Daly（2007）、Kolstad 和 Wiig（2009）、冀相豹和葛顺奇（2015）等。虽然他们的研究结论不尽相同，但却为完善国际技术溢出的理论框架和深入研究提供了一个新的方向。因此，本章将基于制度环境视角，尝试解决在世界经济复苏缓慢，全球对外直接投资下降的国际背景下，我国逆势增长的对外直接投资受到哪些重要因素的影响；良好的制度环境是否有利于我国对外投资规模的扩大，是否存在门槛效应等问题。另外，值得注意的是，我国进行对外直接投资的另一个重要动机是为了从东道国获取母国比较缺乏的资源（包括自然和非自然资源）。根据比较优势理论，我国应该选择资源要素丰裕且制度环境较好的国家进行投资，但事实是否如此呢？而东道国资源禀赋与制度环境又是否共同对我国对外直接投资产生了一定的调节作用？这是本章有待解决的重要问题。

二、文献回顾与梳理

依据现有文献研究，本章首先从宏观和微观两方面总结了关于对外直接投资的影响因素。一方面，从宏观层面来看，影响一国对外直接投资的投资规模和区位决策的重要因素有东道国的经济实力、收入水平、对外开放度、金融市场效率、劳动生产率、市场规模、资源禀赋、贸易联系、技术水平等（Yeaple，2003；Hyun 和 Jang，2012；宋维佳和许宏伟，2012）。另一方面，从微观企业的角度出发，企业规模、企业生产率、创新能力、盈利能力、技术优势、出口导向性质等因素均会对跨国企业的对外直接投资行为产生重要影响（Prad，2004；王方方和赵永亮，2012）。

其次，近年来随着理论分析和实证研究的不断深入，不少学者尝试从制度视角出发，分析制度因素对 OFDI 逆向技术溢出的影响，从而进一步完善了国际技术溢出的分析框架。从母国制度的角度看，Stoian（2012）以新兴经济体的对外直接投资活动为研究对象，结果发现在模型中加入制度变量后，模型的解释力度得到了提高，因此他认为母国制度是影响对外直接投资的又一重要因素。从东道国制度的角度看，Kolstad 和 Wiig（2009）、Zhang（2011）的研究认为东道国的制度质量与我国对外直接投资之间呈正相关的关系，我国在进行对外投资时会选择制度质量较高的东道国。与之相反的是，Gani（2007）认为东道国的制度质量与我国对外直接投资呈负相关关系，而从东道国角度研究的学者们则认为两者之间呈正相关的关系，因此我国更大程度上会选择制度质量较差的非洲国家或者市场经济体制不完善的非 OECD 国家进行投资（Cheung 等，2009；池建宇等，2014）。此外，还有许和连等（2011）、冀相豹（2014）等发现母国与东道国之间的制度差异也是影响我国对外直接投资的重要因素之一。

另外，根据 H－O 要素禀赋理论，国家间贸易往来的原因是国家之间存在着相对要素禀赋的差异。根据要素禀赋理论，一国进行对外直接投资的目的是获取东道国的优势资源要素或寻求母国稀缺资源要素。目前，已有部分国内学者在这方面进行了研究。如饶华、朱延福（2013）在检验中国对东盟是否存在效率寻求型 OFDI 时同样发现，东盟国家丰富的资源禀赋对中国 OFDI 具有显著的促进作用，既满足了中国巨大的自然资源需求，也有利于降低企业的生产成本。而张纪凤（2013）通过扩展的引力模型不仅得出了东道国的制度环境对 OFDI 有显著影响的结论，还发现我国的 OFDI 会流向政治风险较高且自然资源禀赋丰富的国家。还有杜江、宋跃刚（2014）运用系统 GMM 方法对我国 OFDI 区位偏好进行实证分析，研究结果表明，非 OECD 国家和 OECD 国家的要素禀赋对我国 OFDI 区位选择具有差异性影响，前者具有正向影响，而后者具有负向影响。可以肯定的是，东道国的资源禀赋差异是我国进行对外直接投资时需要考虑的重要方面。

因此，基于以上文献研究，本章的贡献在于：第一，基于东道国制度环境的视角，引入经济风险指数、政治风险指数和金融风险指数这三个变量作为衡量制度环境的代理指标，以我国对 OECD 国家的 OFDI 为样本，分析东道国制度环境对我国 OFDI 所产生的直接影响；第二，将制度因素与东道国资源禀赋的交叉项引入模型中，探究东道国资源禀赋对三大风险指数的调节作用，进而厘清东道国资源禀赋对我国 OFDI 的间接影响作用；第三，已有少数研究表明制度因素对 OFDI 逆向技术溢出可能存在“门槛效应”（衣长军，2015），因此本章将首先考察三大风险指数对我国 OFDI 的影响是否存在“门槛条件”，其次具体分析在门槛值前后，制度环境以及东道国资源禀赋的调节作用的变化，从而更加明确我国应选择哪些国家进行投资活动。

三、实证模型、变量设定和数据说明

（一）计量模型构建

综合上述已有文献，全面考察制度环境和资源禀赋对中国 OFDI 的影响，本章以经济风险指数、政治风险指数、金融风险指数以及资源禀赋与三种制度环境的交互项作为主要解释变量，构建模型如下：

$$OFDI_{it} = \beta_0 + \beta_1 INSDIS_{it} + \beta_2 NR_{it} * INSDIS_{it} + \sum \alpha_i X_{it} + \upsilon_i + \mu_t + \varepsilon_{it} \quad (16-1)$$

其中，i 代表国家或地区，β_0 为截距项，t 为年份，$OFDI_{it}$ 表示中国在第 t 年对国家 i 的直接投资数额，$INSDIS_{it}$ 表示制度环境，$NR_{it} * INSDIS_{it}$ 表示东道国资源禀赋与制度环境的交互项，X_{it} 为其他控制变量，υ_i、μ_t、

ε_{it} 分别为个体效应、时间效应与随机误差项。

（二）变量设定

被解释变量选取了中国对 16 个 OECD 国家和地区的 OFDI，反映中国 OFDI 状况的数据有流量和存量两类，本章采用中国 2000—2013 年 OFDI 存量数据作为研究对象，根据当年汇率转换成人民币计价，并根据以 2000 年为基期的固定资产投资价格指数进行价格平减。

主要解释变量：选取了经济风险指数、政治风险指数和金融风险指数三个维度。本章主要考察的是制度环境因素，但制度环境较难量化。目前，不同学者依据不同的侧重点设计了不同的测度方法，例如，国外学者会使用世界银行跨国治理指数表征制度环境，或者采用产权保护指标；而国内学者开发了中国市场化指数来描述制度环境（Acemogln et al.，2001；王小鲁、樊纲，2004）。然而，制度环境是一个涵盖政治、经济等多维层面的体系，它涉及市场有效运行所需要的规则、管制、契约、知识产权保护、金融规制，以及界定和实施“游戏规则”的程序等。鉴于数据的可得性与科学性，本章使用世界各国风险指南（International Country Risk Guide，ICRG）数据库中的经济风险指数（ER）、政治风险指数（PR）以及金融风险指数（FR）三种指标来表征制度环境，并进行综合比较分析。三个指标的数值越高，表明制度质量越高，制度环境也越好。由于上述三种风险指数实际上涵盖了影响市场运行的更为广泛的指标体系，因此这三种指标被学术界普遍使用，并作为制度环境的替代变量（Hein，2012；Cristina et al.，2013）。

调节变量：东道国资源禀赋与经济、政治、金融风险指数的交互项（$NR*ER$、$NR*PR$、$NR*FR$）。寻求海外资源是 OFDI 的一个重要动机，中国“走出去”战略号召本国企业要利用国内外“两种资源”。Buckley 等（2007）的研究表明，1984—2001 年中国 OFDI 与东道国的资源禀赋正相关。本章将东道国资源禀赋与经济、政治、金融风险指数的交互项作为控制变量，研究资源禀赋对这三大风险指数的调节作用。

中介变量：资源禀赋（*NR*）。已有研究表明，企业进行 OFDI 的动因可分为资源寻求型、市场寻求型和技术寻求型，由此可见，寻求东道国资源也是企业进行 OFDI 的重要目的之一。因此，本章将资源禀赋作为一个中介变量引入模型中，研究中国的 OFDI 是否存在资源寻求动机。

控制变量：①距离成本（*GD*）。OFDI 会通过“出口引致”或者“进口创造”效应促进进出口贸易的发展（王恕立、向娇娇，2014），而距离成本是这类投资要考虑的关键因素，以往文献大都采用不变的航运距离来衡量投资的距离成本，本章认为这种衡量方法存在一些不足，原因在于取决于航运成本等因素的距离成本并非固定不变，而是不断变化的。因此本章采用冀相豹（2014）的方法，用双边距离和国际油价的乘积表示距离成本。②贸易开放度（*OPEN*）。贸易开放度被认为对制造业 FDI 有正向的效应，因为效率导向型投资者要求降低贸易壁垒从而进口中间产品而出口成品。③双边汇率（*EXCH*）。汇率是影响 OFDI 的货币因素。目前学术界对于双边汇率水平的变动如何影响 OFDI 尚无一致的结论，但理论界普遍认为货币升值能够显著促进出口导向型 OFDI，而对市场导向型 OFDI 的影响相对较弱。我们利用样本期间东道国货币兑美元的 PPP 平价汇率及美元兑人民币的 PPP 平价汇率来计算各东道国货币对人民币的汇率，汇率使用间接标价法，汇率上升表明人民币相对东道国货币的升值。④东道国实际 GDP（*GDP*）。东道国市场规模是决定 OFDI 进入的重要因素（Buckley et al.，2007），东道国市场规模用东道国实际 GDP 来衡量。市场规模越大，越有利于 OFDI 发挥规模经济和范围经济优势，提高资源使用效率。⑤人均国民收入（*PGNI*）。人均国民收入能够在一定程度上反映地区劳动力成本，因此选用人均国民收入间接测度东道国的工资水平和劳动力成本。产品生命周期理论认为，FDI 是为了利用东道国国内的廉价劳动力优势，尤其是在发展中国家，因此劳动力成本应是决定 FDI 流向的重要因素。⑥东道国与母国的双边贸易量（*BTRADE*）。关于贸易与 OFDI 的关系，现有研究表明二者之间存在互补或者替代关系（陈景华，2014）。随着国际资本流向出口部门的增加，贸易和非贸易要素合作的加强，它们之间相互促进、互补的关系更加明显。

（三）样本及数据来源

本章充分考虑各种因素，如投资规模、连续性、东道国区域分布以及数据的可获得性等，最后选择 16 个 OECD 国家为研究样本。OFDI 来源于《中国对外直接投资统计公报》，制度环境的三种替代变量即经济风险指数（*ER*）、政治风险指数（*PR*）和金融风险指数（*FR*）均来自世界各国风险指南（ICRG）数据库；其他控制变量的数据来源于联合国统计署数据库、联合国商品贸易统计数据库、国际货币基金组织数据库、WTO 贸易统计数据库、世界银行 WDI 数据库等。对于个别解释变量存在数据缺失的情况，采用线性插值法补齐，各变量说明与描述性统计如表 16－1 所示。

表 16－1　变量说明与描述性统计

变量	观测值	平均值	标准差	最小值	最大值
OFDI	224	8.249	4.197	0.095	14.599
ER	208	9.462	0.506	7.380	10.000
PR	208	8.242	1.440	4.040	11.080
FR	208	9.300	0.771	5.750	10.000
NR	224	－2.781	0.856	－4.822	－0.614
GD	224	10.524	0.824	7.554	11.707
OPEN	224	－0.371	0.527	－1.528	0.616
EXCH	224	－0.280	2.608	－5.636	2.748
GDP	224	18.407	1.261	15.365	21.240
PGNI	224	10.326	0.571	8.410	11.120
BTRADE	224	15.073	1.512	11.175	18.564

不难发现，本章选取了 16 个 OECD 国家的 224 个观测值进行测算（经济风险指数、政治风险指数和金融风险指数为 208 个），其中对外直接投资均值接近 8.2，且该指标的样本最大值和最小值相差较大，这

说明虽同为 OECD 国家，但我国在对它们的对外直接投资方面相去甚远；三大指数的均值保持在 8.2～9.5，且三大指数的最大值与最小值之间差距相对较小，这表明三大指数具有相对稳定性；中介变量资源禀赋均值为 -2.781，这反映了选取的这 16 个国家的资源禀赋能力较弱。各指标的具体情况见表 16-1。

四、实证分析

（一）最小二乘法估计

1. 单位根检验

为了保证之后对模型进行回归分析的合理性与严谨性，避免出现 OLS 伪回归的现象，本章首先对该面板数据进行单位根检验①，我们分别采用了 LLC、IPS 和 ADF 方法面板数据进行检验，详细结果见表 16-2。从表中可以得知，无论是解释变量还是被解释变量均通过了单位根检验，即本章采取的面板数据是平稳序列。

2. 最小二乘法分析

我们首先对随机效应模型、固定效应模型以及混合 OLS 模型进行选择，三个模型检验结果表现为：F 检验显示固定效应模型优于混合 OLS 方法；LM 检验表明随机效应模型优于混合 OLS 方法；Hausman 检验则得出“随机效应模型优于固定效应模型”的结论。因此，本章构建的模型均采用随机效应模型进行估计。② 紧接着，我们检验变量的多重共线性问题，经检验发现变量之间不存在严重的多重共线性问题。③

① 单位根检验是指检验序列中是否存在单位根，因为存在单位根就是非平稳时间序列。单位根就是指单位根过程，可以证明，序列中存在单位根过程就不平稳，会使回归分析中存在伪回归。

② 限于篇幅，未将三种方法的判断结果表格呈现出来，若需要具体的判断方法请向笔者索要。

③ 对变量之间是否存在严重共线性进行检验，发现各变量的相关系数均在 0.7 的临界值以下，我们进一步考察膨胀方差因子 VIF，发现均小于 10。

同时，我们对所有解释和被解释变量取自然对数以减小方差，从数据源头上来控制异方差问题。

表 16－2 面板数据单位根检验结果

变量	检验类型 (c, t, k)	LLC	IPS	ADF－Fisher	结论
ln*OFDI*	(c, 0, 0)	－3.597 (0.000)	－1.886 (0.003)	－6.540 (0.000)	平稳
ln*ER*	(c, 0, 0)	－6.697 (0.000)	－1.886 (0.003)	－6.800 (0.000)	平稳
ln*PR*	(c, 0, 0)	－7.232 (0.000)	－2.478 (0.007)	－8.131 (0.000)	平稳
ln*FR*	(c, 0, 0)	－11.417 (0.000)	－6.408 (0.000)	－6.867 (0.000)	平稳
ln*GD*	(c, 0, 0)	－20.922 (0.000)	－8.383 (0.000)	－9.020 (0.000)	平稳
ln*OPEN*	(c, 0, 0)	－2.477 (0.007)	1.175 (0.088)	－5.431 (0.000)	平稳
ln*EXCH*	(c, 0, 0)	－2.708 (0.003)	1.595 (0.094)	－6.437 (0.000)	平稳
ln*GDP*	(c, 0, 0)	－1.047 (0.015)	－5.137 (0.077)	－5.137 (0.000)	平稳
ln*PGNI*	(c, 0, 0)	－2.539 (0.006)	0.569 (0.0715)	－5.586 (0.000)	平稳
ln*BTRADE*	(c, 0, 0)	－1.783 (0.0373)	0.182 (0.057)	－5.282 (0.000)	平稳

注：表中三种检验方法的括号内数值为该检验的 P 值。

表 16－3 最小二乘法估计结果

变量	模型 1	模型 2	模型 3	模型 4	模型 5	模型 6
ln*ER*	－0.311*** (0.000)			－0.371* (0.057)		
ln*PR*		－0.457*** (0.000)			－0.448** (0.044)	
ln*FR*			－0.280* (0.097)			－0.205* (0.066)
ln*NR*＊*ER*				0.291** (0.032)		
ln*NR*＊*PR*					0.385* (0.079)	
ln*NR*＊*FR*						0.168*** (0.000)
ln*GD*	－0.086*** (0.000)	－0.075*** (0.000)	－0.133*** (0.000)	－0.094** (0.033)	－0.062*** (0.000)	－0.107** (0.016)

续表

变量	模型 1	模型 2	模型 3	模型 4	模型 5	模型 6
ln*OPEN*	0.126 *** (0.000)	0.474 *** (0.000)	0.157 *** (0.000)	0.186 *** (0.000)	0.165 *** (0.000)	0.149 *** (0.000)
ln*EXCH*	-0.178 ** (0.011)	-0.099 ** (0.023)	-0.169 * (0.078)	-0.216 * (0.099)	-0.137 ** (0.045)	-0.206 * (0.086)
ln*GDP*	1.916 ** (0.039)	1.788 *** (0.000)	1.997 *** (0.000)	1.640 * (0.055)	1.527 *** (0.000)	1.738 *** (0.000)
ln*PGNI*	0.539 (0.117)	0.396 (0.143)	0.153 * (0.099)	0.399 (0.108)	0.284 (0.190)	0.211 * (0.051)
ln*BTRADE*	1.144 *** (0.000)	0.839 *** (0.000)	1.177 ** (0.034)	0.941 *** (0.000)	0.649 *** (0.000)	0.993 * (0.059)
COSTANT	-27.856 *** (0.000)	-22.916 *** (0.000)	-30.704 *** (0.000)	-28.897 *** (0.000)	-24.372 *** (0.000)	-31.771 *** (0.000)
F 检验	79.570	85.890	78.77			
Wald 检验				567.220	612.860	574.220
R^2	0.736	0.750	0.744	0.787	0.779	0.783

注：估计系数下方括号内的数字为系数估计值的 P 值；***、**、* 分别表示在 1%、5% 和 10% 的显著性水平上显著。

接下来，我们对 2000—2013 年 16 个 OECD 国家的面板数据进行最小二乘法估计分析，具体检验结果见表 16-3。根据模型 1、模型 2 和模型 3，经济风险指数 ln*ER* 和政治风险指数 ln*PR* 的回归系数在 1% 的显著性水平上显著为负，金融风险指数 ln*FR* 回归系数在 10% 的显著性水平上显著为负，说明此三种风险指数对于中国的 OFDI 产生了显著的负向影响。模型 4、模型 5 和模型 6 中分别加入了各风险指数同东道国资源禀赋交互项，回归系数分别在 5%、10% 和 1% 的显著性水平上显著为正，说明东道国资源禀赋对这三大风险指数进行调节后对于我国 OFDI 具有显著的正向影响，从某种意义上来说，这一结果与现有关于累积优势效应的经验研究（冀相豹，2014）所得结论是相符的，即累积优势的调节作用对于我国 OFDI 的决定具有显著影响，而本章的研究则进一步补充了金融风险指数以及东道国资源禀赋与金融风险指数的交互项对我国 OFDI 的影响。

在控制变量中，东道国与母国的距离成本系数 ln*GD* 显著为负，说明东道国与母国的距离成本将阻碍我国对于东道国的 OFDI，这与中国对于西方发达国家的 OFDI 投入相对周边国家小得多的事实相符；贸易开放度 ln*OPEN* 系数显著为正，说明贸易开放度对我国 OFDI 具有显著的促进作用，符合我国落实深化改革开放政策的国情；东道国与中国的双边汇率 ln*EXCH* 回归系数在各类模型中均显著为负，说明双边汇率对于我国 OFDI 具有显著的负向影响，也就是人民币升值将阻碍我国 OFDI 输出，这与王海军和高明（2012）的研究结论相符；东道国实际国内生产总值 ln*GDP* 系数显著为正，且在各模型中的回归系数均大于 1.5，说明中国 OFDI 倾向于投入到那些相对发达的国家市场中；东道国人均国民收入 ln*PGNI* 对于我国的 OFDI 影响为正，但大多不显著；ln*BTRADE*系数显著为正，表明中国与东道国之间的双边贸易对我国 OFDI 具有显著的促进效果，这说明，国与国之间的贸易往来有助于两国之间 OFDI 的输出。

（二）GMM 模型分析

面板数据的 OLS 估计方法，通常会面临扰动项自相关问题以及某些回归变量并非严格外生而是先决变量等问题的困扰。此外，因变量往往具有持续性特征。因此，将对外直接投资的滞后项作为解释变量之一纳入计量模型。此外，由于本章设定的动态面板数据模型中还包括其他控制变量，因此在系统 GMM 估计过程中还需对这些变量进行类型选择，即哪些变量属于内生变量或外生变量。同时，该模型很好地解决了模型中解释变量可能与随机误差项相关的内生问题。为了解决可能存在的异方差的影响，参数估计值的标准误均采用稳健估计量。采用系统广义矩估计方法对动态面板数据模型进行估计，所得结果见表 16－4。其中，表 16－4 最后几行列出了主要的模型设定检验结果：AR（2）统计量均不显著，说明这些模型没有发现水平方程误差项存在序列相关问题，而判断工具变量过度识别问题的 Sargan 检验表明，工具变量的选择整体上是有效的。

与表 16－3 呈列回归结果的逻辑一致，从表 16－4 报告的各列回归结果中，我们可以总结出以下几点基本结论：第一，在所有各栏的回归估计结果中，作为解释变量的滞后 1 期 *LlnOFDI*，均在 1% 的显著性水平上对当前我国 OFDI 具有显著的正面影响，这一结果意味着我国的对外直接投资的确存在“持续性”特征。第二，在模型 1～6 中，作为主要解释变量的三种风险指数系数估计值及其显著性统计特征大体变化不大，保持了较好的一致性。这一结果意味着三种风险指标对我国 OFDI 具有显著的负面影响，换言之，制度环境越完善的国家，相应地中国对其OFDI也就会越高。第三，在所有的回归结果中，三种风险指数与东道国资源禀赋的交互项，均对我国 OFDI 具有显著的正向影响，GMM 模型所得到的系数要比表 16－3 中 OLS 回归得到的回归系数小得多，显著性水平大体一致，这说明目前的东道国资源禀赋对这三大风险指数的调节作用对于我国 OFDI 输出的促进作用并没有那么大，一方面表明东道国的资源禀赋确实具备弱化风险指数对我国 OFDI 分布负作用的效果，但从另一方面也可以看出该调节作用并没有足以促进我国 OFDI 大幅度提高，这从侧面说明了东道国的政治、经济和金融风险指数对我国 OFDI 的影响作用之大。第四，各列的回归结果均表明东道国与母国的距离成本、东道国与中国的双边汇率对提升我国 OFDI 具有显著的阻碍作用；贸易开放度、东道国实际国内生产总值以及东道国与母国的双边贸易量之和对我国 OFDI 具有显著的积极影响。实际上，这与黎轲（2014）等的研究有相似之处。第五，在各种组合的回归结果中，作为衡量东道国人均国民收入的变量，与表 16－3 所得的回归结果一致，均没有迹象表明其对我国 OFDI 产生了显著的影响。第六，各主要解释变量的系数估计值并没有出现正负反转变化以及显著性水平大幅度变化的情况，因此我们认为模型通过了稳健性检验。

表 16－4　GMM 回归估计结果①

变量	模型 1	模型 2	模型 3	模型 4	模型 5	模型 6
LlnOFDI	0.373 *** (0.000)	0.366 *** (0.000)	0.382 *** (0.000)	0.371 *** (0.000)	0.348 *** (0.000)	0.361 *** (0.000)
ln*ER*	－0.033 *** (0.000)			－0.022 *** (0.000)		
ln*PR*		－0.077 *** (0.000)			－0.042 *** (0.000)	
ln*FR*			－0.077 *** (0.000)			－0.058 *** (0.000)
ln*NR* * *ER*				0.086 *** (0.000)		
ln*NR* * *PR*					0.079 * (0.079)	
ln*NR* * *FR*						0.060 * (0.064)
ln*GD*	－0.894 *** (0.000)	－0.891 *** (0.000)	－0.899 *** (0.000)	－0.782 *** (0.000)	－0.746 *** (0.000)	－0.717 *** (0.000)
ln*OPEN*	0.507 *** (0.000)	0.024 *** (0.067)	0.758 *** (0.000)	0.838 *** (0.000)	0.903 *** (0.000)	0.150 *** (0.000)
ln*EXCH*	－0.219 *** (0.000)	－0. 650 *** (0.000)	－0.488 *** (0.000)	－0.468 *** (0.000)	－0.169 *** (0.000)	－0.436 *** (0.000)
ln*GDP*	1.248 *** (0.000)	2.058 *** (0.000)	1.083 *** (0.000)	1.165 *** (0.000)	1.006 *** (0.000)	1.012 *** (0.000)
ln*PGNI*	0.884 (0.000)	0.501 (0.000)	0.208 (0.000)	0.778 (0.000)	0.282 (0.000)	0.306 (0.000)

① GMM 回归中，制度质量、东道国资源禀赋及其与制度质量的交互项设定为内生变量；误差为稳健标准误差（Robust Standard Errors）；AR（1）和 AR（2）检验的原假设 H_0：扰动项不存在自相关；Sargan 检验原假设 H_0：工具变量过度识别，如果原假设被接受，则表明工具变量选择合适，原假设下的统计量服从卡方分布。

续表

变量	模型 1	模型 2	模型 3	模型 4	模型 5	模型 6
ln*BTRADE*	1.364 *** (0.000)	1.182 *** (0.000)	1.337 *** (0.000)	1.787 *** (0.000)	1.877 *** (0.000)	1.758 *** (0.000)
COSTANT	-49.842 *** (0.000)	-51.171 *** (0.000)	-48.119 *** (0.000)	-56.664 *** (0.000)	-53.895 *** (0.000)	-50.156 *** (0.000)
Wald 检验	4106.06	1364.280	1949.860	5673.380	1775.510	2193.890
Sargan 检验	141.109 (0.398)	143.280 (0.728)	139.932 (0.273)	142.298 (0.972)	142.132 (0.286)	145.220 (0.618)
AR（1）	-3.273 (0.001)	-3.34 (0.001)	-3.403 (0.001)	-3.444 (0.001)	-3.255 (0.001)	-3.227 (0.001)
AR（2）	0.430 (0.667)	0.273 (0.784)	0.660 (0.509)	1.144 (0.253)	1.071 (0.284)	0.751 (0.452)

注：估计系数下方括号内的数字为系数估计值的P值；***、**、*分别表示在1%、5%和10%的显著性水平上显著。

（三）门槛回归分析

上文实证显示经济风险指数、政治风险指数和金融风险指数在不同模型中的回归结果存在着一定的波动性，表明这三大指数可能在不同取值范围内存在差异性，是什么因素导致了这样的差异性？我们认为，区域的制度环境所处发展水平的不同和各地区贸易壁垒状况的变化可能是产生该差异性的主要因素。因此，本章分别以政治风险指数、经济风险指数和金融风险指数为门槛变量，利用 Hansen（1999）的门槛回归模型考察它们的具体门槛特征，以此研究东道国资源禀赋对我国 OFDI 的具体影响作用。

1. 门槛回归检验

本章采用 Bootstrap 法依次在单一门槛和双重门槛设定估计模型，并利用测算的 F 值和相应的概率判断模型形式，检验结果见表 16－5。检验结果发现，经济风险指数的单一门槛在 10% 显著性水平上显著；政治风险指数的单一门槛和双重门槛均在 1% 的显著性水平上显著，但通过比较P值可知单一门槛的P值为0，小于双重门槛的0.01，故选取单一门槛进行分析；而金融风险指数的单一门槛在5%的显著性水平上显著。

表16－5　门槛效应检验

门槛变量	门槛类型	F值	P值	临界值		
				1%	5%	10%
lnER	单一门槛	4.318*	0.060	8.276	5.751	4.853
	双重门槛	6.138	0.520	12.519	11.309	10.525
lnPR	单一门槛	7.939***	0.000	7.825	6.367	6.019
	双重门槛	5.361***	0.010	4.641	3.647	3.252
lnFR	单一门槛	8.511**	0.040	9.824	8.265	7.368
	双重门槛	3.095	0.210	4.078	3.421	3.117

注：＊＊＊、＊＊、＊分别表示在1%、5%和10%的显著性水平上显著。

其次，计算门槛估计值并检验，采用最小残差平方和计算门槛值，即LR图形中的最低点，两个门槛估计值和相应95%置信区间。结果显示，经济风险指数、政治风险指数和金融风险指数的单一门槛估计值分别为2.26、2.344和2.295，均在10%的显著性水平上通过检验，门槛估计值与真实值一致，[①] 具体的实证结果分析如下。

2. 东道国资源禀赋的门槛效应分析

(1) 以经济风险指数为门槛变量。如表16－6所示，将经济风险指数分为低经济风险指数（$ER<2.26$）和高经济风险指数（$ER \geq 2.26$）。当经济风险指数较低时，东道国资源禀赋对我国OFDI存在显著的推动作用，其系数为3.667，通过了10%显著性水平检验；随着经济风险指数的不断提升，东道国资源禀赋对我国OFDI促进作用开始下降，当跨越门槛值（2.26）时，资源禀赋回归系数下降为－6.851，并通过1%显著性检验。这说明资源禀赋在经济制度相对不完善时更吸引我国的

① 限于篇幅，未将LR图与门槛估计值的结果表格呈现出来，若需要具体的判断方法请向作者索要。

OFDI；而随着经济风险指数的不断增加（超过门槛值），那些经济制度相对完善地区的资源禀赋将抑制我国的OFDI。这可能是因为在拥有相同资源禀赋的情况下，发展中国家虽说在经济发展程度和经济制度等方面与发达国家存在较大差距，但在全球化背景下，西方发达国家对中国高筑贸易壁垒，而发展中国家对我国的贸易壁垒则较小，所以中国还是会选择对发展中国家进行大量投资，尽管会面临较为严重的国家经济风险。

（2）以政治风险指数为门槛变量。将政治风险指数分为弱政治风险指数（$PR<2.344$）和强政治风险指数（$PR\geqslant 2.344$）。在弱政治风险指数下，资源禀赋系数为3.254，说明弱政治风险指数下的资源禀赋每增长1%会促进我国OFDI上升3.254%。随着政治风险指数的不断增强，资源禀赋的边际效果不断下降且系数变为-7.721，并通过了5%的显著性检验。究其原因，政治风险指数较弱时国家的资源禀赋更吸引投资；而当政治风险指数较强（超过门槛值）时，表现为东道国制度越完善时资源禀赋将抑制我国的OFDI。这看似矛盾，但本章给出了如下几点原因：首先，我国部分企业为了响应国家“走出去”的号召，为了投资而投资，错把投资当作目的而非手段，没有具体的投资目标，导致对政治风险的忽视；其次，我国自主创新能力严重缺乏，而国内对于高新技术的需求却越来越大，因此不得不通过投资于政治风险较大的西方发达国家以获取技术和能源等资源；最后，中国部分企业凭借着自身雄厚的经济实力和强有力的政策支持，使得其面临的东道国的政治风险相对而言大大降低。同时，唐静（2014）认为我国OFDI企业倾向于获取战略性自然资源，即使部分国家政治风险很高，鉴于其相当丰富的战略资源也会加大对其进行资金投入。

（3）以金融风险指数为门槛变量。金融风险指数分为低金融风险指数（$FR<2.295$）和高金融风险指数（$FR\geqslant 2.295$）。在金融风险指数水平低于门槛值（2.295）时，资源禀赋系数为4.287，表明低金融风险指数下的资源禀赋每增加1%，我国OFDI将提高4.287%，回归系

数通过10%显著性水平的检验。当跨越门槛值2.295时，资源禀赋系数变为-8.854，虽不显著但是P值并不大，具有一定的可信度。当将金融风险指数作为制度的替代变量时，在门槛值2.295前后，东道国的资源禀赋对于我国OFDI的影响同以经济风险指数和政治风险指数作为门槛变量时的结果类似，都是在前期制度不完善时的资源禀赋会吸引投资，而后期则是制度相对完善的国家的资源禀赋会抑制我国的OFDI。也就是说，我国投资企业一方面要对自身现有的投资组合进行风险控制，另一方面还要在合适的投资组合的构建与风险能力的承受之间进行权衡。

表16-6 门槛模型估计结果

变量	系数值	P值	系数值	P值	系数值	P值
ln*GD*	-2.469***	0.000	-2.305***	0.000	-2.421***	0.000
ln*OPEN*	3.429**	0.050	3.539**	0.039	3.291*	0.059
ln*EXCH*	-1.638**	0.042	-1.455*	0.095	-1.789**	0.020
ln*GDP*	7.456**	0.033	6.153**	0.048	7.217**	0.035
ln*PGNI*	3.508	0.178	2.322	0.107	3.595	0.176
ln*BTRADE*	0.963*	0.056	1.097*	0.095	1.116*	0.093
COSTANT	-21.899*	0.076	-20.542***	0.002	-20.384***	0.002
ln*NR*（*ER*<2.26）	3.667*	0.084				
ln*NR*（*ER*≥2.26）	-6.851***	0.001				
ln*NR*（*PR*<2.344）			3.254	0.114		
ln*NR*（*PR*≥2.344）			-7.721**	0.027		
ln*NR*（*FR*<2.295）					4.287*	0.045
ln*NR*（*FR*≥2.295）					-8.854	0.177
R^2	0.815		0.817		110.540	
F检验	109.830		111.390		0.816	

注：估计系数下方括号内的数字为系数估计值的P值；***、**、*分别表示在1%、5%和10%的显著性水平上显著。

综上所述，以三大风险指数中的任何一个作为制度环境的替代门槛变量都表明，在门槛值之前，指数越低（即制度环境越差）资源禀赋越能刺激我国OFDI，而当跨越过这个门槛值之后，制度环境相对较好国家的资源禀赋反而会抑制我国的 OFDI。这从一定程度上可以看出我国 OFDI 目前的投放趋势：我国 OFDI 更多地投入到那些贸易壁垒较低、资源禀赋较好的国家，而对于那些贸易壁垒相对较高的国家，即使拥有较好的资源禀赋，我国也不会对其进行过多的投资。

五、结论与相关政策

本章基于 2000—2013 年 16 个 OECD 国家的面板数据，运用 OLS 估计法和系统 GMM 估计法，研究制度环境和资源禀赋以及两者交互项对我国 OFDI 的影响；然后借鉴 Hansen 的门槛模型，用经济风险指数（ER）、政治风险指数（PR）以及金融风险指数（FR）表征制度环境因素，实证研究了东道国资源禀赋在这三种指标处于不同规模时，对我国对外直接投资的影响。通过实证研究，本章得到如下结果：

首先，东道国经济风险指数、政治风险指数、金融风险指数这三个制度环境均对我国对外直接投资产生了显著的负向影响；但是，东道国资源禀赋对这三大风险指数的调节作用却能够显著地促进我国对外直接投资。一些其他区域因素也会影响我国 OFDI，如距离成本、双边汇率对我国 OFDI 具有显著的负作用，而贸易开放度、东道国实际国内生产总值、人均国民收入、双边贸易对我国 OFDI 具有显著的促进作用。

其次，经济风险指数较低（$ER<2.26$）时，东道国资源禀赋对我国 OFDI 存在显著推动作用，随着经济风险指数的不断提升，东道国资源禀赋对我国 OFDI 的促进作用却开始下降。以政治风险指数和金融风险指数作为门槛变量时的结果与之类似，即在门槛值之前，东道国制度环境越差，其资源禀赋越能刺激我国的对外直接投资，但是一旦跨过这个门槛值，制度环境相对较好国家的资源禀赋反而会抑制我国对外直接投资。

基于以上结论，本章提出如下政策建议：第一，积极改善制度环境。政府可以采取相关措施，积极为我国企业通过对外投资获取逆向技术溢出创造更加良好的制度环境，以获取更大的 OFDI 逆向技术溢出效应，包括加大科技扶持、金融支持、政策扶持，加大对外开放力度等。第二，投资资源禀赋较高的国家。在具有丰富自然资源的国家，FDI 流入会增加。因此，在制度环境较好的基础上，应选择资源禀赋较高的国家进行投资，利用发达国家现有的资源，分享发达国家的技术创新思路，完善“产学研”相结合的科研提质，从而进一步促进我国 OFDI。第三，在东道国既定的制度环境和资源禀赋条件下，还要考虑其他一些重要因素，如距离成本、双边汇率、贸易开放度、东道国实际国内生产总值以及东道国与母国的双边贸易量之和等对我国 OFDI 显著的影响。

参考文献

[1]CHEUNG Y W, QIAN X W. The empirics of China's outward direct investment[J]. Pacific Economic Review, 2009, 14(3):312 - 341.

[2] MISHRA A, DALY K. Effect of quality of institutions on outward foreign direct investment[J]. The Journal of International Trade & Economic, 2007, 16(2): 105 - 121.

[3]GANI A. Government and foreign direct investment links: evidence from panel estimations[J]. Applied Economics Letters, 2007, 14: 753 - 756.

[4]STOIAN C. Extending dunning's investment development path: the role of home country institutional determinants in explaining outward foreign direct investment [J]. International Business Review, 2012, 10: 102 - 115.

[5]Prad J P. The determinants of outward foreign direct investment: a firm - level analysis of Indian manufacturing[J]. Oxford Development Studies, 2004, 32: 1089 - 1103.

[6]KOGUT B, CHANG S. Technological capabilities and Japanese foreign direct investment in the united states[J]. The Review of Economics and Statistics, 1991, 73 (3): 401 - 413.

[7]KOLSTAD I, WIIG A. What determines Chinese outward FDI? [C]. CMI (Chr. Michelsen Institute), Bergen, Norway, 2009:26 - 34.

[8]YEAPLE S R. The role of skill endowments in the structure of U. S. outward foreign direct investment [J]. The Review of Economics and Statistics, 2003,85: 726 -734.

[9]VERNON R. International investment and international trade in the product cycle[J]. Quarterly Journal of Economics, 1966,80(2): 190 -207.

[10]ZHANG J H,ZHOU C H,EBBERS H. Completion of Chinese overseas acquisitions: institutional perspectives and evidence[J]. International Business Review, 2011, 20(2): 226 -238.

[11]ROELFSEMA H,ZHANG Y. The causal effect of institutional quality on outsourcing[J]. Journal of International Trade & Economic Development, 2012, 9(6):895 -920.

[12]JUDE C,LEVIEUGE G. Growth effect of FDI in developing economies: the role of institutional quality[J]. Veterinary Research Communications, 2013, 16(4): 247 -51.

[13]BUCKLEY P J,CLEGG L J,CROSS A R,LIU X. VOSS H,ZHANG P. The determinants of Chinese outward foreign direct investment[J]. Journal of International Business Studies,2007,38:499 -518.

[14]冀相豹,葛顺奇. 母国制度环境对中国 OFDI 的影响——以微观企业为分析视角[J]. 国际贸易问题,2015(3):76 -85.

[15]唐静. 政治风险对中国 OFDI 的影响研究[D]. 湘潭:湘潭大学,2014.

[16]王海军,高明. 国家经济风险与中国企业对外直接投资:基于结构效应的实证分析[J]. 经济体制改革,2012(2):113 -117.

[17]杜群阳,朱勤. 中国企业技术获取型海外直接投资理论与实践[J]. 国际贸易问题,2004(11):66 -69.

[18]池建宇,方英. 中国对外直接投资区位选择的制度约束[J]. 国际经贸探索,2014(1):81 -91.

[19]冀相豹. 制度差异、累积优势效应与中国 OFDI 的区位分布[J]. 世界经济研究,2014(1):73 -80,89.

[20]许和连,李丽华. 文化差异对中国对外直接投资区位选择的影响分析

[J].统计与决策,2011(17):154－156.

[21]王方方,赵永亮.企业异质性与对外直接投资区位选择——基于广东省企业层面数据的考察[J].世界经济研究,2012(2):64－69,89.

[22]宋维佳,许宏伟.对外直接投资区位选择影响因素研究[J].财经问题研究,2012(10):44－50.

[23]衣长军,李赛,张吉鹏.制度环境、吸收能力与新兴经济体OFDI逆向技术溢出效应——基于中国省际面板数据的门槛检验[J].财经研究,2015(11):4－19.

[24]杜江,宋跃刚.制度距离、要素禀赋与我国OFDI区位选择偏好——基于动态面板数据模型的实证研究[J].世界经济研究,201(12):47－52,85.

[25]张纪凤.制度因素、资源寻求与中国对外直接投资的区位选择[J].工业技术经济,2013(9):56－62.

[26]饶华,朱延福.效率寻求视角下中国对东盟国家直接投资研究——基于引力模型的实证分析[J].亚太经济,2013(6):86－91.

[27]王小鲁,樊纲.中国地区差异的变动趋势和影响因素[J].经济研究,2004(1).

[28]王恕立,向娇娇.创造还是替代效应——中国OFDI对进出口贸易的影响机制研究[J].世界经济研究,2014(6):66－72.

[29]陈景华.中国OFDI来源的区域差异分解与影响因素——基于2003—2011年省际面板数据的实证研究[J].数据经济技术经济研究,2014(7).

结 论

回顾2017年，中国服务贸易结构进一步优化，电信计算机及信息服务、个人文化娱乐、金融服务等新兴服务领域进出口额达14600.1亿元，增长11.1%，高于整体增速4.3个百分点。服务外包产业离岸执行额达5369.8亿元，同比增长14.7%，离岸服务外包占新兴服务出口的比重达到73.3%，成为拉动服贸出口增长的新引擎。

此外，对于设立服务贸易创新发展试点的种种尝试，为提振服务贸易出口增速注入了强大动力，服务进出口平稳较快发展，贸易结构持续优化，服贸高质量发展特征日渐显现，未来服贸逆差涨幅有望逐渐收窄。受益于中国经济的转型升级，服务贸易对内地经济增长的贡献将日益加大，中国在全球服务贸易中的地位也将日趋提升。据“汇丰贸易展望”调查报告预计，到2030年，中国服务出口规模将增长至8180亿美元，接近目前的3倍，并成为全球第三大服务出口国，仅次于美国和英国。

从历史来看，一国的服务贸易发展与其经济发展水平有着密切的关系，服务贸易的发展趋势主要由三个方面因素决定:①随着经济实力的增强，劳动力密集型产业逐渐向外转移，服务企业竞争力增强，服务业的国际比较优势提高，在全球服务贸易出口中的位置得以稳固；②伴随居民收入水平的提高和市场的继续开放，一国居民对国外服务的消费能力增强，服务贸易进口的需求稳定;③科技进步和业务创新的发展使得更多的服务“可贸易性”增强，为服务贸易的发展创造了空间。

随着中国服务业双向开放水平不断提高，附属机构服务贸易发展态势向好。然而，国内企业因自身发展水平所限，在国外服务业市场的销售规模相对较小。未来国内服务业若继续深化对外开放，必将吸引来更多的国外服务业附属机构，这也是由中国目前所处的发展阶段所决定的。对于由此产生的服务贸易逆差，我们也应更加理性地看待。